DIE MACHT
HABERER

Ottilie Matysek

DIE MACHT HABERER

Ein trend-profil-Buch
bei Orac

Meinen Söhnen

ISBN 3-7015-0114-9
Copyright © 1987 by Verlag ORAC GesmbH & Co KG
Alle Rechte vorbehalten
Schutzumschlag: Fritz Gnan unter Verwendung eines Fotos
von Stefan Liewehr
Technik: Imprima W. Menches
Satz und Druck: Druckerei Robitschek & Co., Wien
Bindearbeiten: Wiener Verlag, Himberg

INHALTSVERZEICHNIS

Der Zeit ihre Politik
Der Politik ihre Freiheit

DER APPARAT

Denn ihr sollt wissen, was sie tun ...

Ich bekenne: So lange hätte ich nicht schweigen dürfen.
Ich bin zur Mitwisserin geworden.
Ihr sollt wissen, was sie tun.
Die Politiker wissen sehr genau, was ihr für sie tun sollt: nämlich sie wählen, sie fördern, sie erhalten, sie schonen, ihnen schön tun, keine dummen Fragen stellen. Vor allem nicht (selber) denken. Und dankbar sein.
Ihr tut es.
Warum eigentlich?
Nur ein Christ kann zum Antichrist werden, erkannte Ernst Bloch. Erst einer, der ein System von innen erlebt hat, kann es berechtigt kritisieren. Es verändern oder überwinden.
Es ist mir einzuräumen, auch bisher nicht nur geschwiegen zu haben. Aber: Wo ich gesprochen habe, hätte ich nicht so verblümt sprechen dürfen. Nicht so schonungsvoll, nicht so fair. Ich hatte immer gehofft, man würde mich verstehen, würde sich selbst erkennen, sich verändern. Heute muß ich über meine eigene Naivität lachen.
Ich hätte diese Leute nicht schonen dürfen, sie, die nichts und niemanden schonen. Nur sich selbst, ihre Stellung, ihre Taschen, ihre Beschützer, ihre Günstlinge.
Wo ich gesprochen habe, hätte ich es mutiger und weniger rücksichtsvoll tun sollen. Doch sie ängstigen dich so lange mit Verlustdrohungen (der Stellung, der Existenz, der Ehre, der Unbescholtenheit), bis du deinen Charakter verloren hast. Das honorieren sie aber fürstlich.
Ich hätte vor allem mehr mit jenen Journalisten sprechen sollen, die wiedergeben, was ich *tatsächlich* gesagt habe. Die die

Sensation nicht in der Tatsache sehen, daß jemand Kritik übt, sondern die Kritisiertes mit demokratisch-journalistischem Sensorium weiterverfolgen: Journalisten als Anwaltschaft für den Menschen, nicht für den Mächtigen.

Um mein Schweigen zu brechen, um das, was ich sagen muß und sagen will, unverfälscht, nicht übertrieben, nicht unzulässig verkürzt, nicht verunstaltet, nicht sinnentstellt, an die Nicht-Mächtigen, und auch an die, die sich dieser bemächtigt haben, heranzubringen, habe ich dieses Buch geschrieben.

Es ist mir darum sehr ernst: Ich will niemandem bewußt schaden, wohl aber den Geschädigten bewußt machen, wer die Schadensverursacher sind und wie diese es angestellt haben. Alles, was ich hier schreibe, habe ich so erlebt. Nichts ist erfunden. Aus diesem Grund sehe ich mich gezwungen, hier auch verschiedene Vier-Augen-Gespräche wiederzugeben, aus persönlichen Briefen zu zitieren. Ich weise auf den Umstand hin, daß ich seit Jahren bei allen mir wichtig erscheinenden Gesprächen, Besprechungen und Telefonaten mitschreibe. Was mir übrigens das „Kompliment" eines Nationalratsabgeordneten eingebracht hat: „Du Bestie, wenn du da bist, kann man gar nix bereden. Du schreibst ja immer alles mit!"

Weil ich aber nicht Unschuldigen schaden will, kann ich verschiedene Brief- und Gesprächspartner nicht namentlich nennen. Jenen, die ich nenne, schade ich meines Erachtens nicht. Ich bitte sie aber trotzdem um Verständnis: Es geht um unsere Kinder, um unsere Jugend. Und das ist mir einen hohen Preis wert.

Ich habe lange gewartet, habe gehofft, daß dieses Buch von jemand anderem geschrieben wird. Meine Wunden sind noch nicht vernarbt. Aber Alfred Sinowatz selbst hat mich letztlich dazu ermuntert: mit seinem „Appell an den Mut zur Wahrheit". Motiviert hat mich auch die Enttäuschung darüber, daß sich andere Mitwisser nicht (und wenn, dann nur sehr verdeckt) zu Wort gemeldet haben. Ich denke hier an Herbert Salcher, an Ferdinand Lacina, an Jolanda Offenbeck, an Gerald Mader. Wo bleibt mein Freund Robert Graf? Was ist mit Kurt Ruso, Heinz Fischer, Karl Blecha, Johanna Dohnal? Wo sind sie alle, die soviel wissen und so wenig sagen!? Wo bleibt Bruno Kreisky?

Ja, es gibt zwar das Buch von Rupert Hartl: „Österreich, oder Der schwierige Weg zum Sozialismus". Es gibt das Heft

Stella Klein-Löws, Bücher des Jörg Mauthe. Doch Rupert Hartl blieb zu allgemein, die Mahnungen der Stella Klein-Löw sind zu enthoben, Mauthes Erkenntnisse zu negativ.

Ich weiß, daß mein Risiko nicht mehr kalkulierbar ist. Aber vielleicht ist es wieder einmal der historische Auftrag einer Frau, Mut zu haben zur eigenen Meinung. Jedes Sicherheitsnetz ignorierend. Mitten im Leben stehend das volle Risiko der existenziellen Vernichtung einzugehen. Obwohl der sichere Hafen weit entfernt und Pensionsberechtigung sowie Resignation keine Kriterien darstellen.

Mein Nachfolger als Obmann des burgenländischen SPÖ-Landtagsklubs, Josef Posch, verriet einem Journalisten (hier die Übertragung ins Hochdeutsche:) „Wenn sie vor der Wahl keine Ruhe gibt, werden wir sie Stück für Stück vernichten". Ein Satz, dessen Bedrohlichkeit erst in der burgenländischen Lokalsprache seine ganze Bedeutung enthüllt.

Sie sind in diesem Punkt sehr ernst zu nehmen.

Gerald Mader war Kulturlandesrat im Burgenland. Heute hat er seinen Einfluß verloren. Anläßlich seines Rücktritts diktierte ich meinem jüngeren Sohn (inspiriert vom gleichzeitigen Tod des polnischen Priesters Popielusko) ein paar Gedanken in die Maschine. Mein Mann war damals äußerst empört; heute sieht auch er die Dinge anders. Weiß, daß meine Emotionen von damals berechtigt waren.

Vorwärts Genossen, im Gleichschritt zurück

Die Parteisoldaten des Genossen F. S. marschieren. Hauptquartier und Befehlszentrale Ballhausplatz, Wien 1.

Feindliche Bürger und zu Verfolgende: Alle Bürger der Republik mit Intelligenz über dem festgesetzten Limit (so niedrig wie möglich). Sie könnten gefährlich werden. „Arbeit erzeugt Unruhe!" (Zitat gleichlautend: Sinowatz und Arbeiterkammerpräsident Babanitz). Und Leistungsbereitschaft. (Da müßten wir ja glatt auch etwas tun, und das Volk würde merken, daß es Bessere gibt!)

Besonders verdächtige Personen: Genossen in den eigenen Reihen mit oben angeführten Eigenschaften.

Befehlsempfänger: Lupenreine, stramme Ausführungsorgane mit einschlägiger Vergangenheit. Braun stört nicht.

Generalstabsplan: Gefahr in Verzug. Eigene Existenz gefährdet. Genossen mit Intelligenz und Zivilcourage sind offenbar nicht zu unterdrücken. Ja, es gibt sogar welche, die für ihr Geld wirklich etwas arbeiten wollen. Und vor allem den Bürger in Entscheidungsprozesse demokratisch miteinbinden wollen. Sie sind zu eliminieren. Besonders gefährliche Existenzen sagen dem Volk sogar die Wahrheit. Daher zurück zum harten Kern der Apparatschiks. Parteisäuberung. Total.

Tagesbefehl: Nicht denken, nicht kritisieren, nicht diskutieren, keine dummen Fragen stellen. Dafür: intrigieren, funktionieren, ruinieren. Besonders verdächtige Personen parteilich liquidieren: jene, die nach außenhin durch Offenheit und Leistung auffallen, die die Ruhe des Nichtstuns, des Taktierens, des Kassierens gefährden. Also: Freigabe an den Apparat.

Generalsäuberungsplan:

Strategie Nummer 1: Verunglimpfung verdächtiger Personen unter Funktionäre streuen. Empörung, Mißtrauen und Neid schüren.

Strategie Nummer 2: Ein Feindbild schaffen. Angst vor möglicher Gefahr erzeugen. Vor allem vor dem politischen Gegner, dem der Verdächtige in die Hände spielt. Verstockte, die trotz mehrfacher Warnung bei der Wahrheit bleiben, oder noch schlimmer, die etwas an Medien weitergeben: sofort eliminieren. Eine Verräterkampagne inszenieren. Das lenkt vom eigenen Unvermögen ab und eint den Apparat.

Zu fördernde Personen: Genossen, die ohne eigene Meinung kritiklos Befehle auch zum Schaden der Basis, der Menschen ausführen. Die mit zentralgesteuerten Parolen, immer die eigene Karriere vor Augen und die Angst vor dem Feind (Intelligenz und Denken) im Nacken, den Funktionärskader regelmäßiger Gehirnwäsche unterziehen. Wenn notwendig, mit zweckdienlichen Lügen hinter dem Generalstab einschwören.

Besonders zu fördern: Genossen, die den „Obersten" unbedingten Gehorsam und Bewunderung entgegenbringen.

Auszuschalten: Demokratische Elemente in Führungspositionen aus der Zeit davor. Wenn sie nicht freiwillig gehen, wird der Apparat eingesetzt.

Appell: Genossen, wir müssen an die (unsere) Zukunft denken! Das Motto heißt „Perspektiven 90": Personalentscheidungen von heute sichern unsere Pfründe von morgen. Wir müssen zusammenhalten, Genossen, geschlossen sein. Die Partei einigen. Einer hält den anderen. Strengt euch an, Genossen, es gilt (ein einziges Mal), kreativ zu werden und Ideen zu entwickeln: Es gilt, den Feind zu besiegen. Der Feind sitzt in den eigenen Reihen! Die Weichsel fließt leider nicht durch das Burgenland, und der Neusiedlersee ist zu seicht.

Heute, beim Durchlesen dieser Zeilen, schaudert mich vor dem eigenen Weitblick. Drei Jahre danach.

Was man mit Menschen machen kann

Mein größter Fehler ist meine Offenheit. Sie führte zu meiner planmäßigen Vernichtung als SP-Abgeordnete.

Es war unklug, Alfred Sinowatz am 4. September 1985 die Wahrheit zu sagen. Nämlich, daß mir die Mehrheit des SPÖ-Landtagsklubs, von dessen Führung ich ohne Angabe von Gründen abserviert worden war, in der Zwischenzeit das Vertrauen ausgesprochen hat. Ich habe gesehen, wie er erschrak. Etwas aufschrieb.

Ein paar Tage später wurde die Abwahl nachgereicht. Sechs Monate nach der Eliminierung. Der Klub hat mir einstimmig das Mißtrauen ausgesprochen: ein halbes Jahr danach.

Mich hat nicht die Folge erschüttert: Wenn Rom gesprochen hat, ist die Sache erledigt. Mich hat das Ergebnis erschüttert, und die Erkenntnis, was alles man mit Menschen machen kann. Wie sie funktionieren. Wie sie auf Befehl vernichten.

Viele fragen mich, wie ich das alles ertragen konnte. Eine gute Frage. Meine Antwort:

Ich hätte es nicht ertragen, wäre ich mitmarschiert. Im Gleichschritt. Mit Schulterschluß.

Weil wir nicht bereit waren, unsere Vergangenheit zu bewältigen und zu bereinigen, weil wir nicht bereit sind, unsere Zukunft selber in die Hand zu nehmen, werden wir den Mangel an Engagement, Denken und Zivilcourage bitter bezahlen müssen.

Das Ausland schickt uns bereits die Rechnung. Im Inland wird sie schon geschrieben. Die Rechnung, die noch unsere Kinder und deren Kinder bezahlen werden.

Sozialminister Alfred Dallinger, 1983: „Die Pensionen sind gesetzlich gesichert!" Das haben wir von den Bausparverträgen auch geglaubt!

Die niederschmetternde Wirtschaftsstudie über das Burgenland — es ist wieder der Armwinkel Österreichs — habe ich in einer Klubklausur mit den Abgeordneten und Experten behandelt und Vorschläge erarbeiten lassen. Ich habe diese Vorschläge dem Landeshauptmann Theodor Kery unterbreitet. Sie haben ihn nicht so interessiert wie die Frage, ob ich mit Robert Graf ein Verhältnis hätte ...

Wozu braucht das Burgenland einen Industrieschwerpunkt, der auch technologisch anspruchsvoll und international konkurrenzfähige Betriebe entstehen ließe? Wozu eine Institution schaffen, die sich mit dem Nahrungs- und Genußmittelwesen für die Region Neusiedl beschäftigt? Da könnten ja Menschen tätig werden, die nicht mehr so abhängig sind.

Ich behaupte, daß das Burgenland unter einer anderen als dieser Regierung sich auch wirtschaftlich besser entwickeln hätte können. Von Kultur und Gesellschaft ganz zu schweigen. Aber Ungebildete und Abhängige lassen sich leichter regieren. Wagen es nicht, aufzumucken. Arme stellen keine Forderungen. Sie sind schon für wenig so dankbar.

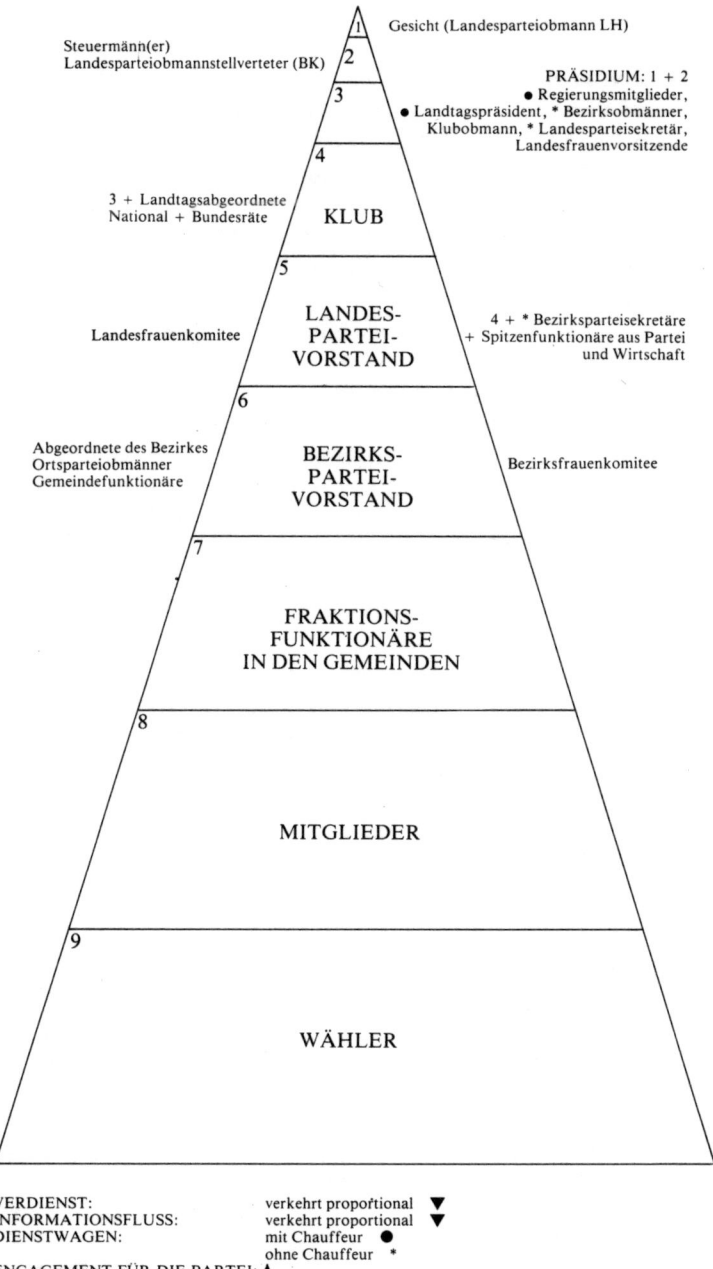

Gesicht (Landesparteiobmann LH)

Steuermänn(er)
Landesparteiobmannstellverteter (BK)

PRÄSIDIUM: 1 + 2
● Regierungsmitglieder,
● Landtagspräsident, * Bezirksobmänner,
Klubobmann, * Landesparteisekretär,
Landesfrauenvorsitzende

3 + Landtagsabgeordnete
National + Bundesräte

KLUB

Landesfrauenkomitee

**LANDES-
PARTEI-
VORSTAND**

4 + * Bezirksparteisekretäre
+ Spitzenfunktionäre aus Partei
und Wirtschaft

Abgeordnete des Bezirkes
Ortsparteiobmänner
Gemeindefunktionäre

**BEZIRKS-
PARTEI-
VORSTAND**

Bezirksfrauenkomitee

**FRAKTIONS-
FUNKTIONÄRE
IN DEN GEMEINDEN**

MITGLIEDER

WÄHLER

VERDIENST: verkehrt proportional ▼
INFORMATIONSFLUSS: verkehrt proportional ▼
DIENSTWAGEN: mit Chauffeur ●
                         ohne Chauffeur *
ENGAGEMENT FÜR DIE PARTEI: ▲

15

An der obersten Spitze (1) thront *das Gesicht*. Es hat in der Öffentlichkeit sehr gut anzukommen und daher fotogen, vor allem telegen zu sein. Am besten dafür geeignet ist ein Narziß. Sehr mit sich selber beschäftigt, soll er daher nicht allzu selbstkritisch denken. Ein eitler Mensch, der von Steuermännern leicht gelenkt werden kann, ansonsten mit sich und seinen Vergnügungen ausreichend beschäftigt ist. (Das funktioniert auch anderswo bestens.)

Darunter (2) sitzen die Steuermänner, die besonders hart auf Linie und lupenrein sein müssen. (Im Burgenland: Sinowatz, sonst niemand.)

In Etage (3) finden wir das Parteipräsidium mit den Regierungsmitgliedern, dem Klubobmann, dem Parteisekretär und den Bezirksobmännern (= Bezirkskaiser). Hier wird beschlossen, was (1) und (2) eventuell mit einem oder mehreren Vertrauenswürdigen aus (3) ausklügeln. Hier kommt es nie zu kritischen Auseinandersetzungen und Diskussionen. Es wird immer das bestätigt, was (1) und (2) vorlegen.

Nummer (4) ist der Klub der sozialistischen Abgeordneten, der von entscheidenden Informationen so abgekoppelt ist wie die Ebene (5). Bis vor Matysek wurde der Klubobmann in Personalunion mit dem Landesparteisekretär geführt. Das heißt, er war und ist es wieder das Vollzugsorgan von (1) und (2) ohne entsprechender Information oder kritischer Diskussion. Kery bezeichnete die Mitglieder dieser Ebene einmal als „lauter Säufer und Halbdebile".

Normalerweise wäre die eigentliche politische Entscheidungsebene Etage (5), der Parteivorstand: Vertrauenspersonen, die die höheren Parteiweihen empfangen haben. Auch in ihrem sozialen Status sind sie vorgerückt. Hier sind die Vorschläge von (2) zu bestätigen, wenn es um wesentliche Entscheidungen der Partei geht, die aber hier in keinem Fall getroffen werden. In der Hauptsache Personalentscheidungen, Entsendung von Abgeordneten, Regierungsmitgliedern und ähnliche. (Ich werde später darauf eingehen, wie das in der Praxis funktioniert.)

Zwischen (3) und (4) gibt es bereits eine dicke Bodenplatte, durch die wesentliche Informationen nicht mehr sickern und auch kaum noch hinaufsteigen. Der Kontakt mit Medien ist ohnehin für Leute von (3) abwärts untersagt. Wenn er doch erfolgt, ist er sicherlich „parteischädigend". Besonders vorbildlich ist diesbezüglich Landtagsabgeordneter Müller, der Bezirksparteisekretär von Neusiedl: „Mir kann sowas wie mit dem 'Basta' nicht passieren — weil ich red mit kan Journalisten!" (Ich wurde wegen eines erfolgreich geklagten „Basta"-Interviews als Clubobmann abgesetzt.)

Noch weniger sickert dann von (5) auf (6) durch. Hier ist der Filter oder die Dämmplatte schon besonders dicht. (7) ist die Ebene der Funktionäre, jener, die in Wahrheit den Apparat tragen. Funktionär kommt von funktionieren. Hier agieren Idealisten, aber auch Opportunisten, die sich etwas versprechen oder Dank abzustatten haben. Jene, die ohne Bezahlung die Knochenarbeit für die Partei leisten: Flugblätter austeilen, plakatieren, Mitgliedsmarken verteilen, „kassieren", Veranstaltungen organisieren, wenn hohe Herrschaften ins Dorf kommen („ER" kommt!) und ihre Weisheiten verzapfen; die unter Hinweis auf die hohen Ziele der Partei an Einsatz und Idealismus appellieren. Sie werben Mitglieder, müssen die „Partei-Prawda" anbringen und vor allem „Informationen" an die Mitglieder weitergeben. Diese Ebene ist schon sehr breit.

Darunter folgt die Ebene der Mitglieder (8), die Basis. Und drunter wiederum sind endlich die Wähler (9) zu finden, die sogenannten „Menschen draußen" — das „Volk".

Sie sind buchstäblich draußen.

Besonders interessant ist (7), die Ebene der Funktionäre. Ich habe sie in vielen Sitzungen kennengelernt und weiß, daß sie es verdienen, die Wahrheit zu erfahren und daß es besonders niedrig und hinterhältig ist, sie so zu belügen, wie sie belogen und hinters Licht geführt werden.

Es ist schlimm, daß die Abgeordneten an einem bedeutenden Informationsnotstand „leiden". Was man aber mit den ehrlichen Funktionären treibt, ist höchst unanständig. Man macht ihnen vor, es gelte ununterbrochen den ideologischen Feind, die ÖVP, zu bekämpfen. Ja, das geht so weit, daß man damit die Menschen mobilisiert, in gehässiger Art und Weise dem politischen Gegner entgegenzutreten. Vor allem in Wahlzeiten. Wenn die armen Teufel wüßten, wie gut sichs leben läßt in der Umarmung ÖVP/SPÖ auf (1) und (2)!

Die INFORMATION sickert demnach von (1) auf (7) kaum durch. Es sei denn, es geht um ganz gezielte Information, innerhalb des Systems selbst und von außen, über einen „Kanal", den man stets zur Hand hat: den der Medien. Was dann nicht mehr der „wirklichen Wahrheit" entspricht, sondern etwas bezwecken soll. Es gibt entsprechende Informationsschriften; Informationsblätter, die Argumentationshilfen, die Mundpropagandavorlagen.

Die persönliche Information besorgen die Abgeordneten des Klubs in den Fraktionssitzungen und Versammlungen. Da gibt es eine einheitliche Sprachregelung, die von (1), (2) und (3) im Klub der Abgeordneten, somit auch (4), ausgegeben wird. Das funktioniert sehr gut, zumal man sich zur zusätzlichen Autorisierung des „Kanals" der Medien, vorzugsweise des ORF, bedient.

Im umgekehrten Sinn funktioniert die Information zur Spitze hinauf. Was der Wähler, das Mitglied, empfindet, sagt und denkt, erfährt (1) gar nicht, oder in veränderter, verschönter Art und Weise.

Proportional umgekehrt verhält es sich mit den FINANZEN. Je einsamer die Position, um so dicker der Finanzpolster. Die breite Basis der Funktionäre arbeitet im Verhältnis zu den „Entschädigungen", die jene „dort oben" empfangen, für so gut wie gar nichts. Für Versprechungen oder für winzige berufliche Vorteile.

Diese Chaospyramide ist kein burgenländisches Spezifikum. Sie ist aber dort architektonisch rein gebaut und fest gefügt.

Wo leben wir?

Es mag dem Urteil des Lesers überlassen bleiben, ob es tröstlich oder zum Verzweifeln ist, wenn Wirtschaftsminister Robert Graf, ein Burgenländer, in der Fernsehpressestunde Schluß der Debatte signalisierte: *„Das Burgenland ist nicht besser und nicht schlechter als alle anderen Bundesländer auch!"*

Ich rufe ihn zum Zeugen, daß burgenländische somit auch gesamtösterreichische Zustände sind. Und somit das Burgenland eine besonders augenfällige Chiffre für Österreich ist.

Österreich ist Burgenland! Ein Artikel im „Kurier" über die „Burgenlandisierung Österreichs" hat Alfred Sinowatz, damals Bundeskanzler, besonders hart getroffen. Warum eigentlich? Weil die Wahrheit immer besonders hart trifft?

Was muß im Burgenland, in Österreich noch alles geschehen,

ehe sich die Menschen gegen mangelhaft fähige Politiker zu wehren beginnen? Wir stehen vor einem Scherbenhaufen in der Wirtschaft, einem Scherbenhaufen im Gesundheitswesen, im Bereich der Pensions- und Sozialversicherung, in Natur und Landschaft, im demokratischen Leben der Gemeinschaft, in der persönlichen Denkungsart des einzelnen, in der Wertschätzung Österreichs und der Österreicher in der übrigen Welt.

Politik ist — nach Heinrich Heine — zu jenem sonderbaren Geschäft geworden, wo man alle Waren zehn Prozent unter dem Fabrikpreis bekommt und doch immer der Betrogene ist.

Die große Koalition verbessert nichts, sie verschlechtert. Bundeskanzler Franz Vranitzky am 10. Juni 1987 bei der Regierungsklausur in Pertisau am Achensee in Tirol: „Der Schulterschluß ist gelungen!" Also: noch weniger Information an die Betroffenen über ihr künftiges Schicksal. Erst recht ist alles in großkoalitionärem Einvernehmen unter Ausschluß der Öffentlichkeit in den Entscheidungsprozessen „geregelt"; noch weniger Chance auf lückenlose Aufklärung der zuhauf Aufklärungsbedürftigen. Diese große Koalition lähmt die Erneuerung der politischen Kultur: Weil diese ÖVP gelähmt ist, ausgezehrt vom siebzehnjährigen Kampf ums Futter.

Zwischen Januar und Mai 1987 haben die Propheten der großen Wende, hat also die ÖVP-Regierungsfraktion, nicht mehr als zwei (!) eigene Gesetzesinitiativen zustandegebracht. Eine reife Leistung nach siebzehnjähriger Lüsternheit. Wesentlicher war ihr die Pfründensicherung. *Vor* der Bundespräsidentenwahl konnte sich die ÖVP gar nicht genug darin gefallen, der Öffentlichkeit zu beweisen, daß die „Campän" gegen Kurt Waldheim in Wirklichkeit eine „Kammpann" ist, geplant und ausgelöst von SPÖ-nahen Kreisen. Ein belauschtes Wirtshausgespräch zwischen Sinowatz, Lacina und Vranitzky war der Glanzpunkt einer von Klubdirektor Kurt Bergmann vorgelegten „Dokumentation".

Ein Prozeß endete kläglich. Natürlich konnten sich die Wirtsleute nicht mehr erinnern. So prominente Herren mit Gefolge können nämlich auch anderswo auf Steuerzahlerkosten arbeitsessen. Und *nach* der Wahl?

Als Zeugin in einem Prozeß des Alfred Sinowatz gegen den Journalisten Alfred Worm wurde ich, nach vorangegangener Weigerung auszusagen, dazu aufgefordert, meine schriftlichen Aufzeichnungen aus einer burgenländischen SPÖ-Parteivorstandssitzung preiszugeben; Kanzler und Parteichef Sinowatz hat demzufolge — wie sich aus den bei Gericht öffentlich verlesenen Dokumenten ergibt — schon lange vor Einsetzen der Waldheim-Kampagne diese angekündigt, indem er referierte, es seien die „Österreicher rechtzeitig an Waldheims braune Vergangenheit" zu erinnern.

Wie reagierte darauf ÖVP-Generalsekretär Michael Graff, der für das unglückselige „Jetzt erst recht!" verantwortlich war? „Wir werden uns da natürlich nicht draufsetzen!" Hysterisch vorher; lendenlahm und desinteressiert nachher.

Was lag dazwischen?

Die Machtergreifung mit anschließender Futterneuverteilung. Die braune klebrige Melasse haben sie über das Land und die Köpfe ausgegossen. Was soll sich da noch bewegen?

Es werden ganze Apparate eingesetzt, um den Wähler von der Wirklichkeit, von der Information, von der Wahrheit fernzuhalten, ihn zu täuschen, ihn in die Irre zu führen. Sie nennen es Information, Was ist dabei der Unterschied zu: „Für dumm verkaufen?" Tatort: Fernschreiber.

Den Menschen wird eine 32-Milliarden-Spritze — für die heruntergewirtschaftete Verstaatlichte Industrie — wieder einmal als letzte, als allerallerletzte verkauft. In Wahrheit ist es ein 50-Milliarden-Ding. Und sicherlich nicht das letzte.

An einem schönen Frühlingstag geht die junge Mutter mit ihrem Ungeborenen spazieren. Tausende ziehen für ihre alten sozialdemokratischen Grundsätze aus. Es ist der 1. Mai. Daß aus einem explodierten ukrainischen Atomreaktor radioaktive Wolken übers Land treiben, erfahren die Leute später. Und die Politiker reden sich aus, das Telefonsystem im neuen Regierungsgebäude habe noch nicht richtig funktioniert. Für wie dumm halten sie uns eigentlich? Wo leben wir?

Die Impotenz der Potentaten

In Wahrheit geht es jenen an der Spitze der Pyramide nur darum, sich selbst zu sichern. Darum auch die Verbindung der SPÖ mit der FPÖ, die „Kleine Koalition" — gegen den großen Willen der kleinen SPÖ-Funktionäre.

Wie rasch man sich als Politiker in diese Sicherheit hineinwiegt, zeigt Norbert Steger. Als es um seinen Vizekanzlerkragen ging, hatte die Bestellung des Norbert Steger durch den Ressortverantwortlichen Norbert Steger zum Chef des Österreichischen Verkehrsbüros natürlich zwingende Notwendigkeit und stand im Einklang mit dem System. Sensationellerweise wurde dieser Postenschacher verhindert. Aber nicht durch Politiker, sondern durch couragierte Mitarbeiter des Verkehrsbüros. Ein Hoffnungsschimmer.

Immer führten Politiker, wenn sie mit ihrem Latein am Ende waren, als letztes Argument „ ... das Ansehen Österreichs!" im Munde. Sie haben alles dazu beigetragen, es nachhaltig zu ruinieren.

Wenn es um ernsthafte Probleme geht, entringt sich den großen Mundhelden bestenfalls der Stoßseufzer: „Es ist alles so kompliziert!" Hainburg, Fliegerabwehr (Draken), Weinskandal, Elektrolyse in Ranshofen — alles besonders eindrucksvolle Ausweise von Politikerparalyse. Und wenn man sich endlich, viel zu spät und nach enormem Schaden, zu Entscheidungen durchgerungen hat, sind diese meist verkehrt. Etwa das „strengste Weingesetz der Welt".

Haben wir unfähige Politiker? Wie beweist ein Politiker seine Fähigkeit? Muß er sie überhaupt beweisen?

Jeder kleine Greißler braucht einen Befähigungsnachweis, um seine Tätigkeit ausüben zu dürfen. Angehende Medizinstudenten sollen ein Berufseignungstestjahr absolvieren. Firmen prüfen Handschriften ihrer Bewerber und unterziehen diese sogar psychologischen Tests. Die Befähigung zum Antritt eines Politikerberufes sind Charaktereigenschaften, die ihn auf einem Listenplatz unterkommen lassen. Das müssen nicht die besten Eigenschaften sein. Ab dann ist alles gelaufen. Ab dann prahlen sie mit der Legitimation durch das Volk und sind doch nur vom Oberapparatschik gerufen und legitimiert. Ab dann sind sie kompetent, uns unser Geschick aus der Hand zu nehmen. Politiker zum eigenen Nutz und von eigenen Gnaden.

Hat der einzelne, hat der Wähler eine Chance, dieses System von Impotenz der Potentaten und Inkompetenz der „Kompetenten" längerfristig zu verändern?

Ich fürchte: nein. Weil die Angst umgeht.

Und ich hoffe: ja. Weil man Angst verlernen kann.

Warum grassiert in Österreich sosehr Erwin Ringels vorauseilender Gehorsam. Offenbar ist der vorauseilende Gehorsam des Österreichers von Angst geprägt. Wovor aber muß der aufrechte Österreicher denn wirklich Angst haben? Wieso läßt sich der geduckte Österreicher zwingen, Angst haben zu müssen?

Ein Beispiel: Juni 1985. Ein höchstrangiger Beamter der Republik schreibt ein Vorwort zur Festschrift anläßlich des fünfundzwanzigjährigen Bestehens meiner Schule. Der Begleittext: „In der derzeitigen Situation ist es sehr schwer, ein halbwegs objektives Vorwort zu schreiben. Ich habe mich bemüht, nirgends anzustoßen und bitte auch, meinen Namen nicht zu nennen, denn ich will niemanden reizen. Momentan herrscht im Burgenland Reizklima. Herzlichst grüßt Dich Dein ... " Ich habe die Festschrift bleiben lassen. Es herrscht in ganz Österreich Reizklima.

Die verspielte Freiheit

Unterwürfiger Gehorsam, Demutshaltung, Untertanengeste: Ausdruck von Angst. „Tu mir bitte nichts! Ich tu schön, was du willst!"

Diese Angst ist Eingeständnis von Schwäche einem scheinbar Stärkeren gegenüber, der einem etwas antun, vorenthalten oder, bei Wohlverhalten, einen belohnen kann, meist kraft „höheren" Amts. Bekannt ist ja das Türschild-Syndrom.

Diese Angst raubt Wert und Würde, auf die die Demokratie gebaut ist. Sie hat in einer Demokratie, dem Herrschaftssystem der Schwachen (der nicht länger für schwach Gehaltenen) nichts verloren.

Österreich ist ein sehr junger demokratischer Staat. Jahrhundertelang eingeübte Verhaltens- und Denkmuster im Untertanen- und Obrigkeitsstaat lassen sich in wenigen Dekaden (und auch diese waren totalitär unterbrochen) nicht grundsätzlich ändern.

Im Burgenland gab es vor relativ kurzer Zeit noch die Leibeigenschaft. Diese Situation wird von den Machtpolitikern für ihre Zwecke genutzt.

Man muß sich all dies ins Bewußtsein rufen, wenn man ob der feudalen und oligarchischen Zustände in der österreichischen Demokratie des Jahres 1987 in Zorn geraten will. Es enthebt uns aber nicht, die Sache der Demokratie in die Hand zu nehmen; klarzumachen, daß man sich zumindest im Namen der Kinder finden, vereinigen, gruppieren muß. Sie werden uns sonst einmal nachsagen: Ihr habt alles in der Hand gehabt, und ihr habt alles aus der Hand gegeben.

Aus Angst? Oder aus Bequemlichkeit? Weil ihr bequem gemacht worden seid, euch habt mit Geschenken und Gratiskonsum in infantile Erwartenshaltung drängen lassen. „Väterchen Staat zahlt alles." Was ihr aber nicht bedachtet: Väterchen holt sich's mit Wucherzinsen wieder zurück.

Es nimmt euch auch das Denken ab. Ihr braucht dafür nur alle vier bis fünf Jahre das richtige Kreuzelchen ins richtige Ringelchen zu malen.

Aus der Einbahn von der Konsum- über die Entmündigungs- bis zur Duckmausergesellschaft gibt es nur einen Ausweg: den Weg zurück!

Die staatlichen Beihilfen stehen allen zu, oder einem gesetzlich klar definierten Personenkreis.

Auf ein Wohnbaudarlehen hat man ein Recht, oder eben keines.

Zahlreich freilich sind die Ansinnen von Menschen an Politiker, etwas zu erwirken, worauf sie *kein* Recht haben. Gesunde wollen eine Frühpension, andere partout eine Beschäftigung, für die sie keine objektiven Voraussetzungen mitbringen. Wie weit sind wir entfernt davon, daß in solchen Fällen politische Intervention versagen muß! Wozu das Theater von Richtlinien der Krankenkasse, von öffentlicher Ausschreibung, gesetzlicher Vergabe und dergleichen, wenn politische Intervention festgelegtes Recht mit Füßen tritt?

Nicht nur dem Politiker ist hier ein Vorwurf zu machen, auch den Menschen mit verdorbenem Anspruchsdenken. Sie begünstigen den Verfall politischer Kultur. Aber die Politiker sind es, die dieser Begehrlichkeit Vorschub leisten. Ja viele erblicken darin ihre Legitimation. Wenn ein Wochenmagazin nach jeder Parlamentssession die fleißigsten und die faulsten Parlamentarier ermittelt, dann werden die im Hohen Hause nur durch Schweigen und Milchbarpräsenz Auffallenden entschuldigt: „Ja, aber draußen in den Bezirken sind sie in der Wählerbetreuung ungemein aktiv!"

Umgehen sie dort das Recht durch politische Intervention?

Müssen wir wirklich die Politik relativ Unfähigen überlassen? Weil wir das tun, und vor allem, weil wir uns dazu gezwungen fühlen, ist Österreich in eine Krisensituation geraten. Mit fürchterlichem Image. Nicht weil wir unfähig sind, untüchtig, arbeitsscheu. Sie haben uns um die Früchte unserer Arbeit gebracht.

Sie konnten es, weil wir ihnen die politischen Entscheidungen abgetreten haben, unseren „Vertretern". Wir haben ihnen das Denken überlassen, die wahrlich nicht in erster Linie an uns denken, wenn sie überhaupt denken. Wir haben die Gefahr herbeigeführt, nicht nur unseres erarbeiteten Geldes beraubt zu werden, sondern auch unserer persönlichen Freiheit. Wir sind dabei, unsere Freiheit, die Freiheit unserer Kinder, zu verspielen, zu verlieren.

Der unselige „Sinowatzismus"

Natürlich ist es der heftigste Wunsch der Mächtigen, daß die Partei, und, ist sie an der Macht, daß der Staat *alles* ist. Und daß damit jener, der an der Spitze des Staates, der Pyramide, steht, *alles* ist. Mir schaudert vor diesem Gedanken. Das ist die alte und neue Herrschaftsbegründung. Die neuen Herren aber sind schlimmer als die alten, sagt Norbert Leser. Wie lange wird er noch im „Bund sozialistischer Akademiker" gelitten sein?

Der Sinowatz-Sozialismus ist simpel konstruiert: *Alles, was du bist, bist du durch die Partei.* Und: ohne Partei bist du nichts. Dieser Satz ist in der innenpolitischen Diskussion einigermaßen bedeutsam geworden. Es wurde vom Parteivorsitzenden Sinowatz oft bestritten, ihn so ausgesprochen zu haben. Er hat diesen Satz beim Parteitag der SPÖ Burgenland in Güssing aber vor 700 Delegierten und zahlreichen Journalisten gesprochen. Hat ihn vorher schon bei einer Versammlung in Bad Tatzmannsdorf gesagt. (Da habe ich ihn zum ersten Mal gehört. Entsetzt fuhr ich nach Eisenstadt ins Klubbüro und teilte dies dem Bürochef des Landeshauptmannes mit.) Aber Sinowatz soll seinen Glauben haben, solches nie gesagt zu haben. Seine persönliche Karriere und die seiner Parteiführung schauen jedenfalls ganz danach aus.

Es ist eine besonders zynische Art der Entwürdigung, der Bedrohung: Die Partei sieht alles, computer- und informantengestützt weiß sie alles. Sie weiß, wo du dich aufhältst, wen du triffst, wo du deinen Strom verbrauchst und wieviel; sie kennt deine Telefonspesen, möglicherweise, was du und mit wem telefonierst. Sie nimmt in dein Grundbuch Einblick. Sie sagt, wie du zu denken hast und wie deine Verwandten denken. Sie weiß über deine Schulden Bescheid. Und je mehr Schulden du hast, um so lieber bist du ihr.

Als „profil"-Redakteur Robert Buchacher ein Interview mit Landeshauptmann Kery führte, zog dieser plötzlich einen Grundbuchauszug zu meinem Haus in Payerbach hervor und versuchte mich auf diese Weise als Zweithausbesitzerin anzuschwärzen. Wie kommt ausgerechnet Parteivorsitzender Kery in den Besitz meines Grundbuchauszuges? Und gibt ihn sogar noch weiter ... Ich schäme mich nicht für den Besitz eines Zweithauses. Mich stört nicht einmal die parteioffizielle Nachschnüffelei. Ich wußte schon ein halbes Jahr vorher davon. Tatsache aber ist, und das ist nicht so ohne: Die Partei bespitzelt dein Privatleben!

Die praktizierte Ideologie ist klar zu definieren: „Schaff ein Volk von Abhängigen und Gleichgeschalteten."

Es soll in diesem Land immer weniger Unabhängige geben.

Immer weniger mit einer Chance zum aufrechten Gang.

Immer weniger selbständig Erwerbstätige.

Immer weniger Bauern.

Ein ganzes Volk von abhängigen Lohnempfängern. Haltet möglichst viele subventionsbedürftige Unternehmen. Macht sie dazu!

Haltet alles fest im Griff und unter Kontrolle! Die Guten werden belohnt, schön famillionär, die Bösen bestraft. Wer gut und böse ist, bestimmt der Staat, das Land, die Partei, einer ganz oben, jener an der Spitze der Pyramide. Ihm helfen dabei die Parteisekretäre — über ein ausgeklügeltes Spitzelsystem. Wer wissen will, wie dieser eine das macht, der die Partei ist, der der Staat ist und der ohne Partei nichts ist und weniger wäre, der komme ins Burgenland.

Verdächtig ist, wer nicht ist wie sie. Wer gegen sie ist. Gegen sie ist bereits, wer nicht ausdrücklich und bekundet und eingeschrieben für sie ist. Die Partei führt darüber Buch und Listen. Ich habe es selbst erlebt.

Im Büro des Landeshauptmannes gibt es Tabellen, in denen die Bürger fein säuberlich erfaßt sind, vom Prominenten bis zum Schulwart, der Chauffeur ebenso wie der Portier, mit Intensität und Akribie recherchiert. Mit Plus-, Minus- und Nullkolonne aufgrund von Angaben, die das Büro des Landeshauptmannes, das Landesparteisekretariat, die Bezirksparteisekretäre und die Fraktionsobmänner ausgespitzelt haben. Das ist die „Überschaubarkeit des Burgenlandes", die der Landeshauptmann in seinen Wahlreden positiv feiert. Und ihr glaubt, ihr seid frei — mit dem Recht auf Privatheit.

Unter Tuchent und Teppich

Für Wohlverhalten gibt es staatliche Förderungen und von den Potentaten sogar Geldgeschenke. Kurt Ruso, Ex-Generaldirektor der „Bundesländer" Versicherung, sagte bei einem Prozeß in Eisenstadt über Kerys Haus- und Hofarchitekt Mathias Szauer aus: Szauer bekam in einem Fall gleich um 900.000 Schilling mehr Honorar, als er lt. Liste zu bekommen hatte. Dies auf Einschreiten des Landeshauptmannes über den Ex-BEWAG-Generaldirektor Eugen Horvath.

Ich habe erlebt, wie demütige Bittsteller „unter dem Teppich" zum Fürsten vorgelassen wurden, wie sie klopfenden Herzens die Huld, die „Geschenke" des Hohen Herrn entgegennahmen, in Gnaden entlassen wurden. Sie erkannten nicht, daß sie ein Recht — etwa auf ein Wohnbaudarlehen — hatten. Und die zynische Bemerkung mit auf den Weg nahmen: „Aber vergessen Sie nicht, bei der nächsten Wahl *richtig* zu wählen!" Als ob's dessen noch bedurft hätte! Und das ist noch das Harmloseste.

Was kostet die Wählerstimme im Burgenland?

Die eines Zigeuners? Maximal 2.000 Schilling! Die einer jungen Witwe, wenn der Mann verunglückt oder früh gestorben ist? Maximal 10.000 Schilling. Das ist der derzeit gültige Kurs, der Tarif sozusagen.

Ich habe diese entwürdigenden und menschenverhöhnenden Situationen erlebt, habe dieses traurige Theater sogar eine zeitlang mitgemacht. Viel zu lang. Viel zu oft.

Ich muß gestehen: Mir hat dies alles anfangs sogar gefallen, vor allem in der ersten Reihe zu stehen, im Glanz der Sonne. Ich bin mir gut und wichtig und menschlich vorgekommen, wenn ich Interventionen positiv erledigen konnte. Die entscheidende Unterschrift erwirken konnte. Und oft genug legte Kery die Gewißheit dazu: Er unterschriebe ohnehin nur mir zuliebe! Das Anliegen des Bittstellers lag gar nicht im Vordergrund.

Wie lang braucht ein Mensch, dies zu durchschauen! Die

Tragödie, in der Menschen und Stimmen gekauft werden mit ihren eigenen Geldern, die ihnen in weit höheren Summen vorher weggenommen oder vorenthalten wurden.

Abhängig zu machen ist nicht billig. Bezahlen tun's die Abhängigen. Es ist nicht billig, ein Netz von Vertrauenspersonen aufzubauen — in der Wirtschaft, in der Gesellschaft, versuchsweise auch im Justizwesen.

„Irgendwie" kommt das Geld schon her

Sinowatz sagte bei einer Parteivorstandsitzung der SPÖ Burgenland, als er auf den bevorstehenden Bundespräsidentenwahlkampf zu sprechen kam: „Die Partei ist zwar pleite, aber irgendwo und irgendwie werden wir das Geld schon herbekommen!" Ja, irgendwo und irgendwie treibt die Partei schon ihr Geld auf, mitunter auch zum späteren sorglosen Umgang . . .

Wie etwa wurde das Parteiblatt „Burgenländische Freiheit" finanziert? Dazu mußte u.a. „Konsum" sehr tief in die Tasche greifen. Was sagen denn dazu die Genossenschafter?

Was ist die Geldquelle der öffentlichen Bautätigkeit, die jahrelang Landesfinanzreferent Helmut Vogl innehatte? Ich bin nicht der Staatsanwalt. Es bleibt jedoch noch ein weites Feld für aufklärungswillige Journalisten. Vogl sitzt nach seiner „Verbannung" wieder wohlbestallt im Parteivorstand . . .

Die Finanzen der SPÖ-Burgenland liegen besonders im argen. (Dennoch kündigte Sinowatz an: „Wenn die Matysek kandidiert, fließen eben fünf Millionen Schilling mehr in den Wahlkampf!") Die Parteizeitung ist nach wie vor schwer verschuldet, die Partei ebenso.

Aber was stört das die Nutznießer?

Eines Tages kam ein Genosse aus der „Parteikontrolle" zu mir, einer, dem man eine große Parteikarriere vorausgesagt, ihn aber dann zur Resignation hinintrigiert hatte.

Bestürzt erzählte er mir, daß es mit den Parteifinanzen „hinten und vorne" nicht stimme. Und daß, als der Parteisekretär Karl Stix die höheren Weihen empfing und in die Landesregierung überwechselte, auch der Partei-Mercedes mitgegangen wurde: ohne einen Groschen dafür zu bezahlen. Ich begriff nicht, hatte aber eben so viel zu tun, daß ich das verdrängte. Einige Tage später fuhr ich zu einer Sitzung nach Eisenstadt.

Vor mir: ein funkelnagelneuer Audi 100. Ein wunderschönes Auto, dachte ich, ein Regierungswagen vielleicht. Nach der Sitzung fragte ich Ex-Parteisekretär Stix, wer denn mit dieser Nummer fahre. „Das ist der neue Parteiwagen", klärte er mich auf. Jetzt begann's bei mir zu klingeln. Ich rief den Genossen Kontrollor an: Er wußte davon nichts.

Die beiden Parteisekretäre, der alte und der neue, hatten folgenden Deal gestaltet: Der alte — als neues Regierungsmitglied sowieso über einen Regierungswagen mit Chauffeur verfügend — nahm den Parteiwagen mit, ohne jemanden in den Gremien zu befragen oder auch nur zu informieren. Und ohne einen Schilling dafür zu bezahlen. Der neue Parteisekretär hatte nichts Eiligeres zu tun, als bei total desolaten Parteifinanzen einen Audi 100 zu erwerben — um eine viertel Million Schilling.

Unfaßbar. Der Genosse Kontrollor stand unter Schock. Er wollte die Kontrolle zurücklegen. Er bereitete sich gründlich vor und wagte es in einer Parteivorstandssitzung, das Thema anzuschneiden. Stix tat empört, konnte aber nicht verhindern, daß die anwesenden Genossen doch zu denken begannen. Man beschloß also Monate nach dieser Aktion, daß der Exsekretär für den mitgenommenen Mercedes zahlen müsse: einen lächerlichen Betrag zwar. Als ich Kery fragte, ob man wenigstens ihn, den Chef, davon in Kenntnis gesetzt hatte, schüttelte er den Kopf.

Mir fällt da der Bürgermeister von Bruckneudorf ein, der sich vor Jahren geweigert hat, Parteispenden zu sammeln: Die ganze Fraktion hat ihn dabei unterstützt. Er lehnte es ab, alten Rentnern ihre letzten paar Schillinge herauszureißen für Bonzen, denen diese Gelder höchst locker sitzen. Wie recht der Mann doch hatte, Hut ab vor ihm und seinem Mut! Wie sagte doch Genosse Sinowatz: „Die Partei ist ja kein Zigarettenautomat!" Für manche wohl eher ein Gratiskiosk.

Die desolaten Finanzen wird der wieder zu Ehren gekommene Ex-Landesrat Vogl aufbessern. Ihm kann man vertrauen.

Manchmal darf man auch staunen. Da wurde etwa dem verwunderten Parteivorstand, ganz gegen die inneren Gesetze der Pyramide, sogar Einblick in die Parteifinanzen gewährt. Besser „ein Blick". Es wurde ihm eine Aufstellung gezeigt; die Parteisekretäre (sprich Regierungsmitglieder) beobachteten, während die Tabelle herumgereicht wurde, die Abgeordneten sehr genau. Der Landeshauptmann hatte verfügt, daß sich niemand schriftliche Aufzeichnungen machen dürfe. Als der letzte die Liste erhielt, wurde sie vom ersten schon wieder eingezogen. „Irgendwelche Fragen, Genossen? Danke, Genossen." Vogl und der Parteisekretär tauschten verständnissinnige Blicke.

Ein paar Blinde sind doch sehend geworden. Sie dürfen sich nur nicht offen äußern. Ein Abgeordneter zum Nationalrat in Ruhe rief mich am 17. September 1985 um halb neun Uhr abends an, empörte sich über meine „Abwahl". Die Partei, auch Sinowatz, träfe Mitschuld. Kery dulde keinen Ranghöheren mehr neben sich, sagte mir mein Partner am Telefon. Und erinnerte sich an eine kroatische Veranstaltung anläßlich „60 Jahre Burgenland". Der Abgeordnete: „Da mußten sie den Termin verschieben. Denn: Kirchschläger war eingeladen und hatte zugesagt. Es mußte daher ein neuer Termin gefunden werden, an dem Kirchschläger keine Zeit hatte. Sonst wäre Kery nicht gekommen. Für den Parteivorstand ist Kery ein Herrgott. Alles, was er sagt, hat dort seine Gültigkeit. Du hast im Klub an diesem Image gekratzt. In der WBO-Sache war die ganze Regierung mitbeteiligt. Nach Mörbisch ist Kery letztes Mal nicht gekommen, weil der Sinowatz da war. Meine Generation hat sich einsperren lassen, ja sie ist aufs Schaffott gegangen. Viele der Heutigen sind nur Parasiten und Nutznießer. Von den Genossen heute will kaum einer mehr was riskieren. Das ist das Ende der Partei."

Haben denn die armen Leute gesiegt?

Dabei war die Idee großartig. Die Idee der Sozialdemokratie, Viktor Adlers, Otto Bauers, des Friedrich Austerlitz: immer auf der Seite des Schwächeren zu stehen, des Entrechteten, des Ausgenommenen. Gerade das hat mich so fasziniert und motiviert, mich zu engagieren.

Haben denn die armen Leute gesiegt?

Sie haben sich Führern anvertraut, die sich des Sozialismus bemächtigt haben. Nicht die armen Leute haben gesiegt, sondern die neuen Fürsten, Oligarchen, die neuen Herren, die weit schlimmer sind als all die alten, weil ohne Stil und Format.

Und dafür steht ihr seit hundert Jahren, seit Hainfeld, in der Schlacht?

Für Ex-Arbeiterkammerpräsident Babanitz ist dieser Kampf

jedenfalls erfolgreich geschlagen worden. Bei einer Sozialaktion, die ich jährlich um Weihnachten durchführe, fragte er mich erstaunt: „Wozu machst das? Es gibt keine Armen im Burgenland!"

Einer Erhebung der Caritas zufolge gibt es in Österreich 950.000 arme Menschen.

Ist es das Schicksal aller großen humanistischen Ideen, in sich selber zu pervertieren? Wie wunderbar die Idee des Christentums. Was haben aber die Zwischenträger, die Funktionäre, die Vermittler daraus gemacht? Auch schlechtes Gewissen ist eine Form von Abhängigkeit.

Oder die kommunistische Idee! Groß im Ansatz. Aber realisiert und eingerichtet fernab jeglicher Menschenwürde. Zu Abhängigkeit und zu Korruption pervertiert. Wie etwa in Polen. Aber vielleicht ist der ermordete Kaplan Popielusko nicht umsonst gestorben. Ein vor kurzem noch nicht denkbarer Gedanke: Vielleicht gelingt es einem Michail Gorbatschow, die stolze Idee der Sozialdemokraten neu zu beleben. Jetzt braucht sie schon den Impetus ihrer zu Undemokraten mißratenen Brüder ...

Wie weit muß diese Idee von ihren Patriarchen und Nutznießern noch mißhandelt werden, um für einen glaubwürdigen Neubeginn reif zu sein? Im Burgenland wäre die Chance groß, denn dort ist die Idee schlimm mißhandelt worden. Das System, das aus dieser Idee gemacht wurde, richtet sich gegen jene, für die sie ursprünglich ersonnen war. „Der Apparat" beginnt seine Kinder zu vernichten.

Eigennutz triumphiert

Das Prinzip Eigennutz triumphiert über den zum bloßen Schlagwort verkommenen Gemeinnutz. Hier nur ein Beispiel: die BEWAG, das gemeinwirtschaftliche Elektrizitätsversorgungsunternehmen des Burgenlandes, ist offensichtlich zum Selbstbedienungsladen für Bonzen geworden. Aufsichtsratsvorsitzender Landeshauptmann Theodor Kery bezog auf Kosten der anderen Strombezieher — darunter vieler, die sich im Winter die Heizung nicht leisten können — Billigstrom: Energie für sein beheiztes Schwimmbad, seinen vollautomatisierten Schießkeller. Meine Bruckneudorfer Genossen stellten mir, als man darüber zu munkeln begann, die Frage, ob denn das wahr sei? Ich konnte es nicht glauben, mußte aber zusagen, mich in ihrem Namen beim Landeshauptmann danach zu erkundigen.

Nach einer Sitzung sprach ich Kery darauf an: Es gäbe Gerüchte, vielleicht auch nur böswillige Behauptungen ... Ich hätte es übernommen, den verunsicherten Genossen in Bruckneudorf Antwort zu geben. Kery sah mich eine zeitlang schweigend an und schloß das Gespräch: „Das geht schon in Ordnung!" Das war lange noch, bevor Kery von Josef Cap befragt wurde ...

Der ehemalige BEWAG-Generaldirektor Eugen Horvath ließ für sein privates Hotel „Heiduckenstuben" in Lockenhaus auf BEWAG-Kosten und auf Kosten aller Strombezieher einen komplizierten Stromanschluß herstellen. Er bediente sich dafür einer „Einschleifung" in die Stromversorgung der Burg Lockenhaus, die der Rechnungshof als weitere schwere BEWAG-Schädigung aufdeckte. Natürlich versorgt Horvath seine „Heiduckenstuben" nicht mit teurem Gewerbestrom wie alle anderen Gewerbetreibenden; ihm wurde der billigere Haushaltsstrom zur Verfügung gestellt.

Die gesamte BEWAG-Belegschaft arbeitete an zwei Samstagen „freiwillig", um Horvath den Reinertrag dieser Überstunden als Abschiedsgeschenk zu geben. Wert: eine halbe Million Schilling. In Rußland legen Arbeiter auch freiwillige, unbezahlte Schichten ein, „Robotnik" heißt das dort. Warum strampft Sinowatz so sehr gegen den Vorwurf der Ostblockisierung? Als an einem 8. Dezember Salzburger Geschäfte offenhalten wollten und Landeshauptmann Haslauer dies gestattete, um den Kaufkraftabfluß nach Bayern zu vermeiden, drohte die Gewerkschaft mit massivem Kampf, und der Landeshauptmann kam vor Gericht.

Helmuth Vogl, BEWAG-Vorstandsmitglied, wurde 1966, 38 Jahre alt, dienstfreigestellt. Von 1966 bis 1978 erhält er über monatliche „Entschädigungen" 2,6 Millionen Schilling, durch Pensionsbeiträge 300.000 Schilling. Von 1979 bis 1983 kassiert er 2 Millionen Schilling mit einer Abfertigung von 1,9 Millionen Schilling sowie 300.000 Schilling zum 25-Jahr-Dienstjubiläum. Ab August 1984 erhält er 14mal jährlich 113.500 Schilling Pensionszuschuß.

Verschiedentliche Gutachten rund um seine Person kosten die BEWAG 180.000 Schilling (viele Burgenländer verdienen das nicht einmal in einem Jahr!). Somit entzog der ohnehin so karg bezahlte Vorstandsdirektorstellvertreter der Verbundgesellschaft der BEWAG 7,3 Millionen Schilling. (Als ich Kery wieder einmal stellvertretend für viele andere fragte, wieso Vogl ohne offizielle Legitimation das Burgenland im Verbund vertrete: Achselzucken: „Frag den Kanzler.") Die 7,3 Millionen, Zinsen nicht mitgerechnet, Sachbezüge unberücksichtigt: billigen Strom, Sozialprämie, Wohnungsgeld usw. Dies, ohne dafür etwas zu leisten. Der Rechnungshof drückte es ohnehin vornehm genug aus. Ich sage dazu Frechheit, und nicht: „auffälliges Mißverhältnis zwischen Leistung der BEWAG und ihrem ehemaligen Vorstandsmitglied" oder „diese außergewöhnlichen und im verstaatlichten EVU-Bereich als einmalig zu bezeichnenden Versorgungsaktivitäten für ein ehemaliges Mitglied des Vorstandes".

Was fällt der burgenländischen Parteispitze dazu ein? Nichts! Nur im Parteivorstand macht sich Kery über die Beamten des Rechnungshofes lustig, nennt sie frustriert und warnt seine burgenländischen Genossen: „Es gibt im Rechnungshof verdammt viele, die frustriert sind. Man darf sich nicht gleich ins Eck drängen lassen von Möchtegernpolitikern, auch wenn sie Rechtsanwälte sind!"

Von den Journalisten befürchten Kery und Genossen ohnehin nicht viel. Bei gleicher Gelegenheit Sinowatz: „Viele Journalisten sind nicht sehr gebildet, meist verkrachte Existenzen!"

Er warnt aber dennoch vor dem zunehmenden Einfluß der Medien auf die Wähler im Burgenland und einer schädlichen Macht der Medien. „Die Medien breiten den Negativismus aus. Man muß das rechtzeitig erkennen und dem entgegensteuern. Denn aus dem Negativen kommt die Unruhe. Die Unzufriedenheit wird zu groß!" Sinowatz aber hat einen Trost für die mediengeplagten Burgenländer bereit: „Die Medien sitzen, auf Zeit gesehen, auf dem kürzeren Ast. Sie sind nicht ernsthaft zu fürchten. Denn die Menschen vergessen zum Glück schnell, und Journalisten können nicht ewig über ein und dasselbe Thema schreiben. Sie müssen sich wieder neuen Themen zuwenden!" Ein leider wahres Kalkül. — Eigennutz triumphiert über Gemeinnutz.

Das funktioniert in diesem politischen System besonders gut, vor allem dann, wenn die Bedingungen so wie hier im Burgenland aussehen:

- besonders bescheidene, arme Bevölkerung;
- besonders loyale Mittäter über die „Negativauslese" (Zitat Kery) an Spitzenfunktionären;
- besonders leichtgläubige, anständige, idealistische Funktionäre ab mittlerer Ebene nach unten (siehe Pyramide).

Alles für die Partei

Mein Gott, Fred!
Was hast Du aus meiner Sozialdemokratie gemacht! Dabei hat alles so positiv begonnen. Dabei hast Du manche noch länger getäuscht als mich, selbst Bruno Kreisky, selbst Journalisten, selbst Ernst Mikacs.
Als gelernte Pädagogin sollte man einen Blick für Menschen haben. Aber Pädagogen glauben immer zuerst an das Gute, ans Positive im Menschen, weil sie überzeugt sind, daß es nicht wirklich schlechte Menschen gibt. Gibt es sie?
Erst als mich Hofrat Ernst Mikacs (Theodor Kerys engster politischer Mitarbeiter, Hirn und rechte Hand) darauf aufmerksam machte, ich hätte ein besonderes Sensorium für Lüge und Wahrheit, habe ich begonnen, gerade darüber nachzudenken. Und habe begonnen, Dich, Alfred Sinowatz aus Neufeld, zu durchschauen, Deine Art, mit der Realität umzugehen (Du erklärst seelenruhig einer ganzen Nation, das sei eben eine Notlüge gewesen, als Du doch den Kanzler zurücklegtest und es tags zuvor noch „mit aller Deutlichkeit, ja!" in Abrede stelltest). Der Wahrheit aus dem Weg zu gehen, sich ihr nicht zu stellen (bis heute bist Du der ganzen Nation die Antwort schuldig, warum Minister Sekanina gehen mußte); die Menschen zu täuschen (ich werde es Dir und dem Leser noch sehr genau beweisen), nur weil es der Partei nützt. Aber Weh, nur scheinbar nützt. Du hast dieser Partei entsetzlich geschadet. Du hast Abhängige um Dich geschart, die bereit sind, für Dich zu lügen. Denn was ich anfangs nicht glauben wollte, ja als Irrtum meinerseits sogar entschuldigte, traf mich als Klubobmann später mit voller Wucht: Die skrupellose Lüge vieler ...
Funktionäre, Journalisten, Wähler sind ihre Opfer.
Und ich begann zu begreifen, daß die Lüge in der Politik der Machthaberer ein besonders unfaires und brutales Mittel ihrer Machtausübung ist. Der Belogene hat keine Chance.

Auch der belogene Journalist nicht. Ja, er wird als Herold der Lüge mißbraucht und verbreitet sie übers ganze Land (etwa Einbruchlüge, Kapaun-Interview, Sinowatz-Interviews).

Jede Wahrheit läuft Gefahr, auch als Lüge verdächtigt zu werden. Das System der gezielten Vernebelung stellt alles in Zweifel und beginnt uns zu vergiften.

Ich machte meinem Bezirksobmann Josef Peck Vorhalte wegen seines besonders rüden Vorgehens gegen mich: „Ist Dir klar, daß Du mich verleumdest, um mich damit zu verfolgen und zu vernichten?" Peck, original: „Ja, aber für die Partei mache ich alles!" Der Zweck heiligt die Mittel. Stammt das nicht aus einer anderen Ideologie?

Für die Partei machen sie alles, blind. Landtagsabgeordneter Franz Resch im Prozeß Sinowatz gegen Worm: „Was Moser (Protokollführer der Parteivorstandssitzungen) schreibt, würde ich blind unterschreiben. Es gibt auch andere, die blind unterschreiben!"

Nashörner reizt man nicht!

Ich hätte es mir einfacher machen können. Ich könnte es einfacher haben. Ich heische damit nicht nach Bedauern und Applaus. Ich hoffe, wenn ich das letzte Blatt aus der Maschine ziehe, im Sinn von Ernst Bloch ein wenig sichtbar gemacht zu haben von Unrecht und Lüge. Einen Schritt weiter in Richtung Demokratie in diesem Staat getan zu haben.

Ich habe es wissentlich getan. Ich weiß: Nashörner reizt man nicht. Sie trampeln blindwütig alles nieder, was sich ihnen in den Weg stellt. Sie sind nicht mehr zu stoppen, es sei denn, sie rennen sich tot.

Warum spreche ich von Nashörnern? Ich sprach doch von Sinowatz! Norbert Leser jedenfalls bezog sich ausdrücklich auf Sinowatz, als er sagte: „Er erinnert mich an ein blindwütiges Nashorn." Und bei derselben Gelegenheit: „Die Sozialdemokratie ist erst wieder zu retten, wenn sie die nächste Wahl verliert!"

Ich wollte das Nashorn stoppen, um Ärgeres zu verhindern. Es ist mir nicht gelungen, aber es soll mir gelingen seine Gefährlichkeit sichtbar zu machen. *Vorsicht, Nashorn!*

Ich höre sie schon sagen: „Sie ist doch nur verärgert! Will Vergeltung. Persönlich abrechnen!"

Ich brauche keine Vergeltung. Es ist dies keine Abrechnung. Abzurechnen hätten die, von denen Geld genommen wird.

Je größer der Abstand zu den Ereignissen, um so größer die Versuchung, sie zu verstehen, zu entschuldigen. Um so größer das Mitleid.

Sie konnten sich ja oft gar nicht wehren.

Ich habe sie provoziert. Habe immer ein bißchen mehr von ihnen verlangt. Wollte sie das halten sehen, was Politikerreden versprechen. Und ich habe uns einen Spiegel vorgehalten, damit wir einmal sehen, wie wir wirklich sind und wie wenig wir wirklich tun. Ich habe dem Nashorn ununterbrochen sein Spiegelbild vorgehalten. Das hat mir sein Vertrauen zerbrochen.

Sie hätten das nicht einmal von einem Mann ertragen. Schon gar nicht von einer Frau.

Der Basilisk in der Fabel war so anständig und ist zersprungen, als er sich im Spiegel sah. Das Nashorn begann seinen niederwalzenden Blindlauf. Ich zitiere Hofrat Mikacs, Kerys Denkorgan: „Sie müssen Dich hassen, Otti. Du hast ihnen gezeigt, wie sie selber sind. Du bist für sie zu einer existentiellen Gefahr geworden."

Die meisten von ihnen sind — zu ihrem Verständnis sei es gesagt, nicht zu ihrer Entschuldigung — Getriebene, Abhängige, sorgfältig Ausgewählte, die nie in anderen Kategorien denken gelernt oder dies sehr rasch verlernt hatten. Ihr Ende heißt Partei, ohne daß sie sich klar darüber sind, wer oder was denn diese Partei eigentlich ist. Doch, sie glauben es zu wissen: *Die Partei ist alles, und ohne Partei bist du nichts.*

Die Partei ist nicht alles. Sie wäre bestenfalls Teil einer Streitmacht in einem Kampf, den es zu kämpfen lohnt. Es lohnt sich, dafür zu kämpfen, daß in diesem Land die Talentierten, die Begabten, die Sensiblen wieder mehr Lebensraum vorfinden. Es lohnt sich zu kämpfen für Kinder mit Zukunft. Dafür, daß es in diesem Land wieder freie Menschen gibt — mit Mut zur Wahrheit, mit der Möglichkeit zur Leistung, zum Gespräch, zur Partnerschaft. Mit Respekt vor Meinung und Gedanken des anderen, mit einer freien Medienberichterstattung: Das sind Ziele für ein Land, in dem man einander in Augenhöhe begegnet, wie dies Manès Sperber ausgedrückt hat: *sich ansehen, nicht von oben herab, aber auch nicht von unten hinauf.* Ein

Zitat, mit dem ich Kery sehr verärgert habe. Nach einer Rede, in der ich es gebrauchte, brummte er: „Aber ich seh das nicht so!" Eben!

Bis dahin wird es sehr vieler Anstrengungen bedürfen. Aber man muß Visionen zum Ziel setzen, um das Bessere zu erreichen. Auch wenn die Macher (die angeblichen) und die „politischen Realisten" darüber nur lachen können. Sie lachen stets über Utopien und Visionen, weil sie ihre Utopien und Visionen der Lächerlichkeit preisgegeben haben. Die große Vision sozialdemokratischer Politik, die strahlende Vision christlicher Politik.

Ein Volk von Zuschauern und Wegschauern

Es bedarf großen Muts und bedeutenden Engagements. Es bedarf aller Gutgläubigen, aller Idealisten, aller Humanisten, aller Sozialisten, aller Christen. Es bedarf des Widerstandes. Es bedarf endlich aller Frauen. Wir brauchen ihre brachliegenden Ideen, ihre Leistungskapazitäten. Es bedarf der Jugend.

Aber in diesem Land wird zu oft zugeschaut und weggeschaut.

Sind wir denn wirklich geborene Zuschauer, Wegschauer?

Zuschauen und Wegschauen rächt sich für uns alle, ist verantwortungslos uns selbst gegenüber und gegenüber unseren Kindern. Dein Kind wird dich fragen: „Was hast du getan, dieser Entwicklung, die vorauszusehen war, gegenzusteuern, sie zu verhindern?"

Wieviel ist jeder von uns für seine Kinder zu tun bereit? Welche Opfer werden nicht gebracht! Neun von zehn Erwachsenen, nach Sinn und Zweck ihres Lebens befragt, antworten: „Damit es meinen Kindern einmal besser geht!" Wir tun alles für unsere Kinder, in einem Ausmaß wie zu keiner anderen Zeit zuvor: Spielzeug, Kinderzimmer, Bekleidung, Sportgeräte, die bestmögliche Bildung, Sprachferien, Auslandsaufenthalte, Nachhilfeunterricht, Moped, Auto, Wohnung, Versicherungen, Sparprogramme. Ja, wir verzichten sogar weitgehend darauf, selbst „zu leben", weil wir ganz und gar für unsere Kinder da sind.

Und denken keine Sekunde daran, daß wir ihnen in Wahrheit einen ruinierten Lebensraum hinterlassen. Eine fragwürdige

Demokratie ohne freie Entfaltungsmöglichkeiten der Persönlichkeit für Phantasie und Gestalten. Sie werden Angepaßte. Warum wundern wir uns über die zunehmende Zuflucht zu Rauschgiften, über die erschreckende Selbstmordrate von Jugendlichen, die alles haben: „Denen geht's wahrscheinlich zu gut!" Es geht ihnen schlecht, weil wir ihre Zukunftsaussicht so nachhaltig mit unserem unseligen nur Zuschauen und noch immer Wegschauen vertun. Das Mädchen, das sich im Mai 1987 vom Wiener Donauturm warf, ließ nur einen kurzen Abschiedsbrief zurück: „Was hinterläßt ihr uns doch für eine Welt!"

Nicht nur die Politiker, wir alle haben diesen Staat verschachert, wir haben die Wiesen verseucht, die Blumen vergiftet, die Landschaft verschandelt. Haben unser gesellschaftliches Leben und unsere Lebensbedingungen gefährdet: Ein Volk von Zuschauern, noch schlimmer: von Wegschauern verdient keine anderen Politiker.

Unter dem Motto: „Nur keine Wellen" und „es wird schon nix passieren" sind wir dort hingekommen, wo wir heute stehen: unser Image könnte international kaum schlimmer sein. Das Schlitzohrenimage, das Glykolpantscherimage, das Vergessenssyndrom-Image („Morbus Waldheim"). Nix sehen, nix hören, nix reden, nix wissen wollen (zumindest net so genau, das macht nur Kopfweh!)

Ein Volk mit Politikern, die in erster Linie in Wahlgängen, in Wahlperioden, in Wählerstimmen, in Mandaten, in Posten, Pfründen und Positionen denken und kalkulieren — und das „regieren" nennen. Die permanent versuchen, Journalisten zu ködern, die Staatsanwälte in Freundschaft neutralisieren wollen.

Amerika hält uns jetzt den fleckigen Spiegel vor. Ein paar Nazis mehr oder weniger, drauf kommt's doch gar nicht an, reagierte Specialagent Neal Shear auf die Entrüstung über den Bartesch-Abschub.

Ein Staat Österreich mit dem fatalen Los, sich immer unschuldig zu fühlen: Wie hart spielt uns doch das Schicksal mit! Nicht verantwortlich zu zeichnen. Eine Mischung zwischen Lieber-Augustin-Mentalität („ ... alles ist hin!") und Florians-Prinzip (Egal wo, nur nicht bei mir!)? ein unseliges, weinseliges Schlaumeier-Image? Wir werden schon keinen Richter brauchen! Eine Hand wäscht die andere! Wo sind sie, die Sensiblen, die Talente, die Couragierten, die Leistungsstarken, die Denker, die Wachen, die Kritischen, die Unabhängigen? Resigniert, ausgewandert, kaltgestellt, chancenlos?

Ein Busek macht noch keinen Sommer.

Angesichts der Situation drängt sich die Frage auf: Ist der Mensch wirklich unfähig, aus Fehlern zu lernen? Macht Wohlstand auf Pump lethargisch? Ist das Zeitalter der Passiven angebrochen? Muß die nächste Generation verzweifeln? Muß wieder ein „Führer" kommen, ein Heil-Versprecher?

„Was geht mich das alles an, was versteh denn ich von Politik, Politik ist mir zu schmutzig. Und es wird schon nix passieren". Diese Ignoranz zeigt, daß viele überhaupt noch nicht begriffen haben, worum es in diesem Staat wirklich geht. Und wie es wirklich um uns steht. Es wird sehr wohl was passieren.

Denn unser Kostbarstes ist in Gefahr. Unsere Freiheit. Weil die Demokratie in Gefahr ist. Und die Instrumentarien, die Gremien, sie wieder zu reparieren, verdorben sind.

Je mehr Menschen das durchschauen, erkennen, um so größer ist die Aussicht, daß es nicht passiert. Pelinka meinte kürzlich, Österreichs Demokratie entspreche noch nicht dem Wesen einer westlichen Demokratie.

Stoppt das Nashorn, ehe es zu spät ist!

Wie wäre es mit Zukunftsbewältigung?

Ist der Österreicher politisch zu desinteressiert oder demokratisch nicht reif genug, weil er immer wieder und fast schicksalhaft politischen Desperados zum Opfer fällt? Die Jugend protestiert. Intuitiv. Sie kann das Spiel der systematischen Demontage ihrer eigenen Zukunft noch nicht durchschauen. Ihre Zukunft ist von „Toten" verspielt worden. Auch international gilt dies: von Akteuren ohne Visionen, ohne Zukunft, die Leben nicht aufkommen lassen. Die mit leblosen Augen in die Vergangenheit blicken.

Warum sprechen wir ein halbes Jahrhundert nach den grauenhaften Ereignissen noch immer davon: in Amerika, Israel, Österreich, Frankreich, Deutschland, den Niederlanden? Es ist, als wären die Toten aus ihren Massengräbern auferstanden! Warum? Weil die Jugend nun all das aufzuarbeiten hat, was wir zwei Generationen lang versäumt haben.

Wo bleibt die Vision? Wo bleiben die faszinierten Politiker, die ihre Realisierung in Angriff nehmen?

Wo sind die internationalen Politikerhelden, die neue Ziele vorgeben; die sagen: „Wir schaffen den Hunger ab. In nur zehn Jahren." Wer legt dazu einen konkreten Plan vor? Wir wären atemlos, hätten keine Zeit für Fluchten, häßlich wäre jener, der nicht mittut.

Weil wir unsere Zukunft nicht angehen, schaffen wir unseren Kindern das Problem ihrer Vergangenheitsbewältigung, an dem sie scheitern werden. Die Schuldigen und Mitschuldigen an Mauthausen, an Dachau, an Auschwitz, an den Millionen Toten des Zweiten Weltkrieges haben unsere Vergangenheit kaputtgemacht und auch die Zukunft. Sie gehören hinaus aus den Positionen, auf die schon die übernächste Generation Anspruch hat.

„Totalitarismus macht in Demokratie".

„Demokratische Wahlen" und von Demokratie geradezu strotzende Apparate legitimieren Machthaberer, die nicht einmal in der Theorie abwählbar, verjagbar sind: außer durch Selbstfaller, durch Vernichtungskampagnen. Das ist nicht nur ein geriatrisches Problem. Ich denke an Rudolf Sallinger, Anton Benya, Theodor Kery. Die Jungparlamentarier Josef Cap und Othmar Karas werden abhängig nur von ihrer Einordnung, unabhängig von ihrer Leistung in den nächsten Dezennien dem Hohen Hause angehören. Und sie werden vielleicht im Jahre 2027 als betagte Parlamentarier, als Nationalratspräsidenten enden.

Im Burgenland hat man einen Gerontokraten aufs Pferd gebunden. Wie El Cid wird er reiten gegen eine zwar jünger repräsentierte, aber doch tote ÖVP. Wenn sich ihnen kein Lebender entgegenstellt, werden „Leblose" die nächste Wahl gewinnen, um das Leben zu bestimmen. Kery will auch 1992 kandidieren, sagt er: Er habe so viel Erfahrung.

Wie abgefahrene Autoreifen

Ich glaube nicht, daß der Kreis um das Politikerphänomen Sinowatz verklebte Augen hatte, nicht erkannte, wohin die Reise ging. Aber warum ist der Mund dieser Leute verklebt?

Sind diese Menschen zu feig? Wovor haben sie Angst? Wiegt ein gutes Gewissen nicht mehr als ein paar tausend Schilling?

Ich frage mich, wie sie es zuwege bringen, Kindern in die Augen zu sehen, mit denen sie sich so gern fotografieren lassen.

Ich frage mich, wie es ihnen gelingt, mit jungen Menschen zu diskutieren, ohne dabei rot zu werden bis über beide Ohren.

Ich frage mich, wieso es möglich ist, Journalisten am laufenden Band anzumäuerln, ohne dabei auf Schritt und Tritt ertappt zu werden.

Ob die Umgebung des Landeshauptmannes Kery erkannt hat, was da gespielt wird? Bis auf wenige Ausnahmen — nein. Die Leute um Kery sind zu sorgfältig ausgesucht. Die anderen haben die Wahl zwischen paß-dich-an, pfeif-drauf und gib-dich-hin-und-kassier.

Wieso haben sie Angst, es könnte sich jemand profilieren? Ja, das Wort „profilieren" ist in der sozialistischen Partei beinah ein Schimpfwort geworden. Wie oft habe ich den Vorwurf gehört: „Die Matysek will sich ja nur profilieren." Und, wenn schon! Ist es ein erstrebenswertes Ziel im Leben und in der Politik, kein Profil zu haben?

Manche Politiker kommen mir vor wie abgefahrene Autoreifen, profillos. Auch abgefahrene Pneus sind gemeingefährlich. Warum wird keiner von denen verantwortlich gemacht für das, was er den Staatsbürgern und damit dem Staat angetan hat?

Alle reden sie von Verantwortung und Mitverantwortung. Macht das Beispiel des General-Managers des amerikanischen Chemiekonzerns Union Carbid auch hier Schule, der nach der Vergiftungskatastrophe in Bhopal (Indien), an der Hunderttausende Menschen starben, feststellte, „er übernehme dafür die volle Verantwortung". Womit will er bezahlen? Mit seinem kleinen Leben?

Sie sind zwar schnell zur Hand mit ihren Garantien für Arbeitsplätze, für gesicherte Pensionen, für den Weltfrieden (die Steyrer-Wahlplakate sind hier eine Delikatesse für sich!). Wer fordert diese Garantien aber ein, wer läßt sie die Verantwortung einlösen? Wer stellt diesen Wechsel fällig?

Und trotzdem: Es kann sich doch nicht jeder einfach davonschleichen und nur Scherben zurücklassen. Ohne Befähigung in die Politik geraten und ohne Haftung wieder entlassen werden? Das einzige, worauf sie sich berufen können, sind Wahlen und Abstimmungen.

„Aber er hat doch seit 1964 alle Wahlen gewonnen!"
Mit diesem Satz wird im Burgenland alles entschuldigt. Wer Wahlen gewinnt, ist aus dem Schneider. *Wie* Wahlen gewonnen werden, ist schon nicht mehr gefragt. Daher ist alles daranzusetzen, Wahlen zu gewinnen. Wirklich alles. Wahlen sind das einzige, was sie wirklich fürchten. Es spielt aber auch keine allzu große Rolle, Wahlen nicht gewonnen zu haben. Alfred Sinowatz hat in seinem Politikerleben ad personam keine einzige Wahl gewonnen. Und regierte die Republik Österreich dennoch.

Meinungsfreiheit, die wir meinen

Im Burgenland gab es bis vor kurzer Zeit noch keine Möglichkeit einer freien Meinungsbildung: Durch mangelnde Information, durch gezielte Fehlinformation über die Parteizeitungen, durch Einbindung der unabhängigen Zeitungen, durch einen ORF-Burgenland, der nicht neutral, sondern neutralisiert ist. Im Burgenland bedarf es mutiger Journalisten.
Der ehemalige Landesparteisekretär und jetzige Landesrat Karl Stix (einer der wahrscheinlichsten Kery-Nachfolger) fand gar nichts dabei, bei einer Landesfrauenkomiteesitzung in Oberpullendorf im Zusammenhang mit der WBO-Berichterstattung zu erklären: „Ich werde dem Robert Heger schon noch genau sagen, was er zu berichten hat!" (Robert Heger ist Chefredakteur des ORF-Burgenland).
Meinungsfreiheit, die wir meinen?

Die WIG-Sklaven. Ein Hoch der Sozialdemokratie!

Eine besonders ausgeklügelte Lüge, die ich anfangs nicht durchschaut, ja sogar gläubig nachgeplappert habe, ist: den Menschen einzureden, wie gut es ihnen doch gehe. Und nicht zu vergessen, wie arm dieses Land noch vor 20 oder 30 Jahren gewesen wäre. Es ist schon richtig, daß es den meisten von uns besser geht als damals: Weil wir alle heftig dafür gearbeitet haben.
Die Frage stellt sich anders: Müßte dieses Land nicht Nutznießer erhalten, die sich schamlos und mit mangelndem Verant-

wortungsbewußtsein der Steuergelder zum eigenen Nutzen bedienen, ginge es hierzulande dem Durchschnittsbürger besser. Und wir wären pro Kopf nicht so hoch verschuldet, daß man bei der Ausbildungsqualität unserer Kinder, etwa bei den Lehrerdienstposten, sparen müßte. Bildung scheint wieder zum Privileg und bildungsentsprechende Arbeit zum Feld für Günstlinge zu werden.

Zu einem Schandlohn, der jedem sozialen Gewissen spottet, werden aus dem Seewinkel Frauen an das Wiener Stadtgartenamt vermittelt, um auf dem WIG-Gelände in Oberlaa je nach Bedarf und Anforderung Hilfsarbeiten zu verrichten. Die Frauen — im Seewinkel „scherzweise" die „WIG-Sklaven" genannt — werden nahezu mitten in der Nacht nach Wien gekarrt. Neun Autobusse täglich. Selbst das noch weiß der Bezirkskaiser in Abhängigkeiten umzumünzen. Denn „ein paar Schilling sind's doch, und dem Peck muß ich ja so dankbar sein, daß er mich nimmt und nicht die Nachbarin!" hörte ich eine „WIG-Sklavin" aus Andau sagen. Aber dafür mußten sie alle der Partei beitreten, zweihundert allein aus Andau.

Ist das eine reife Leistung sozialistischer Politik, Herr Kery? Und landauf, landab kann man auf Plakaten lesen: „Kery: Arbeit ist das Wichtigste!"

Seid ihr daraufgekommen, selber arbeiten zu sollen? Oder arbeiten euch die Burgenländer zu wenig? Ihr wolltet doch nicht die Arbeitslosen frotzeln, glaube ich.

Verstaatlichte, Spitalsmisere, Pensionsversicherung, Arbeitslosenkassa, Arbeitsmarktverwaltung, Familienlastenausgleichsfond. Einige Beispiele nur für schlechte Verwaltungsarbeit.

Die Bausparverträge wurden gekürzt: der Staat brach von ihm unterzeichnete Verträge. Da werden Urkunden zu einem Fetzen Papier. Welches Vertrauen ist noch den Pensionsverträgen zuzumessen? Schon einmal wurden Staatspapiere zu Tapetenmakulatur. Staatsanleihen waren damals über Nacht wertlos geworden. Eine Enttäuschung vieler Bürger, die eine der Ursachen war, die in den Nationalsozialismus führten. Mit dem Vertrauen in den Staat sollte gerade Österreich sehr sorgsam umgehen.

Wieso ist es möglich, daß Sozialminister Alfred Dallinger heute vor leeren Kassen steht, wo doch Millionen Österreicher Jahrzehnte lang ihre Arbeitslosenbeiträge einbezahlt haben?

Eine Solidaritätsabgabe muß man erfinden! Wo ist das Geld? Wo ist die Kontrolle? Wie werden Ausgaben dem Zahlenden gegenüber gerechtfertigt? Warum fragt keiner danach?

Würde die Verstaatlichte Industrie privat geführt werden, von Managern mit echter Verantwortlichkeit, die sich mittels Leistung und nicht mit Parteibüchern um diese Positionen bewerben und in diesen Positionen bestätigen müssen, steckte dieser Wirtschaftszweig nicht in einer so verheerenden Krise, in der auch das Argument des geschützten Arbeitsplatzes nicht mehr sticht.

Darf man das als Sozialistin überhaupt sagen?

Man muß es, wenn sich Sozialismus als der bessere Hüter des Allgemeineigentums und der Steuergelder versteht.

Auch in jenem Bereich der Wirtschaft, in dem die Parteien die Bestellungsbefugnis haben, wird die Führungsauslese nach denselben Gesichtspunkten durchgeführt wie in den politischen Parteien. Dementsprechend schaut die Chose aus.

Das gilt auch für das Beispiel Schule. Ich selbst bin Leiterin einer Schule und kann davon ein Lied singen.

Solange ich den Betrieb privat führen konnte, hatte ich etwa die Möglichkeit, die tüchtigsten Lehrer auszusuchen. Ich konnte Lehrer, die das Zeug nicht hatten, jungen Menschen Wissen und Können weiterzugeben, nach ein, zwei Schuljahren aus dem Dienst entlassen. Nicht so, seit der Betrieb verstaatlicht ist. „Verbundlicht", wie das schöne Wort heißt.

„Die Otti ist so anders!"

Ich wollte Goethe, wollte Sperber widerlegen. Wollte beweisen, daß politisch Lied kein garstig Lied sei; daß man sehr wohl, ohne Menschen belügen zu müssen, Politik machen könne. Zweiteres ist mir ganz gut geglückt. Aber es hat mich mein Mandat gekostet.

Die Methoden der Beobachtung wurden schärfer, das Netz wurde enger. Von mir organisierte Veranstaltungen zur Bauordnung wurden vom neuen Parteisekretär akribisch kontrolliert: „Was will sie?" Mehr als ein Jahr vor meinem „Sturz" erhielt ich bereits erste Warnungen: Ein Bekannter, Mitglied der Freimaurer, verfügte nicht nur über ausgezeichnete Kontakte in die Loge, sondern auch zum Ballhausplatz, ins

„Hauptquartier". Er rief mich an und erzählte, daß ich bei Sinowatz in Ungnade gefallen sei. Der Kanzler finde mich nicht einzuordnen (wohl der schlimmste Fehler, den ein Sozialist begehen kann!) und sähe in mir eine Gefahr für die burgenländische SPÖ. Ich hätte auf Kery zu großen Einfluß. Ich nahm diese Warnungen damals nicht ernst, weil mir die Argumente und Begründungen zu dumm erschienen. Es war ihnen aber todernst. Ich paßte nicht ins Schema.

Parallel dazu hatte man von Wien und Neufeld aus schon längst begonnen, Kery zu entmachten. Er wurde systematisch von Sekretären und Sinowatz-Vasallen umgeben. Der Journalistin Ute Sassadek gegenüber rühmte sich Sinowatz deshalb in einem Pressefoyer nach dem Ministerrat. Ich werde darüber noch berichten. Er leistete jedenfalls ganze Arbeit, griff „ordnend" ein und sorgte für Ruhe. Besonders störend muß mich ausgerechnet eine Frau empfunden haben, die sich bei ihm beklagte: „Die Otti ist so anders!": Landesfrauenvorsitzende Elli Zipser hatte sich für einen Kuhhandel um Mandatsposten hergegeben.

„Die Otti ist so anders!" Damals traf mich diese Kritik. Daher versuchte ich eine Zeitlang, mich an Kerys Rat zu halten: „Du mußt aussehen wie eine graue Maus! Du darfst nicht auffallen. Sie werden sonst alle gegen dich sein!"

Auch Kery gehört offenbar zu der Sorte Mann, die den Frauen offenbar kein eigenständiges Denken, Handeln und Leisten zutrauen. Besonders aufschlußreich sein Diktum: „Du hast das männlichere Hirn von uns beiden!" Er stellte auch einmal ganz offiziell fest: „Frauen scheuen sich, Verantwortung zu tragen und eigenständig zu handeln!"

Gerne bin ich anders als Elli Zipser, anders als Theos oder Freds Frauenmodell.

Aufgrund meiner Aktivitäten, meines Engagements in meinem Beruf als Schulleiterin ergab es sich, daß ich bald in der Politik landete. Die höchstaktive Schuldirektorin Matysek war einer Wiener Zeitung sogar einen großen Artikel wert, fünfspaltig. Sie meinte: „Eine Frau, über die man sprechen sollte" und „an der niemand vorbeikann".

Landeshauptmann Kery sollte dies viele Jahre später, ganz im Sinne der Doktrin des Sinowatzismus, anders darstellen. Sinowatz sowieso. Meine kritische Haltung zum Parteiapparat nähme ich, ihrer Darstellung nach, nur deswegen ein, um mich zu profilieren. Dabei hätte ich mein Abgeordnetenmandat Kery zu verdanken. Und: alles, was ich sei, sei ich durch die Partei.

Was also wäre ich ohne die Partei? Immerhin Schneidermeisterin, Lehrerin. Eine Schulleiterin, die durch Initiative und Risikobereitschaft eine dem Untergang geweihte Privatschule rettete, sie bekannt machte und so den Landesschulratspräsidenten Kery und den Unterrichtsminister Sinowatz „zwang", die notwendigen behördlichen Maßnahmen zum Ausbau und zur Umwandlung in einen für die heutige Zeit sinnvolleren Schultyp zu erlassen.

Was übrigens wäre Sinowatz ohne die Partei? Archivar im Landesarchiv? Ein Idealberuf für ihn, wie ich glaube. Und wie er selbst anläßlich eines Staatsbesuches in Rom dem Leiter der Vatikanischen Bibliothek, Kardinal Stickler, in einer Ansprache anvertraute. Er verriet danach auch, warum er als Student der Geschichte so gern in der Nationalbibliothek weilte: „Nein, Eminenz, nicht wegen der Bücher. Sondern weil es in der Kantine so gute Würstl gab!"

Ostwärts!

Ich hatte nie Politikerin, hatte stets Lehrerin werden wollen. Immer schon. Meine Mutter unterstützte diesen Plan: meine Mutter! Eine stets fröhliche, sehr schöne junge Frau, an der ich mit besonderer Liebe hing. Sie strahlte Wärme, Geborgenheit und Zuversicht aus, Sicherheit und Güte. Vor allem im Vergleich zum autoritären, strengen Vater. Es war eine wunderschöne, helle, sehr geborgene Kindheit in diesen sehr düsteren Wiener Jahren nach 1945.

Ich war voller Ideen, voller Unternehmungsgeist. Ich konnte immer auf das Verständnis meiner Mutter zählen.

Ein nebeliger Wintertag riß mich aus dem Kindheitsglück. Die harten Erdbrocken, die auf den Sarg der geliebten Mutter krachten, höre ich heute noch. Ich sehe die schemenhaftschwarzen Gestalten, die mir der Reihe nach die Hand drückten. Es war kalt, schwarz, unheilvoll. Ich begann mit meinen zwölf Jahren zum ersten Mal zu begreifen, daß es im Leben Situationen gibt, in denen niemand mehr hilft, in denen man allein und ungeschützt dasteht. Eine frühe Erfahrung. Damals ohne die schützende Hand der Mutter und ihre tröstenden

Worte. Mit 38 Jahren lag sie da unten. Und sie würde nie mehr wiederkommen!

Am Tag der Todesnachricht kam ich zu spät ins Hietzinger Gymnasium. Erste Stunde: Religion. „Meine Mutter ist tot", entschuldigte ich mich beim Pfarrer. Er glaubte mir nicht. Ich nahm mir nicht die Mühe, ihn von der Wahrheit zu überzeugen. Und zum ersten Mal kam mir der Verdacht: Die Wahrheit glauben sie nicht!

Das soziale Abrutschen war deutlich zu spüren. Es fehlte bald an allem ohne die helfenden Hände der Mutter: an ausreichender Nahrung, vor allem an Kleidung. Also verfügte Vater: Du wirst Schneiderin! Eine größere Strafe hätte er sich für mich nicht ausdenken können. Lehrerin, ade!

Zur Verzweiflung sämtlicher Vorgesetzter entwickelte ich ständig neue Ideen, erfand sogar Rationalisierungsmöglichkeiten im Schneidergewerbe. Bald schon war ich Modezeichnerin und Mannequin in einem Innenstadtsalon.

Nach einem knappen Praxisjahr war ich eine der jüngsten Schneidermeisterinnen Österreichs. Mein ursprüngliches Ziel, Lehrerin zu werden, hatte ich nicht aufgegeben: Mit Mutters alter Rast & Gasser erschneiderte ich mir die Lehrerbildungsanstalt. Ich lernte damals, die Zeit sehr ökonomisch zu nutzen. Die erste große Anschaffung war ein „Magnetophon", wie man damals zum Tonbandgerät sagte. Auf Band sprach ich den Stoff sämtlicher Unterrichtsgegenstände: Pädagogik, Geschichte, Literatur. Tagsüber Schule, abends Nähen, Tonbandstudium, daneben Kochen für die Familie. Ich hatte Vater innig gebeten, kein zweites Mal zu heiraten; ich hätte eine zweite Mutter nicht ertragen. Also versprach ich ihm, für den Haushalt selber zu sorgen.

Vater hat tatsächlich nicht geheiratet. Erst viel später begriff ich, welches Opfer er uns Kindern, meiner um sechs Jahre jüngeren Schwester und mir, gebracht hat.

Vater: Ein Sozialdemokrat der ersten Stunde, war bei der Wiener Straßenbahn: ehrlich, geradlinig, von einer Anständigkeit, wie es sie heute nur selten gibt. Von strenger Autorität. Ich verdanke ihm viel. Ich habe ihn immer geachtet. Er war mein Vorbild. Bis heute. Man hat ihn weder bestechen noch kaufen können. Er hat seine Meinung, auch wenn sie ihm Nachteile brachte, immer vertreten. Er hat uns Kinder auch so erzogen.

Als die ersten Versuchungen an mich herantraten, der erste Brillantring, der erste Pelzmantel, habe ich mir gedacht: Ist das den Preis wert? Das schaffst du dir doch selber auch. Du brauchst halt etwas länger dazu. Aber kaufen läßt du dich nicht!

Viele Jahre später, nach der Demontage als Klubobmann, habe ich meinem Nachfolger Posch Ähnliches gesagt, als man mir signalisierte, ich möge Ruhe geben: Ich bekäme dafür den Vorsitz im Bundesrat oder eine Position in der oberen Etage der Landeshypothekenbank: „Ich bin weder käuflich noch erpreßbar!"

Die Angebote damals waren vielfältig. Mein sehnlichster Wunsch war es natürlich, nach der Matura in Wien zu arbeiten. Beinahe wäre das auch gelungen. Daß es dann ganz anders kam und ich im Burgenland landete, daran war ich selber schuld.

Neapel war Ziel meiner ersten großen Reise, der Maturareise. Ein Schlüsselerlebnis. An sich hätte ich mir diese Fahrt nicht leisten können. Aber ich hatte mich zum Küchendienst gemeldet, und damit war's möglich geworden. An einem wunderschönen Tag setzte ich mich nach Erledigung der Küchenarbeiten in ein Boot und träumte vor mich hin. Es störte mich nicht, daß das Schiffchen am Strand festlag. Allein hinauszufahren hätte ich ohnehin nicht gewagt. Ein sehr hoher Würdenträger des Erzbischöflichen Ordinariats machte einen Strandspaziergang, kam an meinem Boot vorbei. Er setzte sich zu mir, und es entspann sich ein eigenartiges Gespräch zwischen einem wichtigen Mann und einem jungen Mädchen. Ich flehte Gott um ein Wunder: er möge mir doch ein Badetuch schicken, einen Schleier: nichts dergleichen.

Der Mann fragte mich nach meinen Zielen, meinen beruflichen Plänen. Ich sagte ihm, daß ich als Lehrerin wahrscheinlich ins Burgenland müsse, aber doch gerne in Wien bliebe.

Wichtige Männer tun gerne etwas für junge Mädchen: Er könne da schon was machen. Ich möge ihn besuchen. „Ein Mädchen wie Sie ist zu schade für die Provinz!" Ab dem nächsten Tag war meine Hilfe in der Küche nicht mehr erforderlich.

Wie leicht hätten es doch Mädchen wie ich!

Ich zog es vor, den Herrn in Wien doch nicht zu besuchen. Also: Burgenland!

Als die Einberufung kam, warf ich mich mit dem Schulatlas weinend aufs Bett und suchte „Bruckneudorf", fand es nicht auf der Karte ...

Ich nahm mir den festen Vorsatz: du bleibst da unten ein Jahr! Höchstens.

Und dann kam alles ganz anders.

Wien hin, Burgenland her: Ich hatte es geschafft, hatte meinen Kindheitstraum verwirklicht, war Lehrerin. Und stürzte mich mit Feuereifer in die Arbeit.

Die Schule: eine private Nähschule, klein, unattraktiv, litt an Schülerschwund. Das Gebäude an Substanzschwund, die Besitzerin an Renditeschwund. Der Verkauf an eine Supermarktkette war schon so gut wie sicher. Dieser Plan konnte in letzter Minute durchkreuzt werden. Das Resultat: 300.000 Schilling Schulden, der vorläufige Weiterbestand der Schule unter meiner Gesamtverantwortung in pädagogischer und wirtschaftlicher Hinsicht.

Mein erstes Ziel war es nun, daraus einen attraktiven Schultyp zu entwickeln, den der „fünfjährigen" höheren Schule für wirtschaftliche Frauenberufe. Wo ich nicht überall vorstellig wurde! Überall sinngemäß die gleiche Antwort: „Was wollen S' denn mit *der* Schule!"

Sie war zum Teil baufällig, wegen einsturzgefährdeter Dekken waren Klassenräume baupolizeilich gesperrt, und für meinen geplanten Schultyp vor allem viel zu klein. Um auszubauen, fehlte es an Schülern und behördlicher Genehmigung. Um mehr Schüler und grünes Licht für den neuen Typ zu haben, fehlte es am Ausbau. Ein verflixter Teufelskreis.

So tat ich etwas, was ich in meinem späteren beruflichen und politischen Leben noch öfter tun sollte und was mir den Vorwurf des Unterrichtsministers Fred Sinowatz einbringen sollte: „Otti, du bist unsozial leistungsintensiv!" Das sollte mir letztlich parteipolitisch Kopf und Kragen kosten: nämlich durch die Übernahme persönlichen Risikos Behörden und Politik vor vollendete Tatsachen zu stellen und ihnen damit zu beweisen, daß vor der politischen Entscheidung und vor der behördlichen Genehmigung noch allemal das private und persönliche Engagement zu kommen hat, wenn man positiv verändern will.

Ich ließ kurzerhand — ohne schulbehördliche Genehmigung — in den Ferien die Kellerräume des k.u.k. Gymnasialgebäudes" der Gemeinde Bruckneudorf zu Klassenräumen umbauen und die gravierendsten baulichen Mängel beseitigen. Knapp vor Schulbeginn kam Sektionschef März vom Unterrichtsministerium wegen anderer Fragen zu Besuch. Nach längerem Konferieren mußte ich mit der Sprache heraus, zumal sich März im Hause umschauen wollte: „Herr Sektionschef, ich muß Ihnen etwas gestehen!" Und erzählte ihm von den Bauarbeiten. März zunächst schockiert, dann amüsiert: „Die Matysek wird die erste Direktorin hinter Schloß und Riegel sein! Doch: Wenn der Kery die Hälfte packt, soll der Dicke die andere Hälfte zahlen!" — Sie zahlten!

Parallel zum minutiös durchgeführten PR-Feldzug — mit Modeschauen in der Region, in Wiener Nobelhotels, mit Fernsehauftritten und dergleichen — gelang es tatsächlich: Die Schule gewann Zulauf, und die Behörden stellten sich mit den Genehmigungen ein.

Die Tatsache, daß ich keine Akademikerin bin, veranlaßte die ÖVP vor vielen Jahren zu einer parlamentarischen Anfrage, ob ich denn rechtens diese Schule leite. Unterrichtsminister Fred Sinowatz strich in der Beantwortung die Bedeutung dieses Schulzentrums für die Region und in bildungspolitischer Hinsicht heraus und endete: „Ohne diese Frau, das kann ich mit Fug und Recht hier sagen, gäbe es dieses Bundesschulzentrum in Neusiedl am See nicht!"

Diese berufliche Arbeit, die ich trotz meiner politischen Tätigkeit nie aufgegeben oder vernachlässigt habe (im Unterschied zu vielen freigestellten Abgeordneten und Regierungsmitgliedern, Landesrat Sipötz wurde als dienstfreigestellter Lehrer sogar Hauptschuldirektor von Pamhagen), ist meine wirtschaftliche Existenzgrundlage. Wie ein Damoklesschwert hängt der Entzug dieser Direktorsstelle als Erpressungsmittel und Bestrafung für politische Unbotmäßigkeit über mir. Ich muß jederzeit gewärtigen, diese meine private Existenzbasis durch politisches Engagement zu verlieren. Trotz allen Mutes: Ich habe Angst. Eine einzige Verfügung des Landeshauptmannes, und ich bin meinen Job los.

Meine Initiativen für die Rettung der Bruckneudorfer Schule und die Gründung des Bundesschulzentrums Neusiedl brachten mich mit einer Reihe von Persönlichkeiten in Kontakt. Unter anderem mit dem mich damals faszinierenden Theodor Kery. Als ich vor einer Landtagswahl gebeten wurde, in einer SPÖ-Wahlbroschüre mit Foto und einem Text für Kery zu plädieren, zögerte ich keine Sekunde. Er verkörperte für mich jene Dynamik, die ich mir von einem Politiker wünschte. Er war für mich — neben Kreisky — der herausragende Repräsentant der Sozialdemokratie. In deren bestem Sinne mich mein Vater erzogen hat.

„Hören S', Sie möcht i kennenlernan!"

„50 Jahre Burgenland", 1972. Das ganze Land war in ein einziges großes Fest gehüllt. Bruckneudorf machte mit. Wir hatten im Seerestaurant Breitenbrunn eine große Modeschau arrangiert. Tolle Modelle, hübsche Mädchen, gute Stimmung. Vom eleganten Abendkleid bis zur burgenländischen Festtracht und zur Kutschenfahrt war einfach alles da. Viele Ehrengäste, der Landeshauptmann natürlich, ein großes gesellschaftliches Ereignis. Bruckneudorf war wieder einmal etwas gelungen. Nur, ob die Medien kamen, war noch nicht ganz gewiß. Der ORF hatte zugesagt, das Fernsehen, einige Zeitungen.

Zur Sicherheit rief ich auf dem Küniglberg an. Tatsächlich: Der Teamchef bedauerte, man habe zwar zugesagt, aber es ginge um ein anderes wichtiges Ereignis in Niederösterreich, man habe kein Team frei. Ich hatte es ja so erwartet. Was sollte er auch bei einer Modeschau, dazu noch im Burgenland! Ich wollte mich nicht geschlagen geben und ließ mich mit dem zuständigen Chef verbinden. Innerhalb weniger Minuten machte ich diesem klar, was dem ORF entginge, käme er nicht. Offenbar hat ihn das so beeindruckt, daß er röhrend ins Telefon lachte: „Hören S', Sie möcht' ich kennenlernen! Wie schau'n Sie denn aus? Und wie alt sind S' denn? Und wie heißen S'? Sind Sie eine Burgenländerin?"

Das Fernsehen war da, und unsere Schule war im „Österreichbild" sehr lange präsent. Ein Auftrieb für Lehrer und Schüler. Anno 1972.

Er hat mich in der Zwischenzeit kennengelernt, ohne zu wissen, daß ich mit der Direktorin von damals ident bin: Ich danke dir, Helmut Zilk. Ich versteh' heute auch, warum Theodor Kery Dich nicht leiden mag.

Kery hat im Klub über Zilk oftmals losgezogen. Auch im Parteivorstand. Besonders aber, als Zilk sich von der Postenvergabe der Lehrer über ein Parteibuch distanzierte. Das paßte so gar nicht ins Herrschaftssystem eines Fürsten. Man muß an dieser Stelle auch dankbar vermerken, daß es der Wiener Landeshauptmann Helmut Zilk war, der in der Stunde der größten Not — als vom burgenländischen Landeshauptmann nichts zu hören und zu sehen war — den Ruster Weinbauern zu Hilfe kam, um im Weinskandal ihre Ehre und Existenz zu retten. Zilk hätte daher die Ehrenbürgerschaft der Freistadt Rust gebührt.

Gäb's einen dieser Sorte im Burgenland!

Viele meiner Schülerinnen kamen aus Niederösterreich, aber aus diesem Bundesland floß kein Groschen in die Schule. Das mußte sich ändern. Ich mußte also Kontakt zu Leopold Grünzweig suchen, Kultur- und Bildungslandesrat in Niederösterreich. Angesagt, getan. Ich erhielt einen Mittagstermin im Landhaus in der Herrengasse. Düsteres Vorzimmer, heißer Spätsommertag, unmittelbar nach dem Mittagessen. Grünzweig kam, musterte mich erstaunt, und auf meine Frage, ob ich mitkommen könne, sagte er, es sei für 14 Uhr eine Direktorin aus dem Burgenland angesagt, die offenbar nicht gekommen sei, also könne ich. Der Irrtum klärte sich rasch auf und mündete in herzlichem Gelächter. Er gestand, mich für eine Künstlerin, eine Schauspielerin gehalten zu haben. Ich fand in Grünzweig einen noblen Freund und Förderer meiner Schule. Fein, unkompliziert, ein Herr.

Auch die niederösterreichische ÖVP-Fraktion war vor mir nicht sicher. Wirtschaftslandesrat Karl Schneider aus Bruck an der Leitha unterstützte aus seinem Ressort unsere kleine Schule. In kürzester Zeit unterstellte mir der eifersüchtige Kery mit beiden ein Verhältnis. Jeder Mann, und Frauen gab's in dieser Position halt weit und breit keine, der mir half, die Schule ein Stück weiterzutragen, wurde mir von Kery als Bettgenosse unterstellt. Er konnte es offenbar nicht ertragen, sozusagen als „mein Erfinder" nicht auch mein ausschließlicher Gönner zu sein.

Der Beruf eines Politikers erfordert es offenbar, begehrt zu sein. Und weil die Politiker selbst nicht immer allzusehr daran glauben, müssen sie es ständig bewiesen haben. Total. „Macht ist sexy" klärte er mich auf. Man sollte dieses Phänomen Macht und Sex einmal eingehender untersuchen.

Besuch beim „Alten"

Sein politischer Stil hat mich von Anfang an sehr beeindruckt. Seine Art Visionen darzustellen, seine Art zu reden, zu argumentieren, seine Art Politik zu machen, das Phänomen Kreisky. Schade, daß er sein eigenes Werk systematisch zu demontieren begann, daß er schlechte Nachfolger auswählte. Ich weiß, daß ihm viele Österreicher nachweinen und meinen, unter Kreisky hätte es diese Abwärtsentwicklung nicht gegeben. Wiewohl ich auch weiß, daß viele meinen, er hätte die Abwärtsspirale zu drehen begonnen.

Erstmals traf ich Kreisky während einer Wahlreise 1972 in Kittsee. Es war ein regnerischer Tag. Abends setzte man sich in einem Gasthaus zusammen. Ich saß zu seiner Rechten. Vogl links. Wie üblich, konnte es Vogl nicht lassen, ordinäre Bemerkungen von sich zu geben. Kreisky wies ihn in einer eleganten und souveränen Art in die Schranken. Er war ein sehr charmanter Tischherr, erzählte über seine Jugend in Wien, seine ersten politischen Aktivitäten, seine erste Jugendliebe, die, wie er erzählte, mir zum Verwechseln ähnlich sah. Wenn es nicht stimmt, war es ein ungemein charmantes Kompliment.

Einige Tage später berichtete mir ein Funktionär aus dem südlichen Burgenland, daß Kreisky mehr über mich wissen wollte. Darauf Sinowatz: „Schlag Dir die Matysek aus dem Kopf. Da hat der Kery schon die Hand drauf!" Ich war wie vom Schlag gerührt. Was mußte Kreisky über mich denken? Wie konnte Sinowatz derart schamlos über mich reden!

Nachdem ich als Klubobmann entmachtet war, gab Kreisky im Sommer 1985 ein Interview im „profil", in dem er zu meinem Fall sehr breit Stellung nahm, sehr positiv, sehr sympathisch. Ich höre, Sinowatz und Kery waren darüber äußerst empört. Sinowatz, grollend: „Das gibt der Matysek jetzt den Rest! Jetzt hat sie überhaupt keine Chance mehr, rehabilitiert zu werden!"

Ich besuchte Kreisky am 30. Mai 1985 in seiner Villa in Wien-Grinzing. Er empfing mich sehr freundlich, wir plauderten über die politische Situation im Burgenland und in Österreich, und schließlich sagte er in seiner bekannt langsamen, eindringlichen Art: „Der Sinowatz hat mir erzählt, du hättest mit Androsch ein Verhältnis. Und über mich hast auch net gut g'redt!" Mir stockte das Blut in den Adern. Ich antwortete dem Altkanzler, daß ich keine Ursache hätte, mich für Dinge zu rechtfertigen, die nicht stimmten. Und daß ich ihm soviel Menschenkenntnis zutraue, selbst darauf eine Antwort zu finden. Darüber hinaus erinnerte ich ihn an ein Gespräch ungefähr ein halbes Jahr zuvor, bei dem ich ihm das, was ich zu kritisieren hatte, von Angesicht zu Angesicht sagte: Daß die Österreicher mehr und mehr nicht verstehen, warum er uns ausgerechnet einen Nachfolger Sinowatz angetan hatte. Daraus hätte ich ihm kein Geheimnis gemacht. Und was das Verhältnis mit Androsch anlange: kleine Kinder schrecke man mit dem schwarzen Mann. Ihn wolle man mit Androsch zornig machen.

Ich wiederholte Kreisky trotzdem, daß viele Österreicher nicht verstünden, warum er uns Sinowatz angetan habe. Kreisky blickte mich über seine Brillen hinweg an und sagte sonor und breit: „Na, wen hätt i denn nemma solln!" Er ließ alle Nachfolgekandidaten verbal Revue passieren und gab zu jedem einzelnen (eine Delikatesse zur österreichischen Innenpolitik) seinen Kommentar. Interessanterweise waren es lauter Männer. Bis er bei Firnberg hielt. „No, die Firnberg", räsonierte er, „die wär von der Fähigkeit her jo net schlecht g'wesen. Aber die war einfach zu alt. Und alt war i selber!" Er sagte es so, als duldete er keine Widerrede, als erwarte er keinen Kommentar. Ich wollte dazu auch keinen mehr geben. Allemal Firnberg, dachte ich!

Mir fällt da ein burgenländischer Parteitag ein, bei dem Kreisky das Hauptreferat hielt und — als ich ihn begrüßte — er zu mir sagte: „Ihr Burgenländer wollts mi ja nimmermehr!" Das ist mir damals sehr nahe gegangen. Er hatte nicht unrecht. Kery hat Kreisky nie gemocht. Ja, wo er konnte, ist er, vor allem in den engeren Gremien, immer wieder über ihn hergefallen.

Kery hat versucht, alle starken, gewinnenden Persönlichkeiten fragwürdig erscheinen zu lassen: Kreisky, Kirchschläger, Zilk. Nur mit Bischof Laszlo ist ihm das nicht geglückt: Ein Mann im Burgenland, der Autorität hat und ist: Das ist Kery äußerst unangenehm. Wenn dem Bischof ein Priester abspenstig wird, empfindet er es als persönlichen Triumph. Hofrat Mikacs, ein ehemaliger Priester, formulierte: „Er duldet keine starke Persönlichkeit um oder neben sich. Er wird dich auch nicht neben sich dulden!"

Es hat noch zwei lange Jahre gedauert, bis Kreisky seine Meinung über Sinowatz öffentlich preisgab: Er nannte ihn Lügner und Betrüger. Kreisky legte den Ehrenvorsitz in der SPÖ zurück: „Ich will mit diesen Leuten nichts mehr zu tun haben. Sinowatz soll gehen." Und „der Kery, wie der sich im Burgenland aufführt, das stößt die Leute doch ab, aber das wird alles akzeptiert".

Warum hat er so lange geschwiegen? Vielleicht wäre die SPÖ nicht an den Rand eines Debakels gekommen. Das Debakel konnte Sinowatz nur durch Zuziehung eines Mannes von außerhalb des Apparates abwenden: durch Franz Vranitzky.

Der Verlust eines Freundes

Manès Sperber!
Unsere Freundschaft war viel zu kurz. Sind alle wirklichen Freundschaften zu kurz?

Ich war begeistert von seinen Büchern, lange ehe ich ihn persönlich kennenlernte.

Ich wollte ihn kennenlernen. Ich bat den damaligen Kulturlandesrat Gerald Mader, Sperber doch als Referenten zu einem Kulturlandestag einzuladen. Gerald Mader, ein Befürworter und Förderer guter Ideen, entsprach meiner Bitte.

Aus der Begegnung im Burgenland wurde eine Freundschaft. Zu verstehen auf der Übereinstimmung von Überzeugungen. Die Festigkeit seines Charakters, die kritische Beobachtung politischer Fehlentwicklungen, geläutert durch den Blick der Jahre, haben mich sehr beeindruckt; aber auch sein Verständnis für meinen überschäumenden, sehr optimistischen politischen Tatendrang, die positive Ungeduld, die er mit verstehendem, wissendem Lächeln verfolgte.

Wir teilten die Überzeugung, daß kritisches Engagement Verantwortung und Gewissen bedeutete. Daß erst der wirklich frei ist, der erkannt hat, daß Freiheit ein Auftrag ist, daß Freiheit Verantwortung trägt. Daß erst der wirklich frei ist, der nicht gefällig oder gedankenlos Meinungen übernimmt und apportiert.

Unvergessen sind mir seine leisen Warnungen, die er, um

nicht zu ernüchtern, in Komplimente kleidete: „Ottilie, Sie sind doch so eine kluge Frau ... !" Ich möge nicht zu fest an die Lauterkeit in der Politik glauben. Er sei kein Pessimist und kein Zweifler, aber er habe es gelernt, es lernen müssen, sich viele Gedanken zu machen. Die Weisheit des Talmud nütze ihm hier sehr, sich immer zu fragen: Und was ist, wenn es umgekehrt wäre?

Unvergeßlich sein Satz, die formelhafte Quintessenz des menschlichen und gesellschaftlichen Zusammenlebens: „Wir müssen lernen, einander in Augenhöhe zu begegnen, nicht von oben herab, aber auch nicht von unten hinauf!"

Wir hatten noch viel vor. Seine geplanten Besuche in Österreich ... Er freute sich auf die Verleihung des Friedenspreises des Deutschen Buchhandels während der Frankfurter Buchmesse. Einer seiner letzten Anrufe aus Paris ist mir noch in besonderer Erinnerung. Bruno Kreisky hatte ihn mit seiner Nahost-Politik geärgert. Gesundheitlich ginge es ihm nicht so besonders gut. Er müsse haushalten mit seinen Kräften. Aus dem Wiedersehen in Wien, auf das wir uns beide so gefreut hatten, würde es aus diesem Grund nichts werden. Es sollte auch aus der Feier in Frankfurt nichts mehr werden. Sein Gesundheitszustand ließ es nicht mehr zu, die Reise anzutreten.

Als ich von seinem Tod im Radio hörte, lenkte ich den Wagen an den Straßenrand. Ich war mit meinen Söhnen auf dem Heimweg vom Schifahren. Sie wußten nicht, was los sei, warum ich denn stehenblieb. „Manès Sperber ist tot." würgte ich hervor, „ich kann jetzt einfach nicht weiterfahren!"

Ich hätte ihm noch viel zu sagen gehabt, hatte viel von ihm wissen wollen. Sein Rat fehlt mir, wird mir fehlen.

Der Brief seiner Frau war die Antwort auf ein Kondolenzschreiben, datiert am 3. 3. 1984. „Liebe Ottilie Matysek, ich kann leider nicht auf all die ungeheure Menge von Briefen reagieren, aber Ihnen muß ich doch ein paar Zeilen schreiben, weil Sie seit jenem Besuch im Burgenland einen besonderen Platz in seinem Herzen einnahmen. Die Reaktionen auf seinen Tod sind ungewöhnlich, zutiefst persönlich. Sie alle verdienten eine Antwort. Es ist mir unmöglich zu antworten. Die Bücher können und mögen sie ersetzen. Mir aber geht es wie allen Frauen, die das Schicksal so trifft. Amputiert, verlassen und gezwungen, weiterzugehen. Der bisherige Weg war ungewöhnlich. Das wußte ich, weiß es auch heute. Ich will versuchen, nicht abzuweichen, ich will's versuchen. Ich werde mich immer besonders freuen, Sie wiederzusehen!"

Wie hat er doch immer gesagt: „Wir müssen unser Dasein nicht als etwas Endgültiges betrachten, sondern als Provisorium! In dem man nicht einfach alles zu Ende führen kann!" Ich werde den Weg weitergehen.

Hat sich der Verrat gelohnt, Herr Intendant?

Wie rasch man Freunde durch Mächtige verlieren kann, zeigte sich besonders deutlich an Hellmut Andics. Er versicherte mir stets, mein großer Fan zu sein. Auch öffentlich.

Kennengelernt hatten wir einander 1976, zur Zeit, als er die Kulturzentren im Burgenland zu betreuen begann und ich Oberkurator der Hypo-Bank war. Er weinte sich bei mir oft über die Kulturlosigkeit der Landespolitiker aus, erzählte, welche besondere Entwicklungshilfe er in diesem Land leiste — ohne das notwendige Kleingeld. Ich möge ihm doch über die Hypo eine Theateraufführung finanzieren.

Es war nicht leicht, meine Direktoren zu überzeugen, daß eine Bank eine kulturelle Verpflichtung wahrnehmen sollte. Es gelang. Die Aufführung war sehr erfolgreich.

Als er Intendant des ORF-Studios Burgenland wurde, besuchte er mich öfters im Klubbüro. Wir tranken Tee, und es entwickelte sich daraus beinahe ein periodisches Ritual, das auch der Klubarbeit nicht abträglich war. Er schenkte mir im Laufe der Zeit alle seine Bücher, meistens mit Widmung. Etwa: „Ich kenne eine Dame im Landhaus. Politisch ist sie eine Gwandlaus. Die männliche Rasse in der Permayerstraße (Parteizentrale) zerbeißt sie ganz leicht aus dem Stand raus. Für Otti von ihrem Hellmut Andics."

Ungefragt erzählte er von seinen Kontakten zu Sinowatz, zu den Freimaurern, von Kerys Verhältnis, das er schon vor Kery betreut hatte. Er könne sich vorstellen, daß sie dem Theo zum Hals heraushänge mit ihrer Zudringlichkeit. Ein paar Monate später lud mich Hellmut Andics zum Essen ein. Wir fuhren nach Schützen am Gebirge. Er kam mir verändert vor, wollte wissen, wie ich zu Sinowatz stehe, fragte mich um meine Meinung zu einzelnen Regierungsmitgliedern im Land. In meiner offenherzigen Art machte ich auch wie immer kein Hehl daraus. Im Zusammenhang mit dem Bundeskanzler gebrauchte ich eine ganz bestimmte Formulierung.

Ein paar Wochen später zitierte ein Freund von uns — übrigens ebenfalls Mitglied der Freimaurer — eben diese Formulierung. Er habe sie aus der Umgebung des Bundeskanzlers gehört, Sinowatz sei deshalb über mich äußerst erbost. Es war nichts als die Wahrheit. Ich zermarterte mir damals den Kopf, wie diese von mir nur guten Freunden gegenüber gebrauchte Formulierung bis zum Ballhausplatz gelangen hatte können. Erst viel später erfuhr ich, daß man einen ORF-Mann als Spitzel auf mich angesetzt hatte. Warum nur, Hellmut, warum ...

Die „Hubus"

Bald nachdem ich mich für Politik zu faszinieren begann, geriet ich, naiv, wie ich war, in die Höhle des Löwen. In das SPÖ-Parteisekretariat in der Eisenstädter Permayerstraße. Man hatte mich gebeten, für den Wahlkampf 1972 in einer Wahlbroschüre mit einem Statement für Kery zu votieren. „Testimonial" heißt diese Methode. Ich war von Kery begeistert. Deshalb war es mir auch ein Bedürfnis, für ihn öffentlich einzutreten. Ich sollte im Parteisekretariat fotografiert werden. Damals begegnete ich dem Abgeordneten und Chefredakteur der Parteizeitung „Burgenländische Freiheit", Mathias Pinter, zum ersten Mal. Er musterte mich von oben bis unten und sagte dann mit Kennerblick: „Jetzt waaß i, warum der Kery allerwäul in Bruckneudorf ist!" Die Anwesenden, darunter ein Josef Posch und ein „BF"-Journalist, grinsten breit. Ich merkte, daß Pinter nicht nüchtern war. Mehrere Wodkaflaschen standen auf seinem Schreibtisch. Das Gespräch plätscherte dahin; zwischendurch kam Stix, beäugte mich und ging wieder. Ich war ja neu für sie, so wurde ich eingehend gemustert. Plötzlich stand Pinter auf, ging auf mich zu, nahm mich brutal in die Arme und preßte mir einen nach Alkohol stinkenden Kuß auf die Lippen. Gleichzeitig versuchte er, mir das Knie zwischen die Beine zu pressen und verletzte mich mit seinen Zähnen auf der Unterlippe. Ich stieß ihn entsetzt zurück, erwartete, daß mir Posch zu Hilfe käme. Damals wußte ich noch nicht, daß es in der Permayerstraße wohl Männer, aber keine Herren gibt. Posch beobachtete das Ganze sichtlich amüsiert.

Entsetzt wollte ich gehen. Posch hielt mich zurück, meinte: „Wir gehen geschlossen." Auch er hatte schon einiges über den Durst getrunken. Sie wollten mich zum Auto begleiten. An der Autobushaltestelle blieben sie mit dem „BF"-Journalisten stehen — schräg gegenüber der Landesregierung. Pinter prahlte mit seinen Betterfolgen.

Eigentlich hätte mir das alles eine Warnung sein müssen. Pinter hatte noch in derselben Nacht im Vollrausch einen ziemlich schweren Unfall. Seltsamerweise erfuhr die Öffentlichkeit davon nichts.

Viele Jahre später schoß Kulturlandesrat Sipötz bei einer Treibjagd einem Treiber eine Schrotladung ins Auge. Es kam nie zur Anzeige. Weder durch den Jagdleiter noch durch den Arzt. Die Gendarmerie wurde nie tätig. Der verletzte Treiber Invacics verzichtete auf rechtliche Schritte. „Sowas kann hoit scho passieren!" Wie es passieren konnte? Sipötz, ein echter Waidmann von Schrot und Korn: „Wahrscheinlich ist der Fasan, auf den ich losknallte, etwas zu tief geflogen!"

Bald nach dem schockierenden Erlebnis erhielt ich einen Anruf des Abgeordneten Posch, Bürgermeister von Neudörfl, Landesdirektor der Wiener Städtischen Versicherung. Zivilberuf: Vertreter. Ich sollte ihm behilflich sein: Für eine große Feier in seiner Gemeinde brauche er für mehrere Hostessen billigst Blazer. Ich trieb sie auf. Ich sollte ihm auch behilflich sein, sie wieder zurückzuerstatten. Natürlich. Ein Termin wurde vereinbart. In Bruckneudorf — vor der Schule — fuhr der Dienstwagen von Landesrat Helmut Vogl vor, die Blazer seien im Kofferraum und sollten nun zurückgebracht werden.

Der Nachmittag verlief völlig anders.

Als wir in Wien eine andere als die besprochene Richtung einschlugen, protestierte ich. Vogl hätte nur etwas zu erledigen, meinte Posch. Es ging in den zweiten Bezirk. Ziel: die Wohnung einer Freundin Vogls. Mir war die ganze Sache unangenehm. Vogl ließ sich weder durch Posch noch durch meine Anwesenheit stören, mit dieser Frau Intimitäten auszutauschen. Ich drängte ihn, die Blazer zurückzubringen. Man könne ja Vogl mit der Frau zurücklassen. Nachdem ich mich anscheinend nicht so wie erwartet verhielt, beschloß man, weiterzufahren. Die Dame war mit dabei.

Nächste Station war ein Heurigenlokal, das „Hauermandl" in Wien-Grinzing. Ein Tisch war bereits reserviert. Als ich zu bedenken gab, daß die Fabrik schließen würde, erstickte Posch beinahe vor Lachen, meinte, die Blazer hätte man ja nicht einmal mit! Die brächte der Chauffeur tags darauf zurück. Und ich möge doch kein Spaßverderber sein. Ich wollte nach Hause. Offenbar hat mein Entschluß, mit einem Taxi nach Bruckneudorf heimzufahren, den mittlerweile zur Runde gestoßenen Bruder Helmut Vogls doch vom Ernst der Situation überzeugt. Die anderen waren nicht mehr ganz so aufnahmefähig.

Ich war ziemlich enttäuscht und verwirrt, wollte es einfach nicht wahrhaben, daß ich es mit billigen Menschen zu tun hatte.

Tags darauf riefen sie mich in der Schule an. Sie hätten noch um drei Uhr früh am Brucker Bahnhof meine Adresse ausfindig machen wollen. Der Bahnhofsvorstand hätte sie ihnen aber nicht gegeben.

„Ja, so sans“, haben sie immer von sich behauptet. Die „Bluathaberer“, die „Hubus“, wie sie sich nannten, stolz nannten. Erst später erläuterte Posch, was „Hubus“ bedeutet: „Hurenbuben“. Und so benahmen sie sich auch.

Das für mich Verwirrende war, daß sie aus vielen dieser Aktionen kein Geheimnis machten. Vogls besondere Spezialität etwa war es, Frauen, deren Männer um Kredit angesucht hatten, telefonisch um Rendezvous zu bitten und dabei besonders ordinär mit ihnen zu sprechen. Die ahnungslosen Frauen am Ende der Leitung wußten nicht, daß der „Herr“ Landesrat dies vor Zeugen und unter breitem Gelächter seiner Zuhörer tat. Und die Frauen? Sie kamen tatsächlich zum vereinbarten Rendezvous. Und erhielten danach auch ihren Kredit. Vogl war Aufsichtsorgan der Landeshypothekenbank.

Die gesamte ÖVP ist mir egal

Ihre ordinäre Art Frauen gegenüber hat mich schockiert und abgestoßen. Mit der Zeit nahm ich es als unvermeidliches Übel hin. Offenbar brauchten sie das. Je höher der Status, um so direkter und handgreiflicher. Um so mehr konnten sie sich erlauben.

Eleganter ging's in den obersten Etagen der ÖVP zu. Einer ihrer höchsten Repräsentanten bekniete mich in einem Innenstadtrestaurant. Ich hatte Mühe, ihn daran zu hindern, sich vor mir niederzuknien und mich mitten im Lokal zu bitten, mich wenigstens einmal die Woche privat (diskret, versteht sich) zu kontaktieren. Wenn das nicht möglich sei, dann wenigstens einmal im Monat. Sehr nobel natürlich. Es dauerte sehr lange, bis er akzeptierte, daß meine Weigerung ernst gemeint war.

Vor rund einem halben Jahr traf ich ihn zu einer kurzen Aussprache, hatte ihm eine wichtige Mitteilung zu machen: Es ging um einen ÖVP-Skandal von bedeutender Größenordnung. Als er erkannte, worum es ging, weigerte er sich, mit mir über die Sache zu reden, drohte, aufzustehen und zu gehen. Es geschähe den Betroffenen recht, meinte er trocken; es interessiere ihn auch nicht. Ich informierte ihn zu seiner Person. Er drohte erneut, aufzustehen, wegzugehen. Er möge doch bleiben, bat ich. Ich träfe ihn hier nicht als Freund, sondern in Hinblick auf seine Verantwortung um die ÖVP. Darauf gab er kalt zurück: „Die gesamte ÖVP ist mir egal!" Und deponierte, er würde jederzeit bestreiten, mit mir über dieses Thema gesprochen zu haben.

Das Ganze ereignete sich wenige Wochen vor der letzten Nationalratswahl und hätte, bei Bekanntwerden, der ÖVP viele Stimmen gekostet. Sie hat auch ohne Bekanntwerden dieser Angelegenheit beträchtlich verloren.

Hineingeraten und herausgefunden

Mit der für Kery erfolgreichen Landtagswahl 1972, für die ich mich als politisch interessierter Bürger engagiert hatte, war mein Ausflug „in die Politik" vorderhand abgeschlossen. Ich hatte bei dieser Wahlhilfe zum Teil faszinierende Persönlichkeiten kennengelernt, zum Teil außerordentlich schlechte Menschen. Für mich war die Sache vorbei. Ich konzentrierte mich wieder voll auf meine Schule in Bruckneudorf. Meine Direktion war ein kleines Hinterzimmer. Gleichzeitig Aufenthaltsraum für die wenigen Lehrer und, da eine Schreibmaschine vorhanden war, als Sekretariat ausgestattet. Das heißt, während der Pausen oder während einer Freistunde saß ich — in Ermangelung einer Sekretärin — an der Maschine und tippte im Zweifingersystem, meist nicht formvollendet, meine Korrespondenz mit den zuständigen Behörden und Politikern.

1975, im Jahr der Frau, kam es zu einem folgenschweren Telefonanruf. Am Apparat: Landeshauptmann Theodor Kery persönlich ...

Die erste Frau Oberkurator

Ich sollte Oberkurator der Landeshypothekenanstalt des Burgenlandes (heute Hypo-Bank) werden. Als Kery mir das am Telefon unterbreitete, winkte ich ab, bat ihn, sich jemand anderen zu suchen. Ich hatte zu viele Bedenken. Woher sollte ich denn auch die Befähigung haben, eine Bank zu führen ...

Kery ließ meine Einwände nicht gelten, betonte, daß er meinen Arbeitsstil nun schon lange genug kenne, meine Beharrlichkeit, meine Dynamik, meine Energie und meine Erfolge, mein Talent, Menschen zu motivieren. Das seien Gründe, warum er mich rufe. Das Land brauche solche Frauen: Er wisse, daß ich es schaffe.

Ich war ihm für sein Vertrauen dankbar. Auch für seinen Mut, mich, eine Frau, gegen das Mißtrauen einiger Spitzenfunktionäre in diese verantwortungsvolle Position zu berufen.

Es gab dazu auch jede Menge negativer Kommentare. Was, objektiv gesehen, nicht einmal schlecht ist. Ich war getrieben von der Vorstellung, ich müsse allen Zweiflern und Kritikern beweisen, daß der Landeshauptmann mit mir einen guten Griff getan hatte. Ich war besessen von der Idee, ihn und seine Entscheidung durch ein Höchstmaß an Leistung und Engagement zu bestätigen und zu rechtfertigen. Heute muß ich darüber lachen: Wie naiv man doch sein kann! Das Gegenteil hätte ich tun sollen! Aber — ich stürzte mich mit Feuereifer in die Aufgabe.

Einer der leitenden Direktoren gestand mir später, daß er über die Entscheidung Kerys verzweifelt war. Ausgerechnet eine Frau habe man ihm als Chef vorgesetzt! Er war einer von jenen, die Tränen in den Augen hatten, als ich von „meiner" Hypobank Abschied nahm.

Er gestand mir: „Weißt Du, Frau Oberkurator, immer, wenn ich zu Dir komme und die Türschnalle in die Hand nehme, bin ich überzeugt, daß meine Vorschläge richtig sind. Und wenn ich wieder gehe und die Tür von außen zumache, hast Du mich von Deinen Vorstellungen überzeugt. Und ich muß sagen: 'Sie hat recht!'"

Wir waren ein gutes Team. Die Zusammenarbeit in diesen drei Jahren war wunderbar: mit dem Vorstand, aber auch mit den Kollegen.

Wir hatten einen menschlichen Zugang zueinander gefunden. Ich versprach ihnen, mich für sie einzusetzen, war fasziniert von dem Gedanken, für diese Menschen ein gerechtes Besoldungs- und Beförderungsschema auszuarbeiten.

Bei ersten Gesprächen mit meinen Direktoren war ich auf massiven Widerstand gestoßen. Ja, hatte mich tadeln lassen müssen. Ich sei Vertreter des Hauses, nicht Personalvertreter. So meinte der Erste Direktor, gelänge es mir, ein gerechtes System in der Hypo einzuführen, würde mir sicher die gesamte Hypomannschaft eine Büste aufstellen.

Landesrat Vogl als Aufsichtsorgan des Landes amüsierte sich über meine „Sozialphantasien". „Das haben schon ganz andere versucht — und sind gescheitert!" Mehr an Kommentar war ihm die Angelegenheit nicht wert.

Die Hypo-Leute arbeiten heute nach „meinem" Vorrückungssystem. Es hat jeder, unbeschadet der Parteizugehörigkeit, die gleichen Chancen und Möglichkeiten. Vogl ist nicht mehr in der Regierungsaufsicht der Hypo, Büste steht auch keine, aber das Personal ist sozial einen Schritt weitergekommen. Und das ist mehr wert als jede Büste.

Ein Seewinkelbauer kam wegen eines Kredites zu mir. Wir verhandelten die Sache. Beim Verabschieden drehte er sich noch einmal um und sagte, es ginge das Gerücht um, ich werde für den Landtag kandidieren. Er „tät halt gern wissen", ob das stimme. Wahrheitsgetreu antwortete ich, ich sei mir noch nicht im klaren, weil ich sehr an meiner Hypo-Position hänge. Darauf er, verschmitzt: „Frau Oberkurator, hören S' auf meinen Rat: Gehn S' in den Landtag, weil dann san S' steril!"

Nach einer Schrecksekunde erst fiel mir ein, daß er „immun" gemeint hatte und bedankte mich freundlich für den guten Rat. Hinterher setzte ich mich ans Telefon, rief meinen Ersten Direktor an und erzählte ihm von dem Erlebnis. Es wurde ein geflügeltes Wort daraus. Seit meiner Auslieferung nach dem „Bundesländer"-Skandal bin ich nicht einmal mehr „steril".

Wie weit Naivität ausarten kann, vermag ich nicht zu sagen. Naiv war ich schon. Ich dachte, an der entscheidenden Sitzung der Bausachverständigen im Wettbewerb um den Neubau der Hypo-Bank teilhaben zu müssen. Es waren Architekturmodelle

DR. HELMUT ROTH   Eisenstadt, am 11. Juli 1978

        Sehr geehrte Frau Abgeordnete,
        liebe Ottilie!

        Dein Abschiedsschreiben nehme ich zum Anlaß, Dir
gleichfalls für Deine korrekte und weit über den üblichen
Rahmen hinausgehende Tätigkeit als Oberkurator zu danken.
Ich darf auf Grund meiner jetzt bereits in das Jahr 1972
zurückreichenden Erfahrung feststellen, daß Dein Einsatz
als Oberkurator für die Landes-Hypothekenbank und damit auch
für das Land - ohne Übertreibung - beispielgebend war.

        Unter Deinem Vorsitz und über Deine Initiative
hat das Kuratorium der Bank - um nur einige Beispiele anzuführen - die vorbildliche Personalbeförderungsregelung,
die Umstellung des Rechnungswesens auf die elektronische
Datenverarbeitung und die Errichtung des neuen Zentralge-
bäudes beschlossen; es handelt sich hiebei um Maßnahmen, die
die Zukunft der Bank auf viele Jahre bestimmen werden.

        Ich bedaure Dein Ausscheiden aus dieser Funktion -
wie ich Dir bereits mündlich mitgeteilt habe - außerordentlich. Es ist jedoch in gewisser Hinsicht ein leiser Trost,
daß Du Deine ganze Tatkraft nunmehr Deiner Funktion als Abgeordnete zum Landtag angedeihen läßt. Ich bin überzeugt, daß
Du diese Tätigkeit mit der gleichen Energie ausüben wirst,
wie die Tätigkeit als Oberkurator.

        Ich hoffe, daß es Dir nicht unangenehm ist, wenn
ich Dir dies schriftlich mitteile; es ist mir auch in meiner
Eigenschaft als beamteter Aufsichtskommissär jedenfalls ein
echtes Bedürfnis, mich bei Dir zu bedanken.

        Im Vertrauen auf eine weitere gute Zusammenarbeit

                verbleibe ich mit herzlichen Grüßen

                    Dein Helmut

angefertigt worden; die Namen der Einreicher standen nicht dabei. Wie sich's eben gehört.

Mir persönlich gefielen zwei Modelle besonders gut (und ich war damit nicht allein). Ich war neugierig, wie die Jury entscheiden würde.

Die Entscheidung fiel für ein Modell, das mir nicht gefiel. Das Modell 1 : 1 steht heute an der Einfahrt nach Eisenstadt, blockiert die Sicht und ohrfeigt guten Geschmack. Ein Bunker Marke Betonbau von Mathias Szauer, der ein besonders enger Freund des Landeshauptmannes ist. Damals habe ich noch geglaubt, die Entscheidung sei frei gefallen. Ich muß mich selbst verlachen.

Derzeit läuft ein Prozeß um den Ausdruck „Freunderlwirtschaft", behauptet vom Chefredakteur der „Wochenpresse" Magenschab. Ich höre, daß es zu einem Vergleich kommen wird.

Ich habe damals die Zusammenhänge nicht durchschaut, die Zusammenhänge der Freunderlwirtschaft und Korruption. Wie sollten sie dann erst die Burgenländer durchschaut haben, denen an Hand von Szauer-„Architektur" Modernität des Burgenlandes, Aufschwung, ja Ein- und Überholen der anderen Bundesländer vorgemacht wurde, hinbetoniert. Und in Form von aberwitzigen Straßenbauten hinasphaltiert. Damit die Unzahl von Pendlern schneller das Burgenland verlassen können?

Was hätte mit diesen Milliarden nicht alles an Sinnvollem im Lande entstehen können? Um nicht mißverstanden zu werden: Gute Straßen waren notwendig. Aber Projekte, die nur einem Prestigerausch entsprungen sind, sind falsch investiertes, wertvollstes Geld.

Wieder einmal ein Trugschluß

Der Abschied von der Hypo-Bank gestaltete sich schmerzvoll. Es gab Tränen. Wir waren ein starkes Team.

Ich hatte mich doch entschlossen, auf der Liste 1 Theodor Kery (SPÖ) für den burgenländischen Landtag zu kandidieren. Nicht nur darum, weil mich Kery darum gebeten hatte. Ich hatte im Zuge meines Bankmanagements sehr viel mit den Anliegen des sogenannten „kleinen Mannes" zu tun gehabt, aber auch mit den großen politischen Problemen des Landes. Und hatte dabei erkannt, daß Politiker viel verhindern können, was sie nicht verhindern sollten, und daß es die Politiker sind, denen das Geschick des Landes und der Menschen anvertraut ist. Heute würde ich sagen: ausgeliefert ist. Politiker entscheiden über die Zukunft und über die positive Veränderung der Gegenwart. Sie stellen die Weichen der Entwicklung. So oder so. Es wäre faszinierend, als Abgeordnete, als Volksvertreterin, an dieser Weichenstellung mitzuarbeiten.

Wieder ein Trugschluß. Ich hatte mich über die Rolle und Bedeutung des Abgeordneten in der Praxis gründlichst getäuscht.

Wenn Kery auch vor kurzem in einem Prozeß gegen die „Wochenpresse" behauptete, er hätte mich zur Abgeordneten gemacht, war die Wirklichkeit anders. Im Bezirksparteivorstand (Pyramide Nr. 6) lagen Listen mit zehn möglichen Kandidaten auf: neun Männer, eine Frau. Nach drei geheimen Wahlgängen stand nach der Stichwahl das Ergebnis fest: „Matysek in den Landtag." Eine derartig strenge Auslese hatte es nie zuvor gegeben. Damals empfand ich diese neue Form der Entscheidung als hart, heute bin ich sehr glücklich darüber.

Doch die Erkenntnis kam erst später: erst als ich Klubobmann geworden und damit in den inneren Kreis des Systems vorgedrungen war. Da erfuhr ich, was die Machthaberer wirklich von den Abgeordneten halten und über die Rolle des Abgeordneten denken.

Der Abgeordnete ist nicht ein Volksvertreter, nicht Repräsentant des Volkes in einer Demokratie, sondern bedingungsloser Sekundant der Machtspitze. „Was willst du mit diesen Säufern und Halbdebilen?" hat mich einmal Kery gefragt, als ich ihm mit Plänen zur Belebung der Klubarbeit kam.

Auch ich war als Abgeordnete Interventionsmarionette. Auch ich hatte die Funktionäre und Ortsorganisationen zu „betreuen", Betreuungsmandatar heißt das schöne Wort. Auch ich hatte gezielt Information an diese Menschengruppen weiterzugeben, damit sie die Basis weiterinformieren können. Auch ich hatte bei allen möglichen Festen in der ersten Reihe zu sitzen. Und Theodor Kery zeigte mich als Paradefrau der burgenländischen SPÖ ganz gerne herum.

Ich habe es bereits gestanden, mir hat dies vorerst gar nicht so schlecht gefallen, ich hatte Erfolgserlebnisse zuhauf, konnte wirklich eine Reihe von Interventionen positiv erledigen. Es ist kein ungutes Gefühl, in der ersten Reihe zu sitzen, begrüßt zu werden und zu begrüßen. Das burgenländische Volk ist ein sehr freundliches und herzliches.

Ich hatte es von Anfang an so gehalten, zu ihnen zu sprechen, *mit* ihnen, und nicht in der Manier der Politikersonntagsreden über sie hinweg und an ihnen vorbei. Die Redehilfen des Parteisekretariats warf ich ungesehen in den Papierkorb.

Ich wurde bald zur begehrten Versammlungsrednerin, obwohl ich mich für alles andere als für eine geborene Rednerin halte.

„Rem tene, verba sequuntur!" sagte Cicero: „Die Sache erfasse, die Worte folgen von selbst!"

Mir ist es immer um die Sache meines Gegenübers gegangen, Die Menschen dürften das gespürt haben. Wie etwa jener Mann aus dem Seewinkel, der mir nach einer meiner ersten Versammlungen ein herzhaftes Kompliment machte. Es war in einem Seewinkelgasthaus. Der Saal war voll von g'standenen Mannsbildern. Ich die einzige Frau. Und ich sollte diesen Männern etwas über Politik erzählen. Es gibt Leichteres im Leben. Schon reichlich nach Mitternacht löste sich die Versammlung auf. Die Diskussion war offen und sehr engagiert verlaufen. Beim Hinausgehen hörte ich einen sehr engagierten Diskussionsredner zu einem anderen sagen: „I muaß scho sagn, de Matysek redt bessa als olle Manner mitanand!"

Knistern im Gebälk

Möglicherweise schon hier begann es im Gebälk zu knistern. Ich hörte es nicht. Wohl aber fallen mir jetzt die ersten zaghaften Anzeichen der kommenden stürmischen Ereignisse ein. Sinowatz meinte vorwurfsvoll: „Du bist so unsozial leistungsintensiv!" Erst allmählich begann ich zu begreifen, daß meine Vorstellungen von Politik — nämlich konstruktiv zu arbeiten und positiv zu verändern — mit ihren Vorstellungen nur wenig gemein hatten. Sie wollten ja gar nicht arbeiten, verändern. Sie wollten „ihre Ruhe" (Sinowatz), „Politik machen" — oft genug auch für die eigenen Interessen. Das konnte nicht lang gutgehen. Irritiert mußte ich feststellen, daß es in ihrer Partei mehrere Sprachen gab. Eine in den Gremien, eine für die „Menschen draußen". Als Klubobmann lernte ich noch die dritte kennen: die der Machthaberer.

Ich bewegte mich nie im Schutz des Apparates. War eher allein, eine Einzelkämpferin. Ich schrieb alle meine Reden selber, immer in der Angst, sie könnten nicht angenommen werden, sie könnten daneben gehen; ich könnte reden, aber nichts sagen. Ich arbeitete immer ohne Netz. So war es mit der Schule. So mit meinen Kulturaktivitäten. Ich glaube, das spüren die Menschen. Ich weiß, daß sie mir vertrauen. Mir, die ich das Vertrauen der Mächtigen verloren habe. Sie sagen es mir. Sie lassen es mich auch fühlen. Vielleicht liegt da auch der Unterschied zu den professionellen Tarnern und Täuschern: Weil ich überzeugt bin, daß die Menschen, hundemüde am Abend, es nicht verdienen, von Politikern angelogen zu werden, von Leuten, von denen viele am Nachmittag schon nicht mehr nüchtern sind. Und weil ich überzeugt bin, daß Politik für den Menschen (nicht für den Mächtigen) nur von deckungslosen Menschen gemacht werden kann. Gebt ihnen eine Chance, sie werden besser für euch arbeiten, sich besser für euch engagieren und, wenn notwendig, für euch auch kämpfen, für euch und eure Kinder.

Ich habe den Menschen, für die ich als Volksvertreterin dazusein hatte, einfach ohne Schminke die Realitäten gesagt; und sie haben mich trotzdem gemocht und geachtet.

Es tut mir so leid, daß man mir als Mandatarin den Kontakt zu den Fraktionen, zur Basis, abgeschnitten hat, ganz brutal. Ich durfte nicht mehr zu ihnen. Das war das einzige, was ich wirklich aus tiefstem Herzen bedauerte.

Anderseits habe ich den Politikern auch nur das mitgeteilt, was mir die Menschen mitgeteilt haben. Wie unzufrieden sie mit ihnen sind. Was sie denken. Was sie fühlen. Was sie bewegt. Was sie reden.

War das so falsch? Für meine Existenz als Politikerin: ja!

Die Bewegung muß „von unten" kommen, aus tiefstem Herzen, aus tiefster Überzeugung. Nicht allein aus Verdrossenheit, Angespeistsein. Sondern aus dem Wissen: Es geht wieder was weiter in diesem Land. Wir müssen uns nur von dieser Clique, die alles totstellt, verkleistert, verhindert, lösen und befreien. Das geht ohne Gewalt. Das geht durch einfaches Abwählen. Wir können uns nur so gegen Totalitarismus, Oligarchie, Ostblockisierung und Ausbeutung wehren. Es bedarf keines Aufstandes. Es bedarf nur des Aufstehens.

Der Soldat in Brechts „Dreigroschenroman" träumt: „Die Gemeinheit verlor ihren hohen Ruhm, das Nützliche wurde berühmt, die Dummheit verlor ihre Vorrechte, mit der Rohheit machte man keine Geschäfte mehr!" Wäre das nicht ganz normal?

Ernst Bloch: „Denn normal, denkt man, ist es doch, oder müßte es sein, daß sich Millionen Menschen nicht durch Jahrtausende von einer Handvoll Oberschicht beherrschen, ausbeuten, enterben lassen. Normal ist, daß eine so ungeheure Mehrheit es sich nicht gefallen läßt, Verdammte dieser Erde zu sein. Statt dessen ist gerade das Erwachen dieser Mehrheit das ganz und gar Ungewöhnliche, das Seltene in der Geschichte. Auf tausend Kriege kommen nicht zehn Revolutionen; so schwer ist der aufrechte Gang. Und selbst, wo sie gelungen waren, zeigten sich in der Regel die Bedrücker mehr ausgewechselt als abgeschafft."

Zwanzig ist mehr als sechzehn

Ich konnte als Abgeordnete eine Reihe von Eigeninitiativen verwirklichen: den Ersten internationalen Joachim-Wettbewerb, oder: die Kulturinitiative nördliches Burgenland.

Ich hatte etwas Verbotenes gemacht: Hatte mich „profiliert". Bin keine graue Maus geblieben. Dennoch war ich mit einem Sack voller Zweifel beladen, als mich Theodor Kery eines Sonntags anrief und mir anbot, Klubobmann zu werden. Ich bat ihn, sich jemand anderen zu suchen. Ich hätte keine Vorstellung davon, wie der Klub der Abgeordneten zu führen sei. Außerdem wollte ich mich überhaupt Ende der Legislaturperiode aus der Politik zurückziehen.

Kery insistierte. Bis heute weiß ich nicht, warum er darauf bestand. Es hatte immerhin erste Friktionen gegeben, und ich war mit meinem politisch eigenwilligen Stil einigemale unangenehm aufgefallen.

Ich möge mir das noch überlegen.

Ich versprach, mich mit mir selber und mit meiner Familie zu beraten. Er bekäme anderntags Antwort. Ob es mein damals 15jähriger Sohn war, der den Ausschlag gab? Ich weiß es nicht. Er fuhr an diesem Montag mit mir nach Eisenstadt. Im Auto sprachen wir auch von jener Entscheidung, die ich zu treffen hätte. Als er meinte: „Mama, gibt es schon einen weiblichen Klubobmann?", was ich verneinte, riet er: „Dann versuche es. Du kannst ja jederzeit aussteigen."

Ich versuchte es, sagte zu.

Die erste „Frau Klubobmann"

Im Klub erwartete mich die Stunde Null. Kein Büro, keine Unterlagen, keine Spuren bisheriger Arbeit geschweige denn bisheriger Klubführung. Die gab es nur auf dem Papier, als Posten. Das Parteisekretariat war ident mit dem Klubsekretariat. Es war in Personalunion von Karl Stix geführt worden. Bis heute gibt es keine legistische Abteilung der burgenländischen Landesregierung. Das heißt: Gesetze werden irgendwo abgeschrieben, wie etwa das Spielautomatengesetz. Als ich dahinterkam, daß es — mit Punkt und Beistrich und für das Burgenland zum Nachteil gereichenden Strafsätzen — vom Vorarlberger Landesgesetz abgeschrieben war, initiierte ich mit meinem Klub und einem Juristen ein neues. Ein Sakrileg!

Die Kompetenz lag im ÖVP-Ressort. Die zuständigen Beamten „durften" nicht mit mir arbeiten. Als es nach mühevollen, beharrlichen Verhandlungen doch gelang, in dem Fall die ÖVP-Machthaber von der Qualität zu überzeugen, fragte mich Franz Sauerzopf vor Landtagssitzungsbeginn: „Wos host denn vor? Eine Revolution?"

Ich begann, Juristen intensiv in die Klubarbeit miteinzubeziehen. Das wurde von den Regierenden mit schärfstem Mißtrauen beargwöhnt. Wozu Juristen?

Da ich auf nichts zurückgreifen konnte, fuhr ich kurzentschlossen ins Parlament nach Wien und erkundigte mich bei SPÖ-Klubobmann Heinz Fischer, wie denn Klubarbeit überhaupt funktioniere und wie man einen Klub führe. Ich wirtschaftete mir damit schwerste Vorwürfe in Eisenstadt ein.

Erst jetzt wurden mir neue Wirklichkeiten bewußt. Die einzelnen Klubmitglieder waren ahnungslos. Der einfache Abgeordnete weiß nicht, was die Regierenden entscheiden. Weiß konkret gar nichts über das politische Geschehen in diesem Land.

Ich beginne zu ahnen, warum sie oft trinken. Warum sie in

Rauschzustände flüchten. Ab Mittag war Präsident Pinter meist nicht mehr ansprechbar. Eine burgenländische Psychologin hat oft gesagt: „Ab Mittag hat er total abgebaut." Viele trinken, weil sie sich selbst nicht mehr ertragen. Sie trinken, um (sich) zu vergessen.

Wenn ich vom Landeshauptmann etwas rasch erledigt haben wollte, tat ich das am Nachmittag. Da war er oft schon angeheitert. Da brachte ich meine Anliegen am besten durch. Und hatte grünes Licht, wieder arbeiten zu können. Ich konnte mich hinterher bei der Clique darauf berufen, der Landeshauptmann hätte es sanktioniert.

Ich habe Kery meist harte Wahrheiten gesagt. Ich habe ihm auch fairerweise in sinnvoller Loyalität gesagt, daß ich es für positiv hielte, wenn er aufhörte. Er möge übergeben, solle in Ehren abtreten. Er ging hinterher zu Mikacs und beschwerte sich über mich. „Die Otti will, daß ich geh!" Mikacs: „Das verzeiht er Dir nie!"

Er hat die friedliche Art der Kritik verkannt. Und die anderen haben sie zu blockieren begonnen.

Anfangs, als Abgeordnete im Klub, war ich irritiert. Es hat nie Diskussionen gegeben, es wurden nie Fragen gestellt, es wurde nichts Wesentliches gesprochen. Kery berichtete kurz, fragte rein theoretisch: „Gibt es Fragen?". Es gab nie Fragen. Wer hätte sich getraut? Damit waren die Sitzungen zu Ende. Ich kam damit nicht zurecht. Mir wurde zunehmend klar, welche Rolle ein Abgeordneter im Burgenland zu spielen hatte und wofür er bezahlt wurde.

Für Interventionen um Wohnbaudarlehen zum Beispiel, für die er in devoter Haltung beim Landeshauptmann vorstellig wurde und, wenn er Glück hatte, generös erfuhr, daß sein Schützling in absehbarer Zeit in die Begünstigung (!) eines Darlehens käme.

Dieses Erfolgserlebnis mußte natürlich entsprechend dankbar aufgenommen werden. Der Krankenkassadirektor hatte eine besonders bevorzugte Rolle, er konnte im ganzen Land Rollstühle verteilen und sich dadurch Sympathien erwerben.

Und sie sind's zufrieden. Sie spielen diese entwürdigende Rolle entwürdigt mit. Jahr für Jahr. Uninformiert, gedemütigt, aber bei offiziellen Veranstaltungen in der ersten Reihe sitzend (das entschädigt die Würdelosigkeit) und in Wirklichkeit für gar kein Problem dieser Menschen zuständig, denn alle Macht liegt bei den Regierenden, mit denen man sich gut zu stehen hat.

Je besser der Kontakt, um so besser die eigene Position. Je besser sie schützend, um so besser selber geschützt. Humbert Fink: „Wieso hat der Österreicher nicht die Kraft, die Verursacher der Skandale, diese Brut, die uns wirtschaftlich und moralisch zugrunde richtet, davonzujagen?" Sinowatz zitiert ihn in einer Parteivorstandssitzung als „besonders verabscheuungswürdiges Beispiel mißverstandener Journalistik!"

Manchmal denke ich, viele Politiker wollen in der Politik nur ihre Kinderträume ausleben, infantile Männerspiele betreiben. Sie denken nur in Kämpfen, in Auseinandersetzungen.

Ich verstehe auch, warum es seit 1945 156 Kriege gegeben hat. Man ist gar nicht an einer konstruktiven Lösung interessiert. Es geht um Sieg oder Niederlage. Um das, was sie dafür halten. Je größer die Eskalation und damit die Möglichkeit, Stärke und Macht zu demonstrieren, um so sichtbarer und offensichtlicher die Befriedigung dieser Auseinandersetzung. 20 ist mehr als 16.

Ich habe das oft in den Klubsitzungen meines Vorgängers erlebt, und oft hörte ich diesen Satz auch unter meiner Führung. Ich habe mich immer maßlos darüber aufgeregt, weil ich den einfältigen Ehrgeiz hatte, durch Argumente zu überzeugen.

Ich glaube, daß diese Art der Konfrontation keine Zukunft hat. Die Zeit der Macher und der Zähler ist vorüber. Es kommt die Zeit der Bewerter. Was geschieht, wenn die Menschen draufkommen, daß sie solche Politiker nicht brauchen? Daß diese Politiker nur die Menschen, die Wähler brauchen. Gebrauchen, verbrauchen, mißbrauchen?

Politiker unterliegen einer Selbsttäuschung. Sie begnügen sich damit, an die Wirklichkeit zu glauben, die sie errichten.

Schlimm ist: Sie glauben tatsächlich, der Wähler ließe sich von diesem Unfug dauerhaft überzeugen. Sie ignorieren die simple Wirklichkeit und gehen damit in einer verhängnisvollen Weise am Wähler und seiner Wirklichkeit vorbei. Sie negieren alle Warnungen, ja sie beseitigen alle Warner zugunsten einer „Geschlossenheit und Ruhe". Sie setzen sich über alle Kritik hinweg, räumen alles weg, was sich ihnen in den Weg stellt. Jeder Angriff, jedes wohlmeinende Aufmerksammachen prallt an ihnen ab. Sie sind fast unverwundbar. Vor allem ihre Selbstsicherheit und Unsensibilität ist grenzenlos und schockierend.

Sie fühlen sich stark: von Wählers Gnaden. Der Wähler lebt von ihren Gnaden.

Sie bewegen sich unbeirrbar einem einzigen Ziel zu; dem Ziel der Selbsterhaltung. Mit dem unbezwingbaren Willen, an der Macht zu bleiben. Da ist ihnen jede geistige Turnübung, jede seelische Verrenkung recht. Sie kennen keine menschlichen Regungen wie Mitleid, Empfindsamkeit, Trauer, Gefühle. Ja, emotional ist ihr grauslichstes Schimpfwort: sachlich müßte man doch die Sache sehen. Ich habe immer geglaubt, daß es nicht um die Sache, sondern um den Menschen geht. Zumal sie Sache sagen und „Sächelchen" meinen.

Sie machen sich lustig über Emotionen. Sie kennen so etwas nicht. Nur ihren Zorn lassen sie gelten. Sie haben auch vor nichts Achtung. Vor allem nicht vor der Meinung und der Persönlichkeit des anderen, vor der Glaubwürdigkeit des anderen. Daß ich aus einem bestimmten Grund ein Kreuz um meinen Hals trage, entlocken Sinowatz und Elli Zipser nur geschmacklose Witze.

Als Klubobmann wußte ich nun von Dingen, die ich nicht akzeptieren konnte und sagte es auch. Daher haben sie mich zu verfolgen begonnen.

Ich habe vieles anfangs gar nicht glauben wollen, bin einzelnen Dingen nachgegangen. Sie haben mich nicht mehr ruhen lassen. Ich konnte nicht glauben, daß Mitglieder der Landesregierung sich 38.000 Schilling monatlich zusätzlich an Reisespesen, obwohl ohnehin mit Dienstwagen samt Chauffeur ausgestattet, anwiesen. Ohne Wissen des Klubs natürlich! Ich habe nicht geglaubt, daß Kery guten Gewissens Billigstrom beziehen konnte.

Als ich die Wahrheit erkannte, begann ich zu reden. Unter vier Augen mit den Betroffenen. Wie sich das gehört. Da dies nichts nutzte, in den Gremien. Wie sich das gehört. Auch das nutzte nichts, gar nichts. Ich wollte verändern. Ich wollte aufmerksam machen. Ich tat es auch. Sehr zum Mißfallen des mächtigsten Mannes der Republik: Ein Beispiel aus dem Kluballtag, das signifikant ist für Kurzsichtigkeit der Machthaber, politischen Opportunismus, für falsch verstandenen Umgang mit fremden Geldern. Und ein besonderes dafür, wie politische Verantwortung abgeschoben, wie gelogen wird und wie man — trotz einstimmiger Beschlüsse — allein gelassen wird.

Seit langem gab es im Burgenland und über Burgenland massive Gerüchte. Thema: die in den Landesgesellschaften für bestimmte Personen ausgeschütteten Gehälter. Von undurchsichtigen Sonderzahlungen war da die Rede und von Abfertigungen in Millionenhöhe; da gab es sechzehn und mehr Monatsgagen ... Vor allem war da von der BEWAG die Rede. Immer wieder wurde man als Abgeordneter, vor allem als Klubobmann, in den Fraktionssitzungen und in der Öffentlichkeit danach gefragt. Ich konnte lange Zeit keine Auskunft geben, weil ich selber nicht informiert war. Hier darf ich ergänzen, daß die Arbeit mit dem Klubobmann der ÖVP sachlich und zielorientiert war, ohne jedes vordergründige, zeitraubende Hickhack zwischen den Parteien — wie etwa in der Vergangenheit. Gesetze wurden gemeinsam erarbeitet und verabschiedet. So kamen wir überein, in Anlehnung an eine Entschließung im Nationalrat einen gemeinsamen Initiativantrag beider Parteien auf Fassung einer Entschließung hinsichtlich der öffentlichen Wirtschaft einzubringen; konkret: die Landesregierung sollte ersucht werden, im Rahmen der gesetzlichen Möglichkeiten drei Punkte zu verwirklichen:

1. Daß Mitglieder der Landesregierung und Landtagsabgeordnete, die Aufsichtsratfunktionen ausüben, in Unternehmungen, die das Land allein oder mit mehr als 50% Anteil betreibt, künftig keine Entschädigungen erhalten sollen. Diese Entschädigungen sollten dem Land zugeführt werden.

2. Der neu installierte Landeskontrollausschuß möge in Zukunft jährlich an den Landtag Bericht über das durchschnittliche Einkommen (einschließlich der Sozial- und Sachleistungen) der Mitglieder des Vorstandes, des Aufsichtsrates sowie aller Beschäftigten der Landesunternehmungen erstatten.

3. Eine Rückführung der Zahl der Monatsbezüge auf 14 bei Vorstandsmitgliedern und eine Angleichung an die Gehälter eines Beamten der Dienstklasse 9, wobei die Bezüge die von Regierungsmitgliedern nicht überschreiten dürfen. Diesem sollen die Bezüge, Sozialleistungen und zusätzlichen Begünstigungen, die damals kein Außenstehender auch nur annähernd kannte, angeglichen werden.

Ehe ich mit dem ÖVP-Klubobmann in konkrete Verhandlungen trat, sprach ich die Vorlage im Detail mit dem Landeshauptmann ab. Er las die einzelnen Positionen und meinte: Nachdem im Zuge des Privilegienabbaues der Aufsichtsrat keine Entschädigung mehr bekäme, finde er auch die anderen

Punkte in Ordnung: „Mach's nur. Wenn's schon bei uns anfangen, dann zieh's durch."

Die Entschließung wurde mit einem Juristen ausgearbeitet, im Klub intern diskutiert und letztlich mit dem ÖVP-Klub ausverhandelt und dem Landtag zur Beschlußfassung zugewiesen. Vor einer Präsidialsitzung — vor dem Büro des Landeshauptmannes — kam Kanzler Sinowatz auf mich zu: „Das geht net, was du vorhast, damit verlieren wir Wählerstimmen in der BEWAG. Das schafft Unruhe in der Belegschaft. Da kann der SPÖ-Klub nicht mitgehen!"

Ich verstand ihn nicht ganz, wagte aber einzuwenden: „Und wenn bekannt wird, wie in der BEWAG Millionen verwirtschaftet werden, verlieren wir Stimmen unter den Burgenländern. Und zwar noch viel mehr." Kery öffnete die Bürotür, und die Sitzung begann. Nach der Präsidialsitzung, auf dem Weg in den Parteivorstand, holte mich Kery ein: „Hör zu, den Entschließungsantrag ziehen wir zurück, da kann die SPÖ nicht mitgehen. Der Freddy ist dagegen." Ich war perplex. „Aber Herr Landeshauptmann, das war doch mit dir abgesprochen, das ist mit der ÖVP ausverhandelt, das würde politisch einen ungeheuren Wirbel geben und einen Gesichtsverlust, auch deinen Gesichtsverlust. Wir haben im Klub die ganze Sache beschlossen." Er zuckte wie immer in schwierigen Situationen verlegen die Achseln — wir waren im Parteivorstandssitzungszimmer angelangt. Ich dachte nicht im mindesten daran, die Entschließung zurückzuziehen. Das verbat mir mein Gewissen.

Drei Jahr später wurde der Rechnungshofbericht im Landtag behandelt und als einziger lobender Lichtblick in diesem ganzen Bericht „mein" Entschließungsantrag hervorgehoben. Ich vermerke es mit leiser Bitterkeit. Dazwischen ist ja einiges passiert.

Unmittelbar nach der Landtagssitzung, am 30. März 1984, kam es zu Resolutionen und Protesten der Betriebsräte der Landesgesellschaften. Unter anderem der Sozialistischen Betriebsräte im Bereich der öffentlichen Wirtschaft, die gegen Punkt 2 und 3 Protest einlegten und mit „größter Empörung" (Zitat) feststellten, den Betriebsräten sei es unverständlich, daß jene in jahrzehntelangem Kampf errungenen Privilegien nun gefährdet seien. Die Betriebsrätekonferenz sei der Ansicht, der Privilegienabbau habe nicht auf dem Rücken der Beschäftigten durchgeführt zu werden: Sie wehrten sich gegen die Erfassung von Sonderleistungen in Personalfragebogen und beriefen sich auf das Datenschutzgesetz, auf spezifische kollektivvertrags- und privatrechtliche Vorrechte, die in Jahrzehnten gewachsen und nicht mit jenen der Landesbediensteten zu vergleichen wären. Sollte trotz dieser berechtigter Forderungen die sozialistischen Landtagsmandatare kein Entgegenkommen zeigen, würden weitere gewerkschaftliche Maßnahmen eingeleitet. Unterschrieben war das Papier von sozialistischen Betriebsräten im Bereich der öffentlichen Wirtschaft des Burgenlandes. Eine der 28 Unterschriften stammte vom sozialistischen Landtagsabgeordneten Puhm. Puhm hatte sowohl im Klub als auch in der Landtagssitzung die Entschließung mitbeschlossen. Er versicherte — wie auch die Abgeordneten des sozialistischen Landtagsklubs Mayer und Piller — „diesen Entschließungsantrag nicht zu kennen und vor allem nicht genau zu wissen, was in ihm steht und was unterschrieben wurde (Zitat). Georg Puhm, der mir nach meiner überfallsartigen Abhalfterung als Klubobmann persönlich noch das Vertrauen ausgesprochen hatte. Und den ich bat, mich beim Parteiausschlußverfahren im Schiedsgericht als Beisitzer zu vertreten. Er lehnte dies ab, tat es auf Weisung der Partei formell dann doch und hatte die Wirkung eines Staatsanwaltes. Puhm wurde im Prozeß Sinowatz — Worm als Beglaubiger des Parteiprotokolles einvernommen und meinte auf die Frage, ob er sich an die Formulierung Sinowatz' über Waldheims braune Vergangenheit erinnern könne: Nein, das wäre ihm aufgefallen. Er wäre zwar kein Widerstandskämpfer, aber immerhin zweimal in Israel gewesen! Es folgten mehrere Resolutionen, die sich vehement gegen diesen Entschließungsantrag wehrten. Alle Befragten begannen sich davon zu distanzieren, auch die Regierungsmitglieder Stix und Sipötz: Letzterer meinte überhaupt, von allem Anfang an dagegen gewesen zu sein. Ich hielt es daher für besser, den Stier bei den Hörnern zu packen und mit den Betriebsräten zu reden. Ich lud sie am 13. Juni 1984 zu einem Gespräch ein, das zwischen 11 und 13.50 Uhr im Klubraum der SPÖ stattfand. Mein Obmannstellvertreter, Abgeordneter Resch, und der Jurist, mit dem ich den Entschließungsantrag ausgearbeitet hatte, waren dabei. Resch wörtlich: „I hab Bauchweh." Das Klima war frostig, die acht Betriebsräte weigerten sich anfangs sogar, den angebotenen Kaffee anzunehmen. Erklärten, daß ich für die Bediensteten der BEWAG mittlerweile zum Buhmann geworden sei, zumal ich anscheinend die Entschließung allein in die Wege geleitet hätte. Alle angesprochenen Abgeordneten, inklusive der Regierungsmitglieder, hatten sich davon distanziert. Die Diskussion verlief streckenweise sehr hart. Ich versuchte den Männern klar zu machen, daß die Entschließung selbstverständlich in Kenntnis der Rechtslage beschlossen worden war, wonach in bestehende Dienstverträge absolut nicht eingegriffen werden kann, daran auch nie gedacht war. Außerdem sei nie daran gedacht gewesen, die mehrfach zitierten „einfachen Arbeiter oder Angestellten" in ihrem Einkommen zu beschneiden. Anderseits müsse im Licht der wirtschaftlichen Entwicklung in ganz Österreich sehr gewissenhaft geprüft werden, ob in Zukunft bei Neueinstellungen nicht gewisse Einschränkungen mancher Privilegien gemacht werden müssen, da weitere Belastungen für den Steuerzahler und für die Bevölkerung nur in unbedingt erforderlichem Ausmaß ins Auge gefaßt werden können. Daß es sehr wohl möglich sein müsse, über das neugeschaffene Kontrollamt die Landesgesellschaften in Zukunft zu kontrollieren, ja daß es die Pflicht des Landtages sei, Kontrolltätigkeit auszuüben. Die Verhinderung dieser Kontrolltätigkeit würde in der Öffentlichkeit kaum auf Verständnis stoßen. Vor allem versuchte ich den Männern klar zu machen, daß sie sich zu Werkzeugen der wirklich Privilegierten in den oberen Etagen machten, die, obwohl rechtlich nicht gedeckt, es sich eingeführt hatten, bei jeder Erhöhung der „kleinen Arbeiter und Angestellten" sehr wohl auch ihr Salär prozentuell aufzubessern. Die Diskussion wurde in zunehmendem Maß sachlich und vom Klima her besser. Ein BEWAG-Betriebsratsobmann gestand sogar, daß sein Unternehmen in der Öffentlichkeit nur durch einige wenige Personen ein Negativimage erhalten habe. Nach einer intensiven Diskussion bedauerten die Betriebsräte, daß dieses Gespräch nicht schon zu einem früheren Zeitpunkt stattgefunden hatte. Damit hätten sicherlich sehr viele Mißverständnisse ausgeräumt werden könen. Zwei der Betriebsräte machen mir das Angebot, in die Manageretage der BEWAG einzuziehen. Die Machthaberer aber hatten mit mir inzwischen schon anderes vor.

Die Kapitulation des Theodor K.

Wäre ich nicht Klubobmann geworden, ich wäre heute noch so ahnungslos wie die meisten meiner Klubkollegen. Ich konnte nicht mehr den Mund halten. Wer schweigt, stimmt zu. Ich habe umsonst versucht, sie zu warnen, sie zur Umkehr zu veranlassen, ihnen einen Spiegel vorzuhalten, in der Hoffnung, sie seien zu einer Korrektur bereit.

Meine Berufung zum Klubobmann war zweifellos eine der letzten größeren selbständigen Personalentscheidungen Theodor Kerys gewesen. Der strahlende Burgenland-Politiker der siebziger Jahre hatte den Zenit seiner Karriere überschritten. Er selbst hat damit begonnen, sich zu isolieren; ist längst zum ökonomischen Faktor seiner Umgebung geworden. Man erinnert sich heute kaum noch daran, daß Theodor Kery einst als Bundespräsidentschaftskandidat der SPÖ gehandelt wurde. Er selbst hat sich diese Chance gründlichst zerstört, als er es für nötig befand, österreichische Journalisten infam zu beschimpfen. Als der AKH-Skandal durch die Arbeit der Medien (hier ist in erster Linie „profil" und Alfred Worm zu nennen) einem Höhepunkt zustrebte, fühlte sich Kery bemüßigt, den Korruptionisten in Wien zur Hilfe zu eilen: „Da gibt es die unabhängigen Journalisten. Unabhängig sind sie in Wirklichkeit nur von ihrem eigenen Gewissen!" Hätte er doch je solche Worte an eine burgenländische Adresse gerichtet!

Längst schon hatte Kerys Kontrahent Sinowatz begonnen, ihm die Fäden im Burgenland aus der Hand zu nehmen. Die Personalentscheidungen in Partei und Regierung (!) traf nicht mehr Kery, sondern Sinowatz. Dieser eskortierte und überhäufte Kery mit Sinowatz-Vasallen aus dem Apparat, mit Parteisekretären (Stix, Sipötz, Schmidt). Die Bestellung des burgenländischen Regierungsmitgliedes Josef Schmidt durch Sinowatz ist überhaupt eine Delikatesse für sich.

Kerys Stern war schon so weit gesunken, daß ein Jungpolitiker aus Wien, Josef Cap, ihn zum Fußabstreifer auf dem Weg seiner eigenen Karriere benutzen konnte. Cap „schmiß" einen als Jubelfest gedachten Bundesparteitag, indem er sich völlig gefahrlos an Kery mit besonders mutig klingenden Fragen heranwagte — das nicht ohne Rückendeckung gewisser Parteikreise: Die Fragen nach Billigstrom, der Waffensammlung, den Schießübungen ... Cap hatte nichts zu verlieren und alles zu gewinnen. Er durfte seine Vorzugsstimmenaktion machen, und 60.000 Wähler — vor allem aus dem kritisch-intellektuell-künstlerischen Bereich — gingen ihm auf den Leim. Cap ist heute wohlbestallter Nationalratsabgeordneter und Angestellter der Parteizentrale.

„Die Kritik an Kery", so Josef Cap heute, „war nur ein Einstieg für meine Kritik am demokratischen System, das unter der Abnahme effektiver demokratischer Kontrolle leidet." Und über Sinowatz, seinen Parteichef und Firmenchef, weiß er zu sagen: „Er verkörpert die moralische Erneuerung, die ich gefordert habe!"

Man muß Kery zugute halten, daß er den „Mühlstein Sinowatz" um seinen Hals sehr wohl wahrnahm. Und er wußte auch genau das Kuckucksei in seinem Nest zu benennen: Finanzlandesrat und Landeshauptmannstellvertreter Helmut Vogl. Er beklagte sich bei mir, kein Mittel und keinen Weg zu wissen, gegen den Willen von Sinowatz Vogl los zu werden. Es bedurfte nur einer einzigen Klubsitzung, die ich hier wortwörtlich wiedergebe, weil sie schlagartig die Burgenland-Politik erhellt:

Diese denkwürdige Klubsitzung kann man nur vor dem Hintergrund der massiven Burgenlandberichterstattung in nahezu sämtlichen österreichischen Medien, am massivsten im „profil", verstehen. Die Machenschaften der „Bluathaberer" und das Treiben der burgenländischen Politiker waren durch Wochen Thema Nummer 1 in der österreichischen Öffentlichkeit. Kerys Position war schwach wie noch nie. Auch innerparteilich gab es große Spannungen: Der Klub stand nicht mehr hinter Kery. Die Gruppe rund um Vogl (sprich Sinowatz) sowieso nicht.

Ich hatte ein langes Gespräch mit dem Landeshauptmann. Dabei erzählte er mir, daß Vogl und Posch ihn öfters belogen hätten, etwa im Zusammenhang mit der Reise nach Spanien, wo sie einen schweren Unfall hatten und Kery nichts über die Hintergründe wußte. Ich fragte ihn, ob er etwas über die Budgetüberschreitung von 100 Millionen Schilling gewußt habe. Er verneinte und betonte, auch da habe ihn Vogl schwer hintergangen. Er gab zu, daß er, so lange Vogl in der Regierung sei, für den künftigen Parteitag ernste Bedenken habe, die wegen der Altersklausel erforderliche Zweidrittelmehrheit zu schaffen. Auf meinen Vorschlag, Vogl zum Rücktritt aufzufordern,

sagte er wörtlich: „Das kann ich nicht tun. Das geht nicht!"
Und merkte an, daß Sinowatz dagegen sei. Ich spürte, daß er
mir etwas verheimlichte, und fragte weiter. Er war sehr nervös,
ja wirkte fast hilflos und meinte, man müsse einen Weg finden,
Vogl auf andere Art und Weise zum Rücktritt zu zwingen. Das
„100-Millionen-Ding" sei doch wahrlich Grund genug, meinte
ich. Doch er wollte damit nichts zu tun haben. Er käme auch
nicht in die Klubsitzung. Ich versprach ihm, die ganze Sache
auf mich zu nehmen und tat es auch.

Wie der Vogl aus dem Nest fiel

Anmerkung vorweg: Theodor Kery war bei dieser Klubsitzung am 13. Mai 1983 nicht dabei. Meine „Helden" waren
ahnungslos. Das Protokoll:
Begrüßung: Klubobmann Ottilie Matysek
*Rechnungsabschluß 1982 soll am 27. Mai im Landtag bera-
ten werden.*
*Landesrat Vogl: Hinweis auf Wahljahr, wodurch Mehraus-
gaben unvermeidlich waren. Für 1983 aber Vorsorge. Abgang
354 Millionen, davon 150 Millionen Darlehen*

Schuldenstand des Landes:	*1,31*	*Milliarden*
	1,809	*Milliarden inkl. innere Anleihe*
	410	*Millionen für andere Ausgaben*

Matysek: Anregung zur Diskussion des Berichtes
*WURGLICS: Die Begründung, daß die Personalkosten ent-
scheidenden Anteil am gestiegenen Abgang haben, kann nicht
stimmen. Im Dienstpostenplan ist alles genau aufgeschlüsselt,
auch die Lohnsteigerungen sind bekannt.*
*VOGL: Nur die Soll-Stände, nicht das Ist; außerdem hat der
Finanzreferent keinen Einfluß auf die Personalaufnahmen.*
*PUHM: Welche Gründe werden Sie für diese Abgangsexplo-
sion im Landtag bringen? Der 5-Jahres-Plan für die Sanierung
des Voranschlages ist jetzt nur mehr Papier.*
*PINTER: Man soll die Überschreitung des Abganges nicht
dramatisieren. Im Vergleich zum Gesamtvoranschlag sind es*

nur 5 Prozent. Ein Erfolg wäre es, den Schuldenstand einzu-
frieren.

VOGL: Burgenland ist am meisten verschuldet. Aber die Re-
gierung wollte Investitionen. Ein Erfolg wäre es schon, wenn
1984 der Abgang gleich Schuldentilgung wäre.

FUITH: Mitte 1982 muß doch bekannt gewesen sein, welche
Entwicklung der Voranschlag nimmt.

MATYSEK: Der Landtag soll sanktionieren, erhält aber kei-
ne Informationen über die Ausgabe von weiteren ungedeckten
100 Millionen Schilling. Wie kommt es, daß ohne Landtags-
Information solche Abweichungen eintreten können? Ist so et-
was beim Bund oder anderen Bundesländern möglich? Wir Ab-
geordneten tragen hiefür die Verantwortung und müssen daher
auch informiert werden.

POSCH: Man soll nicht den Kopf verlieren. Alle haben im
Wahljahr gefordert. Wir sollten jetzt nicht die Arbeit der ÖVP
besorgen, sondern daran denken, daß in 14 Tagen der Landtag
über den Rechnungsabschluß 1982 beraten wird.

MATYSEK: Diskussion soll stattfinden, wenn es auch reich-
lich spät ist.

VOGL: Mit Stand Juni 1983 haben wir 33 Millionen Minder-
einnahmen. Die Entwicklungen sind erkennbar. Aber viele Ab-
teilungen, z.B. die Krankenanstalten, tätigen die großen Aus-
gaben erst im Herbst. 1983 gibt es in der EDV Sperren für die
einzelnen Kennziffern. In Hinkunft wird auch der Landtag in-
formiert.

MADER: Gründe für Budgetdefizit haben längerfristige Ur-
sachen und sind in der letzten Budgetberatung zu finden. Fal-
scher Arbeitsstil und keine echten Diskussionen zur Gesamtent-
wicklung. Die Referenten in der Landesregierung sorgten sich
nur um eigene Voranschlags-Posten. Früher war dies nicht ent-
scheidend, aber in den letzten fünf Jahren entstanden dadurch
große Probleme. Zum Rechnungsabschluß 1982: Hinweis auf
unklare Darstellungen in den einzelnen Bereichen. Besserer Ar-
beitsstil, Berufung von Fachleuten, längere Beratungen und
Diskussionen.

MATYSEK: Vogl hat langjährige Erfahrung. Die Landtags-
abgeordneten bekommen Voranschlags-Unterlagen immer
knapp vor der Sitzung. Vogl müssen sicher vor seiner Budget-
rede die Ergebnisse der Volkszählung bekannt gewesen sein. Ei-
nes steht fest: Die Finanzabteilung arbeitet nicht verfassungs-

konform — Hinweis auf § 23 der Haushaltsordnung — da Überschreitungen dieser Höhe nur vom Landtag beschlossen werden können.

VOGL: Bei gesetzlichen und vertraglichen Verpflichtungen nicht!

SIPÖTZ: Was soll konkret anders werden? Diskussion ist nötig. Unsere Schuld ist es, daß hiefür so wenig Zeit aufgewendet wird.

GRANDITS: Bei dieser Diskussion bekomme ich das Gefühl, als ob der Landtag schuldig sei. Bisher war aber nur die Landesregierung für die Erstellung des Voranschlages verantwortlich. Ich bin sicher, daß im Voranschlag 1983 falsche Zahlen eingesetzt sind und der Abgang noch größer wird. Die von Präsident Pinter angeführten 5 Prozent stimmen nicht, da allein der Durchläufer Lehrerbesoldung ca. 21 Milliarden ausmacht. Daher ist diese Diskussion für unsere weitere Arbeit sehr wichtig.

STIX: Als hauptverantwortlicher Landesparteisekretär lehne ich Diskussion in dieser Form ab. Ist dies eine Diskussion über die weitere Existenz des Landesrates Vogl oder über den Rechnungsabschluß 1982?

(Zwischenruf) VOGL: Meine Existenz ist nicht gefährdet.

STIX: Die Arbeit in der Regierung ist sehr schwer. Ich selbst habe mich nicht in die Regierung gedrängt und wäre lieber Landesparteisekretär und Klubobmann geblieben.

Ich bekenne mich zu den Entwicklungsbudgets, die unter der Voraussetzung eines 5-Prozent-Wachstums beschlossen wurden. Jetzt haben wir ein Null-Wachstum. Folgekosten wurden nicht exakt berechnet. Durchforstung des Voranschlages z.B. Personal-Abteilung XIII/1. Hier sollte keine Diskussion über Schuld oder Nichtschuld geführt werden, sondern über mögliche Einsparungen. Für die Klärung dieser Frage sind meiner Meinung nach das Landesparteipräsidium und der Landesparteivorstand zuständig.

MATYSEK: Klub ist ebenso wichtig.

POMPER: Froh über Diskussion, mußte zwangsläufig kommen, Verschuldungsdruck, Landtagsabgeordnete hatten bisher nichts zu reden.

MADER: Wie kommt es zu Entwicklungen, die später zu solchen Problemen führen? Spitzenpolitiker geben Erklärung ab, dann aus Solidarität Zustimmung in den zuständigen Gre-

mien. Wenn etwas dann nicht in Ordnung geht, weist man darauf hin, daß ohnehin alles einstimmig beschlossen worden sei. Grundsätzlich sollten alle wichtigen Punkte gemeinsam beraten werden.

MATYSEK: Man soll jetzt in der Sitzung alle Fragen in die Diskussion werfen. Eine Frage kann nicht blöd genug sein, um nicht gestellt zu werden. Frage nach Konzepten, Wirtschaftspolitik. Wenn wir so weiterwirtschaften, werden wir bald keinen Spielraum im Voranschlag haben. Man kann nicht ewig mit fremden Geldern operieren.

VOGL: Wahrscheinlich wird es bald keine Personalaufnahmen und Begünstigungen geben.

RESCH: Hinweis auf Problematik von paktierten Voranschlägen.

Aber die Kernfrage ist ein offenes Wort. Wir sind im Land politisch ins Schleudern gekommen — Parteitag, Pressemeldungen, Basisverunsicherung. Vogl weiß, wie wir zu ihm stehen. Wenn es aber Kritiken gibt, dann brauchen wir eine gemeinsame Linie, wie wir uns dazu stellen sollen. Niemand weiß, wie er sich verhalten soll! Wenn wir so weitertun, werden große Probleme auf uns zukommen. Daher ist eine gemeinsame Sprachregelung nötig. Es gibt keine fruchtbare Arbeit draußen in den Organisationen, bevor wir nicht dieses Problem lösen. Wir reden zu unseren Genossen kurz über unsere Politik und müssen dann Stunden über Pressemeldungen diskutieren. In allem, auch bei den Beratungen des Rechnungsabschlusses, sollen in der Diskussion aufgestaute Meinungen abgebaut werden. Der Klub ist zuständig, da wir draußen mit den Leuten sprechen müssen.

MATYSEK: Überall ist das Unbehagen groß, die Rechnung kriegen wir spätestens beim Parteitag präsentiert, wenn wir es nicht weiter abbauen können.

GRANDITS: Stix fragt, ob über Vogl oder Rechnungsabschluß diskutiert werden soll, und hat auf die Schwere der Ausübung eines Regierungsmandates hingewiesen. Jeder weiß, daß ich nicht nach höheren Funktionen strebe. Aber man muß auch in der heutigen Diskussion über den Rechnungsabschluß 1982 auf die Lösung anderer Probleme hinweisen, weil diese damit verbunden sind. Solidarität soll nicht auf Kosten der Partei verlangt werden. Vogl nimmt zu nichts Stellung, auch die Partei nicht, obwohl draußen dieses Thema breiten Raum einnimmt.

MATYSEK: Wir ducken uns und haben oft keine Meinung — das ist nicht richtig. Falsch verstandene Solidarität — niemand wird uns aus der Verantwortung entlassen. Genosse Stix, Du bist noch Landesparteisekretär, wie siehst Du die Diskussion und die Problematik?

STIX: Bin der Meinung, daß auf unserer Tagesordnung die Beratung über den Rechnungsabschluß 1982 steht. Am Montag werden Landesparteipräsidium und Landesparteivorstand über das von mir angeschnittene Problem beraten.

Landtagsklub und Parteigremien haben ihre Zuständigkeiten. Nicht nur Zeitungsmeldungen, sondern auch viele andere Gründe sind Ursache unserer heutigen Diskussion.

RESCH: Landesparteipräsidium und Landesparteivorstand sind sicherlich zuständige Gremien, aber auch der Klub hat seine Funktion, denn die Mandatare stehen in der Diskussion mit den Wählern. Wir müssen eine Linie finden, gleich welche, damit wir draußen reden können. Vogl soll Stellung nehmen zu all dem Gesagten, die ÖVP lacht uns schon aus.

MATYSEK: Warum sollen wir im Klub nicht über alle diese Fragen sprechen? Warum ist im Präsidium bisher all dies noch nicht ausgesprochen worden?

MOSER: Wir sollten über den Rechnungsabschluß, der auf der Tagesordnung steht, reden. Personalprobleme sind immer am schwierigsten zu besprechen. Zu Vogl möchte ich sagen, daß er Ordnung in die Budgetpolitik gebracht hat.

MATYSEK: Nun ist er zu einer Hypothek geworden.

VOGL: Man spricht von mir als Hypothek oder wie vom größten Verbrecher. Ich habe nichts anderes getan, als meine Gattin mit dem Dienstwagen nach Italien fahren zu lassen, war mit einer Firma, die ich nicht begünstigt habe, im Ausland, und war einmal privat in Spanien. Gegen die Presse laufen von mir Prozesse, mein Anwalt hat mir geraten, gegen die OZ (Oberwarter Zeitung, Anm.) keine Klage einzubringen, da diese Meldung im Rahmen des „profil"-Prozesses verhandelt wird.

MÜLLNER: Wir sind alle an dieser Situation schuld, jeder schaut auf seinen Bezirk.

POMPER: Begrüße, daß Vogl zum ersten Mal eine Erklärung abgegeben hat. Klub ist auch Träger der Partei und hat daher das Recht auf diese Diskussion. Das Landesparteipräsidium tagt im stillen Kämmerlein. Wir brauchen einen anderen Stil, die Leute draußen sind gescheiter geworden.

MAYER: Es wurde viel gesagt. Ich habe es bereits früher zweimal gewagt, Kritik zu üben, und wurde zurechtgewiesen. Schade, daß unser LPO (Kery, Anm.) all das Gesagte nicht gehört hat.

ACHS: Die SPÖ hat das Burgenland seit 1964 verändert. In letzter Zeit ist allerdings viel danebengelaufen. Ich begrüße diese Diskussion. Jetzt ist die Stunde der Wahrheit angebrochen und das Ende des Verteilens, ein neuer Stil ist nötig.

WEICHSELBERGER: Bin seit 1953 im Klub. Auch damals spitzten sich Verhältnisse aus einer Unzufriedenheit zu, aus jeder Sachdiskussion wurde eine Personaldiskussion. Jeder Anlaß wurde hiezu benutzt. Gruppen bildeten sich, und die Partei wurde fast gespalten. Wir sollten uns hüten, jetzt das Gleiche zu tun.

PUHM: Soll ich Redner zum Voranschlag werden?

MATYSEK: Ja, wie besprochen.

PUHM: Rohkonzept für Rede von III/F, politischer Teil selbst.

SIPÖTZ: Alle sind froh über Vogl-Erklärung. Ich glaube aber nicht, daß wir draußen damit die Leute befriedigen können, daß Vogl seine Gattin nach Italien mit dem Dienstwagen führen ließ.

STIX: Landesregierung hat Richtlinien beschlossen.

MADER: Nein, nur im Zusammenhang mit der Anzeige gegen Vogl Landesamtsdirektions-Beschluß, sonst nichts.

PILLER: Wie soll es weitergehen? Konzept für Einsparungen!

Übrigens: Unmittelbar nach der Sitzung soll Landesparteisekretär und Landesrat Stix Kanzler Sinowatz in Wien angerufen haben: „Die Otti hat den Vogl umgebracht."

Kery, obwohl formell Klubobmann, war bei dieser Sitzung nicht anwesend. Er saß in seinem Zimmer. Vogl fragte mich unmittelbar danach: „Soll ich gleich zurücktreten oder später?"

Am folgenden Montag befaßten sich die Parteigremien mit dieser Frage. Vogl trat zurück mit dem Hinweis, er ziehe sich in die BEWAG zurück. Was aufgrund der massiv eingesetzten Medienberichterstattung und des Protestes der ÖVP allerdings nicht mehr gelang.

Kery allerdings war seinen Vogl los. Der Vogl war aus dem

Nest gefallen. Für mich war dies ein großer Schritt in Richtung stürmischer Ereignisse. Ich hatte mir den Kreis um Sinowatz zum erbitterten Feind gemacht.

Dieses Opfer hätte sich gelohnt, meinte ich, da ja nun dieses Bleigewicht aus dem Weg geräumt schien. Es ist mir auch gelungen, den Klub sehr positiv hinter dem Landeshauptmann zu sammeln. Diese Art von Fairneß und Standhaftigkeit hat er allerdings im Ernstfall nicht zu werten gewußt.

Kery war schon zu schwach. Die Diadochenkämpfe um die Nachfolge des alt gewordenen und völlig entrückten Fürsten, der keinem Rat und keiner Kritik mehr zugänglich war, sich von einer Unzahl falscher Freunde und Nutznießer umgeben sah, verstiegen und isoliert, war nur noch Platzhalter seiner selbst.

Der Nachfolgekampf in Eisenstadt hatte zum Teil unmittelbar mit den Nachfolgekämpfen in Wien zu tun. Ein gefallener Kery wäre höchstwahrscheinlich durch Fred Sinowatz ersetzt worden. Damit wäre dieser für die Kreisky-Nachfolge aus dem Rennen gewesen.

Als er bereits Kanzler war und mit seinem Regierungspartner Norbert Steger von einer Malaise in die nächste stolperte, wäre eine freie Burgenlandbahn die eleganteste Methode gewesen, Sinowatz vom Ballhausplatz zu verdrängen.

Ich möchte hier nicht die Rolle des Landesrates Gerald Mader näher interpretieren, der mit seinem Rücktritt eine österreichweite Sensation schaffte. Erstmals war hierzulande ein Politiker — ohne „gesundheitliche Gründe" vorzuschützen — zurückgetreten. Er könne sich mit dem Stil der burgenländischen Regierungspolitik, mit Kerys Politik und den sattsam bekannten burgenländischen Zuständen nicht mehr identifizieren. Mader handelte mit einem Netz „made in Vienna". Der Knüpfer dieses Netzes, das allerdings nicht hielt, sitzt als Minister in der Bundesregierung.

Maders „interne Arbeit", die nicht ganz so klappte, wie in Mattersburg und Wien erdacht und die doch noch ihren sensationellen Effekt haben sollte, hatte echtes Dynamit in sich. Von nun an begannen sich die Ereignisse zu überschlagen. Kerys Überleben hing nur noch an einem sehr dünnen Faden, am Rückgrat Gerald Maders.

Ohne zu wissen, wie mir geschah, geriet ich durch Maders Rücktritt auf die Titelseiten der österreichischen Presse. Ich wußte das plötzliche überregionale Interesse an meiner Person lange nicht zu deuten, bis mir ein Journalist einen Verdacht bestätigte. Der zurückgetretene Mader setzte die Medien auf mich an. Der Journalist, der Mader kurz nach seinem Rücktritt interviewte — Mader hatte immerhin angedeutet, er wolle „auspacken" — blieb im Verbindlichen und Nichtssagenden und gab dem Journalisten den Rat: „Wenn S' darüber mehr wissen wollen, rufen S' die Frau Matysek an. Warten S', da hab ich ihre Telefonnummer!"

Zuhauf wollten Österreichs Journalisten einen Kommentar zum Mader-Rücktritt und über den Zustand der burgenländischen Politik ...

Nachfolger Gerald Maders als Landesrat für Kultur und Gesundheit wurde der Sinowatz-Freund und bisherige Landesparteisekretär Hans Sipötz aus Pamhagen. Auch diese Rochade sollte den Gang der Ereignisse entscheidend mit beeinflussen.

Das Wunder von Halbturn

Kurz vor dem Mader-Rücktritt gab sein Nachfolger (beide ahnten noch nichts von ihrer nahen Zukunft) einige Bonmots zum Thema Kultur zum besten.

„Kultur? Wos is des? I kenn die Hochkultur nur aus dem Weingarten. Des is höchstens wos für a paar Spinner, eine Spielwiese für Künstler. De Freud muß ma ihna lossn!"

Wenige Wochen später war er Landesrat für Kultur im Burgenland.

Leistung, Hirnschmalz, Ideen, Erfolg: Kriterien, die im wirklichen Leben honoriert werden, werden in der SPÖ Burgenland verfolgt, verhindert und bis hin zur Vernichtung geahndet.

In einem prächtigen Barockschloß im Seewinkel, im Schloß Halbturn, hatte es jahrelang Landesausstellungen gegeben. Neben der kulturpolitischen hatten diese auch eine wirtschaftliche Komponente für Fremdenverkehr und Gastronomie.

1984, so beschloß die Landesregierung, würde man keine Ausstellung finanzieren. Daraufhin brach ein massiver Protest der Bürgermeister, der Gastwirte in der Region los. Zu einer Protestversammlung am 9. März waren alle Abgeordneten der

Region, SPÖ und ÖVP, eingeladen. Der einzige Volksvertreter, der sich diese Protestversammlung auch anhörte, hieß Matysek.

Von der Initiative der Leute beeindruckt, die allerdings — es war Anfang März — schon im Hinblick auf den Zeitdruck zum Scheitern verurteilt schien, drehte ich den Spieß um und stellte folgende Forderung: Wenn Interesse und Engagement an Kultur wirklich so groß seien, sollte man das auch beweisen. Wenn also die 14 Gemeinden einen Sockelbetrag aufzubringen in der Lage sein sollten und die Fremdenverkehrsbetriebe ihren Beitrag leisteten, würde ich mich dazu verwenden, den Rest — zwei Millionen Schilling — und das Ausstellungsgut selbst aufzutreiben. Die entscheidende Frage zu diesem Zeitpunkt war ja, neben dem Geld innerhalb so kurzer Zeit überhaupt eine Ausstellung zu finden. Nach wenigen Stunden nur hatte ich einige Museumsdirektoren aus Wien an einem Tisch versammelt. Ich trug ihnen mein Anliegen vor. Ich werde ihren Gesichtsausdruck nie vergessen. Sie haben sich wohl gedacht: Die Burgenländerin ist verrückt!

Es gelang über die Österreichische Galerie im Oberen Belvedere in Wien die Ausstellung „Kunst in Österreich 1918 bis 1938" nach Halbturn zu bekommen. 13 der 14 Seewinkelgemeinden erklärten sich bereit, eine halbe Million Schilling aufzubringen; den Gesamtaufwand von 2,3 Millionen Schilling finanzierte ich mit Sponsorgeldern. Und zwang das Land, zu dieser Initiative 500.000 Schilling dazuzulegen.

Es ist damit — wohl hierzulande erstmalig — gelungen, eine ursprünglich negativ besetzte Protestaktion in eine Positivbewegung umzuwandeln. Es war eine kulturelle Emanzipationsbewegung entstanden, die eine ganze Region über die Parteigrenzen hinweg erfaßt hatte. Ein scheinbar aussichtsloses Projekt wurde durch eine gemeinsame Initiative als Organisations- und Finanzierungsmodell verwirklicht. Und, was das Schönste war: ausschließlich mit Gewinnern! Halbturn hatte seine Ausstellung, die Fremdenverkehrsregion ihren Impuls und die Besucher die einmalige Gelegenheit, in einer sich dafür anbietenden Landschaft Kultur zu genießen.

Zuerst war die Idee von vielen als undurchführbar abgetan worden. Erst als die Genossen die Bewegung zur Kenntnis zu nehmen begannen, fingen auch die Verhinderer an, aktiv zu werden.

Der erste, der mit seiner Gemeinde als „Vorbild" im Negativen aussprang, war mein Freund und Bezirkskaiser, Nationalratsabgeordneter Peck, der Bürgermeister von Andau. Ich bat ihn am Telefon flehentlich, das nicht zu tun, weil er erstens andere mitrisse (was offensichtlich seine Absicht war) und zweitens es für ihn zu einer Blamage werden könnte. Er bellte nur rüde ins Telefon und meinte, Kultur wäre Sache des Landes und nicht der Gemeinden.

Der spätere Kulturlandesrat, der Bürgermeister von Pamhagen, versuchte auf subtilere Art, den Bürgermeistern Angst zu machen. Er redete ihnen ein, „wenn das Ganze ein Flop wird, müßt ihr die Ausfallshaftung für die 2,3 Millionen übernehmen!" Das war schon gefährlicher. Wie konnte ich das umschiffen? Ich bot den Gemeinden an, ihre Zahlungen als einmalig ansehen zu können. Sie könnten im Ausstellungskatalog eine Werbung einschalten, für die dieser Betrag geleistet wurde, und zwar nach einem Schlüssel der Gastgewerbebetriebe bzw. Nächtigungen. Das leuchtete den Männern ein. So war auch diese Klippe umfahren.

Man machte nicht einmal vor offenen Gräbern halt, wenn sich damit nur gegen die Ausstellung intrigieren ließ. Genosse Peck versuchte beim Begräbnis eines Vizebürgermeisters den Bürgermeister von dieser Ausstellung abzuhalten. Es ist ihm nicht gelungen.

Es war letztlich ein riesiger Erfolg. Die Fremdenverkehrsregion war durch diese Initiative zusammengewachsen und bestätigt.

Selbst der Landeshauptmann, der ursprünglich Zweifel hatte und sich erst überzeugen ließ, als ich ihm meinen Privatfinanzierungsplan vorlegte und dabei versprach, das Risiko, auch das finanzielle, völlig allein zu tragen, hatte mir grünes Licht gegeben. Er hatte zumindest den Mut, bei der Eröffnungsrede von einem Fehler zu sprechen: von einem Fehler des Vertrauens: „Ich muß gestehen, daß ich diese Ausstellung nicht für möglich gehalten habe. Ist es — oder war es — Schwäche, Zaghaftigkeit, mangelndes Vertrauen, Angst vor finanziellen Einbußen oder auch nur eine Folge fehlerhaften Kombinationen im Zusammenhang mit den Budgetberatungen? Es wird wohl von allem etwas dabeigewesen sein, als wir uns zum ersten negativen Entscheid entschlossen!"

In einer Art Rechenschaftsbericht am Ende der Ausstellung

konnte ich den Beteiligten, den Gemeindevertretern, aber auch den Journalisten eine beachtliche Erfolgsbilanz vorlegen: Besucherzahlen, Medienecho, die Popularität von Halbturn, der Ausstellung, der Region. Die Medien sprachen von einem „Wunder von Halbturn". ORF-Intendant Helmut Andics forderte in einer Einstundensendung „man sollte dieses Wunder zum System machen!" Wir hatten schwarze Zahlen erwirtschaftet! Nur Gewinner!

Das war einem Genossen zuviel. Am selben Tag gab Freund Peck ein Interview, in dem er brummte, es wäre geradezu verantwortungslos, die Gemeinden, die hoch verschuldet seien, zu Zahlungen zu veranlassen.

Das weckte in mir neue Energien. Ich war wieder einmal herausgefordert. Ich war ja für die Finanzierung des Projektes zuständig gewesen und hatte genügend Geld erwirtschaftet. Daher bat ich meine Mitarbeiter um Genehmigung, den Gemeinden ihren Einsatz auf Heller und Pfennig zurückzugeben.

Die Nachricht schlug wie eine Bombe ein. Zeitungen titelten: „Gemeinden erhalten alles Geld zurück." Die Gemeindeväter konnten es nicht fassen. Ja, ich erhielt Anrufe, ob das denn auch stimme, denn noch nie hätte man von einem Politiker Geld zurückbekommen.

Freund Peck verkraftete das schwer. Er ließ mich in einer Bezirksmandataresitzung, die damals eher einem Tribunal glich, in bösem Tone wissen, daß es in Zukunft nicht anginge, solche Alleingänge „durchzuziehen". Hätte ich Ähnliches vor, müßte ich ihn vorher um Genehmigung bitten. Ich war so perplex, daß mir die Worte fehlten. Ich begann zu lachen und forderte dann die anderen Abgeordneten auf, zu diesem Nonsens doch etwas zu sagen. Immerhin saß ja auch der spätere Kulturlandesrat mittendrin — der genoß die Situation aus ganzem Herzen. Sie hatten dazu nichts zu sagen. Sie gaben Peck recht. Mir graute. Aber klar: Peck war mit seiner Gemeinde Andau, die sich nicht beteiligt hatte, irgendwo der Blamierte.

Wir hatten zu diesem Zeitpunkt noch nicht einmal einen Verein konstituiert, lebten vom Einandervertrauen, brauchten keine schriftlichen Sicherstellungen. Erst später gründeten wir eine rechtlich fundierte Gemeinschaft, den „Verein zur Förderung der kulturellen und touristischen Infrastruktur im Bezirk Neusiedl, Ausstellungen Schloß Halbturn". Ich wurde Obmann. Der Leiter der Österreichischen Galerie machte mir den

Vorschlag, er könne eine solche Ausstellung alljährlich anbieten; er würde dazu nur den entsprechenden Raum brauchen. Wir überlegten nicht lange. Schloßbesitzer Baron Waldbott-Bassenheim, der Präsident unseres Vereines, ließ Räume adaptieren. Ein Vertrag zwischen dem Verein und dem Oberen Belvedere wurde geschlossen. Mit dem Effekt: das Land Burgenland hat für zehn Jahre in dieser Region wunderschöne Ausstellungen gesichert. Aber: so einfach läuft hierzulande der Hase nicht!

Im Spätsommer 1984 kontaktierte ich den Generaldirektor der Österreichischen Bundespost, Heinrich Übleis, und schlug ihm vor, unter dem Titel „2000 Jahre Post in Österreich" in Halbturn eine Ausstellung zu präsentieren. Übleis, ein äußerst engagierter und kreativer Mann, nahm diesen Vorschlag sofort auf. In einer Sitzung in der Generalpostdirektion wurden unmittelbar danach die wesentlichsten Dinge besprochen. Das heißt, für 1985 würde es zwei Ausstellungen in Halbturn geben. Das Land machte wieder nichts.

In der Zwischenzeit allerdings kam es zum Wechsel in der Landesregierung. Mader war zurückgetreten. Sipötz wurde von Sinowatz in diese Funktion gepreßt. Von da an gab's Probleme im Land.

Unsere Verhandlungen liefen nicht mehr so reibungslos und selbstverständlich ab. Eine Pressekonferenz in der Generalpostdirektion wurde bereits im Beisein des Herrn Sipötz abgeführt. Herr Landesrat saß als stummer Gast unter den Journalisten.

Schlimm war es geworden, als mir der wissenschaftliche Berater des Projektes aus heiterem Himmel eröffnete, er würde in Zukunft nur noch mit Sipötz arbeiten. Denn der zahle ihm 100.000 Schilling mehr als der Verein. Darüber hinaus könnte er mit ihm besser zusammenarbeiten.

Wir waren ratlos, wußten nicht, woher dieser plötzliche Schwenk gekommen war. Noch sahen wir nicht die Ursache im neuen Kulturlandesrat. Der meldete sich in einer Klubsitzung zu Wort und meinte treuherzig, der Mann hätte sich an ihn gewendet, er könnte mit dem Verein, vor allem mit Matysek, nicht arbeiten. Und er, Sipötz, möge doch helfend eingreifen. Ich war verletzt — wollte klären —, doch das Intrigenspiel hatte seinen Lauf genommen. Ich konnte dieses Gewirr noch nicht durchschauen, hatte doch dem wissenschaftlichen Berater jede

Form der gedeihlichen Zusammenarbeit eingeräumt, als Honorar waren 150.000 Schilling vereinbart, zusätzlich Spesen. Der Verein konnte ihm offenbar nicht soviel bieten, als Sipötz es nachträglich tat. Er hatte ihn uns herausgekauft. Aber damit war's noch lange nicht zu Ende.

Wir hatten sowohl die Einladungen als auch die Kataloge bereits in Druck gegeben. Aus der Druckerei kam ein aufgeregter Anruf, daß die Kataloge — im Auftrag der Landesregierung — geändert werden müßten. Wir verstanden die Welt nicht mehr. Drei Vorstandsmitglieder machten sich auf den Weg nach Wien zur Druckerei.

Was uns dort vorgelegt wurde, war ein Skandal. Es waren alle Namen der Vereinsmitglieder, darunter meiner, und das Vorwort des Obmannes, also Matyseks, aus dem Katalog herausgestrichen: im Auftrag des Kulturlandesrates. Dieser allerdings hat der Druckerei bedeutet, sie bekäme einen Auftrag „vom Land". Ich machte dem Mann klar, daß er auf Wunsch von wem auch immer drucken könne, was er wolle. Er habe unseren Auftrag jedoch so auszuführen wie von uns angeordnet. Wir erledigten das an Ort und Stelle schriftlich. Zum ersten Mal bekamen wir — auch außerhalb der Partei — die brutale Hand mißbrauchter Macht zu spüren.

Aufgeregt kam der Kulturbeamte des Landes zu mir. Sein Chef hätte Weisung erteilt, die Kataloge seien im Auftrag des Landes zu drucken! Ich schickte ihn zurück! Er möge seinem Chef sagen, der Verein nähme keine Weisungen entgegen. Das Land hatte sich noch unter Mader verpflichtet, die Ausstellung mit 400.000 Schilling zu unterstützen. Sipötz wollte mit diesem Geld partout den Katalog und sein Vorwort finanzieren. Das lehnten wir ab. Die 400.000 Schilling hätten widmungsgemäß gezahlt zu werden.

Nun begann das Ganze ins Parteipolitische abzugleiten. In der Generalpostdirektion liefen die Telefone heiß. Der neue Landesrat Sipötz wolle die Einladungen kontrollieren, er müßte unbedingt an erster Stelle stehen.

Ich traf mich mit dem zuständigen Herrn im Hilton. Er war ziemlich ratlos. Mit solchen Problemen hatte man bei der Post nicht gerechnet. Ich nahm ihm die Verantwortung ab, auch die Unterlagen, und versprach ihm, die Einladungen in Eigenregie drucken zu lassen. Damit schien dieses Problem gelöst zu sein. Für Sipötz gab's auf Steuerzahlerkosten eine andere Lösung:

Nachdem er keinen Einfluß auf die Gestaltung der Einladungen hatte, ließ er eine zweite Version herstellen und auch verschikken. Natürlich hatten wir „Sipötz" auf die Einladungen gedruckt.

Die Veranstaltung war ein Riesenerfolg, die Zusammenarbeit mit der Post großartig. Die Begrüßungs- und Dankadresse wurde von einem Vorstandsmitglied des Vereines gehalten. Abmachungsgemäß bat mich dann der Redner ums Wort. Gäste aus Kultur und Wirtschaft waren zahlreich aus ganz Österreich gekommen. Der neue und der frühere Verkehrsminister waren da, Lacina und Übleis. Ich erlaubte mir als Obmann der Organisation ein wenig das Geheimnis dieser Gemeinschaft zu lüften. Ich wagte es, zu sagen, daß Erfolg in erster Linie darin läge, daß sich hier eine Gruppe von Individualisten zusammenfand, die — alle im Berufsleben erfolgreich — aus Freude an der gemeinsamen Sache sich diesem Engagement um die Region, um den Fremdenverkehr verschrieben haben; und daß es uns gelungen wäre, die Österreichische Galerie zehn Jahre lang an diese Region zu binden. Es wäre uns auch gelungen, viele Freunde jenseits der Grenzen zu finden. Der Erfolg gäbe uns Mut, weiterzutun, unentgeltlich, aus Freude am gemeinsamen Gelingen.

Und daß es kein Zufall wäre, daß das alles im Lieblingsschloß Maria Theresias stattfände. Und wie *sie* den Intrigen ihrer Zeit mit Toleranz und Fairneß begegnete, so seien Toleranz und Fairneß auch die Grundlagen unserer erfolgreichen Zusammenarbeit. Daß es im Vertrauen zueinander keiner schriftlichen Verträge bedürfe. Daß der gemeinsame Erfolg für die Region uns den Mut gäbe, diese Arbeit weiter zu leisten, ohne Befehle und ohne Weisungen, einfach aus Freude am Positiven.

Mehr habe ich nicht gebraucht.

Ich merkte schon während der Rede, wie die Gesichter in der ersten Reihe immer länger wurden, wie der Landeshauptmann nervös von einem Bein aufs andere trat. Und wie die Unvoreingenommenen mit Begeisterung mitgingen. Die Glückwünsche im Anschluß waren herzlich, die Begeisterung deutlich zu spüren.

Nur eine Clique hatte sich abgesondert, nicht ohne sich vorher am Büffet „meiner" Gastgewerbeschule noch kräftig zu bedienen. Ich erfuhr zwei Tage später: in diesem Augenblick hatten sie beschlossen, mich als Klubobmann abzusetzen. Sieben Tage später war es dann soweit.

Sie halten Freiheit, Selbständigkeit, Leistung, positives Handeln einfach nicht aus. Da schalten sie die Vernichtungsmaschinerie ein, da muß alles beseitigt werden.

Sie haben dazu ihre Büttel, die sich für Versprechungen, für ein besseres Salär, für Subventionen hergeben. Im Bezirk Neusiedl sind es in erster Linie einige Pseudointellektuelle. Sie machen sich auf diese Art bei den Mächtigen verdient: um zu verdienen.

Ich glaube, eines hat sie so besonders gereizt und verstört. Ich bin ihren Verhinderungen und Intrigen sehr lange ausgewichen. Ich habe sie mitten in einer „inferioren Funktion" im Sinne C.G. Jungs getroffen, in ihrem genauen Wissen, daß die Menschen sie als Politiker letztlich gar nicht brauchen. Sie waren angesichts der Initiative der Bürger als entbehrlich entlarvt, als überflüssig, als hinderlich, als Bremser, Verhinderer; nicht als Förderer, geschweige denn als Initiatoren. Ihr Plan der Gewalt und Verhinderung war nicht aufgegangen.

Eine Woche danach war ich den „Klubobmann" los. Ich habe ihr Vertrauen verloren. Ich weigere mich, es je besessen zu haben!

Hinter vorgehaltener Hand wurde mir unter den Abgeordneten als Grund angegeben, ich habe bei der Postausstellung „den Kulturlandesrat gewatschnet". Meine Rede ist aufgezeichnet: Ich habe niemanden gewatschnet. Offenbar hat das schlechte Gewissen sie doch gedrückt. Das spräche wieder für sie.

Die überregionale Medienberichterstattung hatte sich schon lange Halbturns bemächtigt. Einen Ordner voll von Ausschnitten, einen Korb voll von Mitschnitten könnte ich vorweisen. Und allein schon damit die späteren Aussagen des Bundeskanzlers und der übereifrigen Genossin Zipser widerlegen: Über die Matysek schrieben die Medien erst, seit sie gegen die Partei agierte. Wobei ich als Fußnote anbringen möchte: Ich habe nie gegen die Partei agiert. Ich habe stets versucht, die Partei vor der tödlichen Umklammerung der Apparatschiks zu retten. Und am Leben zu erhalten. Es ist mir nicht gelungen.

Das Schauerspiel um Halbturn geht bis zum heutigen Tag weiter. Der Vereinsvorstand schrieb an die Kulturabteilung, wir erklärten uns auch für das nächste Jahr bereit, eine Ausstellung zu organisieren und so weiter. Landesrat Sipötz antwortete mit einem schnoddrigen Brief. Wir stellten uns (angesichts der vielen Fragezeichen, die Sipötz' Schreibweise mit sich brachte) darauf ein, unsere Ausstellung in Zusammenarbeit mit der Österreichischen Galerie zu organisieren.

Es sollte anders kommen: Apparatschik greift in „bewährter" Weise ein. Den wissenschaftlichen Berater der Postausstellung hat Sipötz nach Eröffnung nicht mehr gebraucht. Er ließ ihn fallen. Die ihm versprochenen 100.000 Schilling mehr hat er nie bezahlt. Das heißt, der Gute (oder Arme) hing nun auch mit dem anderen Betrag in der Luft, Sipötz mußte die 400.000 Schilling des Landes an den Verein bezahlen. Der Mann mußte nun zu uns pilgern. Sipötz schrieb uns einen Brief, daß jener Mann sich bei ihm beklagt hätte, von uns kein Geld zu bekommen und er nun vermittelnd eingreifen wolle. Schlimm, wenn Lüge und Intrige sich potenzieren.

Die Mitglieder im Vereinsvorstand fühlten sich gedemütigt und brüskiert. Die Intrige spann sich fort.

Sipötz mußte, Lehrsatz sieben der Sinowatz-Schule, einen Partner „herausbrechen". Das gelang ihm. Er schrieb dem Hofrat also, er ließe ihn mit dem Regierungswagen von Wien nach Eisenstadt bitten. Wem gefiele das nicht? Auch unser Hofrat von der Österreichischen Galerie fiel darauf herein. Ja, es wurde zum ersten Mal in einer Presseaussendung davon gesprochen, das Burgenland plane — gemeinsam mit der Österreichischen Galerie — eine Landesausstellung in Halbturn. Eine Exposition über Hans Makart. Der Leser weiß es ja bereits: Natürlich hatte die Österreichische Galerie den Makart mit unserem Verein geplant . . .

Wir entschlossen uns im Jahr danach, unter denselben demütigenden Bedingungen weiterzumachen. Auch die Ausstellung „Wien um 1900" verkaufte Sipötz als „Landesausstellung". Um jene drei Millionen Schilling, die er der Öffentlichkeit verrechnete, hätte man — neben der sehr billig organisierten Ausstellung — eine weitere, wunderbar themenbezogene Ausstellung im Hauptgebäude des Schlosses zeigen können. Der Verein hat Sipötz diesen Vorschlag gemacht. Der lehnte ab. Als in der Budgetdebatte der Landtagspräsident der ÖVP unsere Aktivitäten für die Region hervorhob, stellte sich Sipötz dreist ans Rednerpult und höhnte: „Ich kenne den Verein nicht. Er hat sich bei mir noch nicht vorgestellt!" Ich frage mich: Wie lange muß man dazu noch schweigen?

Die Aktivitäten des Vereins erstrecken sich auch auf den Bereich Fremdenverkehr. So gelang es uns, gemeinsam mit der Universität für Bodenkultur und der Agrarwirtschaft eine Studie zum Thema „Landwirtschaft für die Region nordöstliches Flach- und Hügelland" zu erarbeiten. Zu einer Diskussionsveranstaltung darüber lud ich den Landtag sowie den Landeshauptmann ein. Nachdem mir laufend, speziell von Landesrat Sipötz, Ideen abspenstig gemacht wurden, betonte ich, daß ich dem Landeshauptmann nur die Hülle der Studie überreiche, weil diese Art Ideentransfer von mir nicht besonders geschätzt werde.

Die Podiumsdiskussion in Mönchhof fand unter großem Interesse vor allem auch der Experten statt. Und brachte weit über Partei- und regionale Grenzen großen Erfolg. Sensationell, daß die als radikal verschriene Gruppe „Notwehrgemeinschaft der Bauern" (Grenzblockade Nickelsdorf) spontan an diesem Projekt mitarbeiten wollte. Die Medien nahmen die Veranstaltung und die Meldung mit größtem Interesse auf. Wie haben die Genossen reagiert? Sie haben beschlossen, die Podiumsdiskussion zu boykottieren. Kein Sozialist dürfe daran teilnehmen. Vor allem kein Abgeordneter.

Unerhörtes erfuhr ich zwei Tage später. Es war im April 1987. Der Personalvertreter der sozialistischen Lehrer stellte eine Professorin meiner Schule zur Rede: Wieso sie an dieser Veranstaltung teilgenommen habe, die doch augenscheinlich gegen die Sozialisten des Landes gerichtet wäre!

In der Zwischenzeit ist uns etwas sehr Schönes gelungen: Eine Woche vor der „Landesausstellung", die keine ist, eröffneten wir „Egon Schiele" im Haupttrakt des Schlosses. Sehr viele Gäste, viel Prominenz, eine glanzvolle Stimmung. Natürlich war auch diese Veranstaltung von sozialistischen Abgeordneten boykottiert worden. Nicht einer fand es der Mühe wert, dorthin zu gehen. Ein Besucher dazu: „Es ist so wohltuend, ohne Politiker unter sich sein zu können, in einem so schönen Rahmen bei einer so bedeutungsvollen Sache."

Ich muß vor der Tatsache kapitulieren, daß positive Leistungen, beste Absichten, das Engagement für Menschen immer wieder in den Schmutz gezerrt werden. Nicht die Medien, Genosse Sinowatz, „breiten den Negativismus aus". Das sind schon andere Typen. Du kennst sie genau.

Als ich einem Lehrerkollegen vorschlug, anstatt seiner Intrigen und Angriffe doch endlich etwas Positives zu tun, starrte er mich entsetzt an, als verlange ich etwas Unanständiges von ihm. Und verließ wortlos meine Kanzlei. Es ist ihnen vieles gelungen. Etwa: Mich zu kriminalisieren. Mit Dreck zu beschütten. Mich als Frau mit jeder Menge Verhältnisse zu schmücken. Zu behaupten, zuwenig gearbeitet oder geleistet zu haben.

Als Querulantin vernadert zu werden. Verunglückte Rednerin, diese Karrieresüchtige. Diese Mediengeile.

Ich frage mich, warum haben sie denn immer noch Angst vor mir? Warum bedrohen sie mich?

Wenn es schon eines ganzen Apparates bedarf — laut Sinowatz und Stix des bestorganisierten SPÖ-Apparats der Republik —, und das mehr als anderthalb Jahre, um eine einzelne schwache Frau zu vernichten, frage ich mich, wenn mehrere im Burgenland und in Österreich aufstehen, wie schafft euer Apparat es dann? Das wäre die Chance, das ist die Hoffnung. Und die gebe ich nicht auf!

Die Entfremdung

Zurück zur Zeit, als ich noch Klubobmann war und sich die ersten Mediengewitter über dem Burgenland gelegt hatten.

Kerys Fürstentum am Eisernen Vorhang konnte damals wieder aufatmen. Die „Medien-Mafia" (Kery) hatte ihr Pulver verschossen. Fred Sinowatz' gesicherte Erkenntnis aus dem Handorakel der politischen Weltklugheit hatte sich einmal mehr unter Beweis gestellt: „Die Zeitungen sollen schreiben, was sie wollen, sie werden schon wieder aufhören, denn irgendwann müssen sie sich doch wieder anderen Themen zuwenden!"

„Extrablatt" und „profil", sekundiert von den Tageszeitungen, füllten ihre Spalten nicht mehr mit Stories über die „Sexspiele" („profil") des Landesrates Helmut Vogl, über die Eskapaden des Landtagspräsidenten und „Freund des schönen Geschlechts" (Oberwarter Zeitung) Mathias Pinter, den österreichweit bekannten Landtagsabgeordneten Kurz (Sinowatz später: „Der arme Kurz hat müssen daran glauben!"), sie schrieben nicht mehr über die großzügigen Firmengeschenke an Politiker, die sich als „Bluathaberer" definierten und an Geschenkannahme nichts fanden, weil die Firmen das „eh wieder übers G'schäft reinkriegen".

Burgenland im Regierungsjahr Nummer 18 des Theodor Kery richtete sich wieder darauf ein, in medialer Windstille die reichlich sprießenden Sumpfdotterblumen zu gießen. Nichts war mehr so wie früher. Alles war dabei, wieder seinen geordneten Gang zu gehen. Ordnung hat zu sein in Kerys Reich. Denn kaum zwei Jahre später, nachdem für die burgenländischen Bluat- und Machthaberer in Eisenstadt und Wien sehr vieles recht ordentlich durcheinandergekommen war, entrang sich der gequälten demokratischen Seele eines der glorreichen Sieben, Ferdinand Grandits, der Stoßseufzer. „Es muß wieder Ordnung gemacht werden!"

Zum innersten Kreis des burgenländischen Herrschaftssystems gehören die sieben Bezirksparteiobmänner der Mehrheitspartei SPÖ, die sogenannten Bezirkskaiser: Es sind dies: Ferdinand Grandits (Güssing), Alois Lang (Jennersdorf), Josef Peck (Neusiedl), Matthias Pinter (Mattersburg), Alois Gossi (Oberwart), Theodor Kery (Oberpullendorf) und Alfred Sinowatz (Eisenstadt).

Hatte ich mich geirrt?

Es war die Zeit, als ich das zynische Spiel der Macht mit Menschenschicksalen zu durchschauen begann. Ich stand vor dem Scherbenhaufen meiner Illusionen. Das Erkennen traf mich wie ein Keulenschlag.

Die Menschen, in denen sie Hoffnung weckten, waren ihnen egal. Die Versprechen, die sie täglich gaben, dachten sie nicht einen Augenblick lang zu halten.

In der ersten Parteivorstandssitzung nach der Wahl 1982 sprachen Kanzler und Landeshauptmann nicht davon, ein Versprechen einzulösen; sie meinten unisono, mit dem heutigen Tag begänne der neue Wahlkampf.

Eine Zeitlang machte ich das Theater mit, weil ich dachte, ich hätte mich geirrt. Ich flüchtete mich in Arbeit, mied ihr Getue, ihr Geschwätz, ihre Intrigen. Ich begann allerdings als Klubobmann, sie mit Arbeit zu überhäufen, sie zu überfordern. Begann, sie als Fremde zu beobachten, ihre leeren Worte und ihre beinharten Interessen. Sie hatten über Nacht verspielt. Vorbei meine Naivität, meine sträfliche Toleranz ihnen gegenüber. Ich sah, wie einige von ihnen waren: besoffen, kotzend, billig und ordinär. Ich sah plötzlich, daß sie in gar keinen anderen Kategorien denken konnten als in Positionen, in Wahlkämpfen, in Mandaten, in der Verbesserung der eigenen Lage. Ich begann mich rasend schnell von ihnen zu entfernen. Und mich über meine eigene Einfalt zu wundern. Wie hatte ich je so naiv sein können, zu glauben, sie wären an Leistung, an Wahrheit, an demokratischem Engagement interessiert?

In Wahrheit funktioniert das System anders. Der Selbstbedienungsladen bringt Macht und Geld über ein politisches Mandat. Über die Machtpositionen kommen sie ans Geld, mit dem sie sich Stimmen, Sympathien erkaufen und so die eigene Position absichern und festigen. Und immer mehr Abhängigkeiten schaffen. Je mehr Abhängige in diesem Netz zappeln, um so gesicherter ist die eigene Position.

Ihr müßt lernen, das System zu durchschauen. Dann erkennt ihr auch die Spitzel, die Handlanger, die Helfershelfer und die Abhängig-Gemachten. Sie sitzen in Ämtern, Behörden, verstaatlichten Betrieben, Kammern, Versicherungen, in mächtigen Positionen mit Einfluß und Geld. Eurem Geld meistens.

Sie sichern die Macht-Haberer, die sich ihrer sicher sein können. Ein Geschäft auf Gegenseitigkeit. Ein paar Telefonate, ein paar persönlich gehaltene, meist handgeschriebene Zeilen, und die Maschinerie läuft wie „geschmiert".

Auf diese Art laufen Erledigungen persönlicher und personeller Art, aber auch „Erledigungen" unliebsamer Personen.

Die Erkenntnis kam hart. Brutal. Der Preis war die Unbefangenheit, die Unbekümmertheit. Gewisse Personen, nicht besonders begabt, nicht besonders intelligent, aber unverfroren und brutal, nicht besonders profiliert. Sie bewältigten sich eines Machtapparates, eines Parteiapparates mit ursprünglich humanistischen Grundideen zum Kampf gegen Abhängigkeiten, Privilegien und Ausbeutung. Sie drehten den Spieß um. Verfügten über Positionen, Mittel und Kontakte und schafften sich ein Netz von Verpflichteten, das zu Gegenleistungen aller Art (auch von Frauen) verpflichtet. Verpflichtet zu Parteispenden, verpflichtet zu entsprechender Medienberichterstattung (hat im Burgenland lange Zeit beinahe perfekt geklappt), verpflichtet bis hin in die hohe Gerichtsbarkeit. Der Staatsbürger ist auf Gedeih und Verderb ausgeliefert, wird bespitzelt, ist kontrolliert, erpreßbar. Und dazu brauchte man nicht einmal zwanzig Jahre.

DIE MANÖVER

Aufbegehren in Kerys Fürstentum

Angefangen hat es mit den „Bluathaberer"-Geschichten in den Medien. Es folgten die Cap-Fragen. Dann war Ruhe vor dem Sturm.

Nach außen.

Nach innen gab es die innere Abdankung Kerys, die Formierung der Diadochen, die Bemächtigung durch Sinowatz. Das Scheitern Gerald Maders.

Der Rücktritt Maders schlug wie ein Blitz ein. Unmittelbarer Anlaß für seinen Schritt war eine typische Kery-Aktion. Er handelte, um einer Frau zu gefallen, und machte deren Mann — über die Kompetenz Maders und die Richtlinien hinweg — zum Primarius am Oberwarter Krankenhaus. Ein Pathologe blieb auf der Strecke, der interimistische Primar war düpiert und brüskiert, ausgeschaltet. Das Krankenhauspersonal, eine mutige Betriebsrätin an der Spitze, rebellierte. Aufbegehren in Kerys Fürstentum?

Mader, Rechtsanwalt aus Mattersburg, war immer ein Außenseiter innerhalb der Regierung gewesen. Er versuchte, ein eigenes Spiel zu spielen, und hatte sehr gute Kontakte zu den eher links orientierten Bundespolitikern, zu den „Kronprinzen" Charlie Blecha und Heinz Fischer, zu Alfred Dallinger. Er verfolgte offensichtlich eine eigene Strategie. Eines Tages, spätabends, erhielt ich seinen Anruf. Er dächte an seinen Rücktritt. Er hätte Kery einen Brief geschrieben. Für mich kam das völlig überraschend. Außerdem konnte ich seinen wirren Worten nicht folgen und die tieferen Ursachen nicht erkennen. Es war mein Fehler, daß ich sie nicht ganz ernst nahm. Ich sollte das später bitter bereuen.

Ich riet ihm nur, sich das Ganze noch einmal zu überlegen und fairerweise die Sache in einem Gespräch mit dem Landeshauptmann zu klären. Dies wäre, so meinte er, nicht mehr möglich.

Tags darauf wurde mein Bundesschulzentrum in Neusiedl am See eröffnet. Ich hatte Maders Ankündigung wieder weggesteckt. Die gesamte Bundesschulprominenz war vertreten, eine eindrucksvolle Veranstaltung, ein großer Tag für Lehrer, Schüler und für mich.

Mitten in das Festessen platzte die Nachricht, Mader wäre zurückgetreten. Am Abend desselben Tages fand im Landwehrstammregiment Bruckneudorf eine Angelobungsfeier der Jungmänner statt. Der Landeshauptmann benahm sich verhalten. Noch konnte ich den tieferen Sinn nicht deuten. Ab diesem Augenblick hatten die Intrigen der Sinowatz-Clique gegen mich einzusetzen begonnen. Ich erfuhr zum Beispiel im nachhinein, in Ämtern und unter den Chauffeuren der Regierungsmitglieder liefen bereits Wetten, daß der einzige mögliche Kulturlandesrat nach Mader nur Matysek heißen könne. Damit gereichten mir zum ersten Mal meine Aktivitäten im Kulturbereich zum unmittelbaren Nachteil. Ob Mader schon zu diesem Zeitpunkt versucht hat, gegen mich Stimmung zu machen, kann ich nicht beurteilen.

Eines steht fest: Er rief mich ein paar Tage danach an und bat mich, verschiedenen Journalisten Interviews zu geben, um seine Linie zu unterstützen. Er selbst machte am laufenden Band kryptische Andeutungen von wegen „Auspacken", was er allerdings nie tat. Daraufhin setzte ein ziemlich intensives Journalisteninteresse an mir ein, das ich damals nicht als von Mader gesteuert durchschaute. Ich gab der „Wochenpresse", dem „Kurier", dem Fernsehen Interviews, vertrat meinen Standpunkt zur politischen Situation im Burgenland. Wobei ich den Schritt Maders als nicht absolut richtig darstellte. Man könne sich nicht einfach davonmachen, wenn man etwas verändern will. Was Mader nicht behagt hat.

„Basta". Aus — Schluß!

Dann trat Susi Riegler mit „Basta" auf den Plan. Mit fatalen Folgen! Die Journalistin rief mich an und bat um ein Interview.

Sie fände niemanden im Land, der sich traue, etwas zum Mader-Rücktritt zu sagen. Nun, an Zivilcourage hat's mir noch nie gefehlt. Ich gab ihr die Möglichkeit, mit mir zu reden. Sie kam mit einem Fotografen. Wir trafen einander in einem Gasthaus in Bruckneudorf. Auf eine Stunde, da ich hinterher zu einer Fraktionssitzung im Bruckneudorfer Gemeinderat mußte.

Susi Riegler stellte mir gezielte Fragen, aus denen ich erkannte, daß sie ein immenses Wissen über das Privatleben des Landeshauptmannes hatte, über seine Waffensammlung, über seine Frau. Ich beantwortete ihre Fragen nicht wie erwartet...

Sie machte sich Notizen und fragte mich dezidiert nach Kerys Waffensammlung, über die ich ihr keine Auskunft geben konnte. Darüber hinaus fragte sie mich nach Kerys Verhältnissen.

Erst viel später sollte ich erfahren, daß Mader einen Kontakt zwischen der ziemlich verbitterten, weil kompromittierten Frau Kery und Susi Riegler hergestellt hatte, den die Journalistin benützte, sich in Kerys Haus genau nach allen Waffen umzusehen und die hochbrisanten Schnellfeuer-Militärwaffen, darunter eine Voere und eine russische Schpragin mit 900 Schuß pro Minute, für die es absolut keine Bewilligungen für Privatpersonen gibt, zu fotografieren.

Ich vereinbarte mit Riegler noch, daß sie mir das Interview zum Abzeichnen sende, und ging zur Fraktionssitzung. Tags darauf wartete ich auf ihren vereinbarten Anruf, der nicht kam. Also rief ich sie an und bat sie um das versprochene Interview. Sie meinte, daß sie im Augenblick noch nicht so weit wäre und mich spätabends zurückrufen würde, um es mir vorzulesen. Der Anruf kam nicht. Anderntags rief ich sie wieder an. Sie meinte, das Interview wäre ganz harmlos, „recht liab", und ich solle mir keine Sorgen machen. Dennoch bestand ich darauf, daß sie es mir vorlese. Sie: Es wäre jetzt in der Druckerei...

Einen Tag später erfuhr ich von einem Journalisten, daß das Interview von mir im „Basta" starker Tobak wäre, er besäße den Bürstenabzug. Ich vereinbarte sofort mit ihm einen Treff, jagte nach Wien und war schockiert. Das Interview enthielt zwar mein Foto, aber bis auf wenige Passagen weder meine Meinung noch meine Antworten.

Ich versuchte, das Erscheinen zu stoppen, versuchte, Frau Riegler zu erreichen, was mir nicht gelang. Und dann begannen sich die Ereignisse zu überstürzen.

Zwei Tage später war eine Sitzung des Parteivorstandes angesetzt. Mir war klar, daß ich das „Interview" einklagen mußte. Ich rief Landesrat Karl Stix an und schilderte ihm die Situation. Er stellte sich unwissend (im nachhinein wird mir so manches klar!) und riet mir zuerst zu Anwalt Dr. Schachter, meinte aber dann, daß dieser vielleicht nicht sehr geeignet wäre. Ich möge mir jemand anderen suchen. Stix sagte mir, daß er nicht gewußt hätte, daß das Interview von mir im „Basta" erschiene. Er wüßte nur, daß eine große Waffenstory im Zusammenhang mit dem Landeshauptmann käme — von Mader lanciert. Am selben Tag erfuhr ich vom Bürgermeister von Weiden, daß er in einer Hypo-Kuratoriumssitzung von Stix darauf aufmerksam gemacht worden wäre, er möge sich doch „Basta" kaufen; da ginge die Matysek den Kery frontal an.

Welche Rolle spielt Stix?

In meiner Verzweiflung versuchte ich, den Landeshauptmann zu erreichen, was mir auch tatsächlich gelang. Er hatte Sitzung im Landesschulrat. Ich fuhr mit dem Bürstenabzug hin — „Basta" war noch nicht am Kiosk — und bat ihn, sich fünf Minuten Zeit zu nehmen, ich möchte ihm eine Stellungnahme zu diesem Fall abgeben. Er war ziemlich abweisend, aber nicht absolut unfreundlich. Er wäre auf dem Weg nach Neusiedl. Daher vereinbarte ich, daß ich mit ihm in seinem Dienstwagen bis Winden fahre und Sekretär Frasz mit meinem Auto nachkäme. Während der Fahrt erklärte ich ihm das Zustandekommen des Interviews. Und er selber gab zu, daß die Antworten, die man mir unterschob, absolut nicht meiner Diktion entsprächen.

Aber da hat die Maschinerie schon zu laufen begonnen. Und dieses Interview war offensichtlich nicht nur im Sinn des Gerald Mader als Verstärker gegen Kery für den nahen Güssinger Parteitag gedacht; dieses Interview kam klarerweise auch einigen meiner politischen „Freunde" innerhalb der Sinowatz-Clique, die ich mir spätestens seit dem Vogl-Flug zu erbitterten Feinden gemacht hatte, sehr zustatten.

Ein Telefonanruf folgte dem anderen. Interessanterweise auch einer aus der Parteizentrale. Es war der Parteijournalist Koch, der mir nahelegte, mich an der morgigen Parteikonferenz in Güssing nicht zu Wort zu melden. Es gäbe ein Tonband, auf dem ich über Kery grauenhafte Äußerungen getan hätte. Man habe Unterlagen gegen mich, die mich vernichten würden. Es war das erste und letzte Mal überhaupt, daß mich Koch privat angerufen hat. Ich versuchte, „Basta"-Chefredakteur Fellner zu erreichen. Er behauptete, es gäbe von diesem Interview eine Tonbandaufzeichnung. Ich täte gut daran, zu den gedruckten Äußerungen zu stehen, ansonsten würde die Transkription des Tonbands veröffentlicht werden.

Ich reagierte in Form einer APA-Presseaussendung, in der ich mich von diesem „Interview" vollinhaltlich distanzierte und vereinbarte mit Fellner und mit Frau Riegler für den kommenden Montag ein Treffen, um diese Angelegenheit zu bereinigen. Außerdem hatte Fellner den Fotografen als Zeugen nominiert, der beweisen sollte, daß ich viel Ärgeres gesagt hätte. Ich wußte, daß dem nicht so war.

Die Lage hatte sich für Kery und Genossen gefährlich zugespitzt. An der Parteibasis rumorte es. Ein Parteitag, genauer eine „Informationskonferenz" der SPÖ im Kulturzentrum Güssing, drohte für Kery zum Stolperdraht zu werden. Mader sprach immer noch groß vom „Auspacken", die Waffengeschichte und das Bekanntwerden schwerst verbotener Kriegswaffen (mehr als dreißig Stück) in Kerys Kobersdorfer Arsenal waren durch sämtliche Zeitungen Österreichs und über den ORF gegangen. Kery war angeschlagen wie nie zuvor. Es war eher wahrscheinlich, daß Kery Güssing nicht „überlebte". Kerys Kopf stand auf dem Spiel. Es mußte etwas geschehen.

Und wieder ging man generalstabsmäßig vor: Man versuchte, die Öffentlichkeit unter Zuhilfenahme falsch informierter Journalisten über falsche Strafanzeigen zu täuschen.

Der Bürochef des Landeshauptmanns wußte schon mehr. „Lies in den nächsten Tagen die Kronen-Zeitung. Die bringen die Partei um." Ich las: „In Kerys Villa drangen zwei als Frauen verkleidete Männer ein. Kery erstattete Strafanzeige, spricht von echten Profis und Cosa Nostra. Er sei das Opfer einer Sudelkampagne mit kriminellen Akzenten."

Ich bin fassungslos. Mir graut. Mikacs dazu:

„Ausgeheckt haben das der Stix, der Landeshauptmann und der Sipötz, gemeinsam mit dem Kojan. Es ist überhaupt ein Skandal, daß ein Parteijournalist gleichzeitig für die ‚Kronenzeitung' schreibt. Aber so rennt das eben. Dann haben sie mit dem Kindermann telefoniert, und der hat mich angerufen. Ich hab ihn dann noch besänftigt und wollte ihm eigentlich die Falschmeldung ersparen, aber der Kindermann heißt net umsonst Kindermann."

Der Pius Stobl hat ja versucht, mich anzulügen, und die Frau Kery auch. Aber mir reicht's, ab Mitte Juli gehe ich auf Urlaub, und im September komme ich nicht mehr. Ich bin gerade nur da, um den Chef dauernd zu decken. Das ist kein Arbeiten mehr. Er weiß genau, daß er ohne mich keine Chance hat.

Seit 14 Tagen befindet sich die Partei in Vergatterung, alles wegen der Waffen. Alles nur wegen diesem Alten, der mit Kriegswaffen spielt und ein Uniformfetischist ist. Ich werde trachten, daß die Wahrheit an den Tag kommt. Da mache ich nicht mehr mit. Das kann ich nimmer verantworten. Ein Bundeskanzler, der sich an Nazi verkauft, dem kann man nicht mehr die Treue halten. Eine linke Partie, eine Männergesellschaft, wo alles andere erniedrigt wird. Mir ist das Ausmaß dieser Verbrechen erst jetzt bewußt geworden. Der Vogl hat unter Androhung von Nichtgewährung von Darlehen Frauen reihenweise erpreßt. Das sind Visionen einer herrlichen Partei!"

Am Freitag noch machte der „Kurier" mit mir ein Interview, ich bat, es erst nach dem Parteitag zu veröffentlichen. Der Journalist riet mir, angesichts der Ereignisse, es doch in die Samstag-Ausgabe zu tun.

Als das Gerücht durchzusickern begann, der Einbruch könnte keiner gewesen sein, meinte Landesrat Stix dazu: „Das ist eine riesige Frechheit!"

In der „Kronenzeitung" erschien eine groß aufgemotzte Geschichte über einen „Skandal". Unbekannte, als Frauen verkleidete Männer wären in Kerys Wohnhaus eingebrochen. Wörtlich war von „Mafia" die Rede, sie hätten dort die Waffensammlung fotografiert. Die „Einbruchslüge von Kobersdorf". Kerys wunderbare, wie bestellte Errettung. Der Landeshauptmann als Opfer der Mafia!

Aber das war noch nicht alles. Auf Anraten von Sinowatz trennt sich Kery einen Tag vor dem Güssinger Parteitag sehr spektakulär von seiner Waffensammlung. Mit Unterstützung der Landesfrauenvorsitzenden Zipser wurden Medien und Öffentlichkeit wieder einmal getäuscht. In einem Brief, den ORF-Chefredakteur Robert Heger in ZiB 1 verlesen mußte, schrieb Kery an Zipser: „Liebe Elli . . ."; er habe vom Wunsch der Frauen gehört, sich von seinen Waffen zu trennen. Er werde es tun. Damit war es gelungen, den tags darauf erscheinenden „Basta"-Artikel über sein Waffenarsenal zu entschärfen, die Frauen ruhig zu stellen, die Medien zu täuschen.

„AZ"-Journalisten schrieben erleichtert: „Kery trennt sich von seinen Waffen." Der Kurier: „Kery verzichtet nun auf sein Waffenarsenal." Der Parteitag war gerettet.

Kery im Inlandsreport am 5. September, neun Monate später, auf Journalistenfragen: „Ich denke nicht daran, mich von den Waffen zu trennen. Das geht niemanden etwas an!"

Samstag, sehr zeitig in der Früh, fuhr ich mit Genossen im Autobus nach Güssing. Es war eine Spießrutenfahrt. Besonders der Bezirksobmann, der von der ÖVP konvertierte Nationalrat Peck und ein besonders willfähriges Werkzeug der Sinowatz-Clique, attackierte mich bereits im Autobus und machte im Zusammenhang mit dem Kurier-Interview hämische Bemerkungen. In Güssing merkte ich zum ersten Male, daß viele meiner Freunde mich zu meiden begannen. Noch nie waren so viele Journalisten zu einer burgenländischen SPÖ-Veranstaltung gekommen.

Ich hatte mir tatsächlich vorgenommen, nicht zu sprechen, und hatte mich auch zu keiner Wortmeldung vorbereitet. Alles konzentrierte sich auf den Auftritt von Gerald Mader. Was würde er tun? Ein Wort des Aufrufes würde genügen, ein Wort der Ermunterung zur Zivilcourage, die er mit seinem Rücktritt ja angedeutet hatte, und das Machthabersystem der Bluathaberer geriete ins Wanken und bräche über mehr kurz als lang wie der tönerne Koloß zusammen.

Mader gab alles aus der Hand. Seine Rede in Güssing wurde zur verständnisheischenden Entschuldigungselegie. Ein total veränderter Kery, weil um ein Felsengebirge erleichtert, dankte es am Ende Mader: „Deine Zukunft ist gesichert, Dein Pensionsgesuch habe ich unterschrieben!"

Der Parteitag geriet nach Maders Abgesang zu einer großdimensionalen Schelte an die Adresse der Medien, die es in einer noch nie dagewesenen Schmutzkampagne nur auf die Zerstörung der für das Burgenland so unendlich wertvollen SPÖ abgesehen hätten.

Etwas Mutigere, die innerparteiliche Diskussionen nicht leugnen wollten, appellierten flammend an die Delegierten, Meinungsverschiedenheiten doch innerhalb der Gremien auszutragen. Wenn man schon kritisieren wolle, dann doch um Himmels willen in den Gremien und nicht profilierungs- und karrieresüchtig in den Medien (das galt mir), die sich doch nur ein Gaudium daraus machten.

Eine frischgebackene Schuldirektorin des mittleren Burgenlandes trat ans Rednerpult und ereiferte sich über die Niederträchtigkeit eines Gerüchtes unter den Genossen, sie hätte diesen Posten nur aufgrund einer besonders delikaten Hingebung an den obersten Schulherrn des Landes erhalten. Empörte Zustimmung und zustimmende Empörung im Saal blieben bezeichnenderweise aus.

Die Rede des Bundeskanzlers war doktrinär und streckenweise aggressiv, mit kaum verhüllten Vorwürfen gegen die sogenannten „Kritiker", Medien und Abtrünnigen. Vor 700 Funktionären verteidigte er seinen „Freund Theo" und wies auf die „Ungeheuerlichkeit" des Einbruches von Kobersdorf hin. Er beschwor Einigkeit, Theodor Kery sei Opfer einer Art Mafia, man wolle ihn umbringen. Die Einigkeitsappelle gingen so weit, daß die „herrliche Partei" (wörtlich!) des Burgenlandes als „leuchtendes Beispiel" (wörtlich!) dargestellt wurde. Und Fred Sinowatz donnerte in den Saal (eine für die weitere innenpolitische Diskussion folgenschwere und daher wiederholt abgestrittene) Bemerkung, daß wir alle ohne die Partei nichts wären. Die Partei aber alles wäre.

Das gab für mich den Ausschlag, doch eine Wortmeldung abzugeben.

Fred Sinowatz war am Ausgang des Saales stehengeblieben, was ich damals nicht wußte, um sich *meine* Rede anzuhören. Man hat es mir hinterher erzählt. Ich ging auf einige Punkte seiner Ausführungen ein, vor allem auf jenen, daß wir ohne Partei nichts wären... Sagte, ich wäre nicht der Meinung des Kanzlers, meinte, daß eine Partei erst recht das ist, was alle Funktionäre an Kraft, Ideen, an Leistung bereit sind, einzubringen. Ich war über den Applaus der Funktionäre in dieser kritischen Situation überrascht. Vielleicht hat er mir das bis heute nicht verziehen: „Die Matysek gehört weg, die verhetzt die Funktionäre!" hat er zu Umstehenden am Ausgang des Saales gesagt.

Nur kurz noch zur „Basta"-Sache. Am Montag, beim Treff mit der Journalistin Susi Riegler, war Chefredakteur Fellner nicht anwesend. Erst nach Telefonaten kam er. Das ominöse Tonband brachte er nicht mit. Er wiederholte aber, daß auf dem Tonband Äußerungen über Kerys Drogensucht und zu seinen Weibergeschichten zu hören wären. Ich verlangte von ihm die Berichtigung des „Interviews", was er nicht akzeptierte.

Also blieb mir einzig der Weg der Klage. Der von Riegler angegebene Zeuge, der Fotograf, stellte sich als schwerhörig heraus und konnte aus dem Gespräch absolut nichts wiedergeben.

„Basta" wurde verurteilt. Ich hatte meinen Freunden im Klub unmittelbar nach dem Parteitag gesagt, daß die Äußerungen im „Basta" nicht von mir stammten und ich daher klagen würde. Das hat mir niemand geglaubt. Für mich war die Sache vorderhand erledigt. Ich hatte so viele Projekte laufen, daß ich mich um diese Dinge nicht mehr kümmern konnte.

Güssing war also vorbei. Kery hatte noch einmal seinen Kopf aus der Schlinge ziehen können, er war gerettet. Mader war kaltgestellt, er durfte sich als Leiter des Friedensforschungsinstitutes auf die Burg Schlaining zurückziehen. Die „Ordnung" war wiederhergestellt. Gemäß der Sinowatz-Erkenntnis wandten sich die Medien anderen Themen zu.

Ein Zeitungsartikel jedoch brachte Kery richtiggehend auf die Palme. Zum Landesfeiertag St. Martin am 11. November erschien im „Kurier" ein Gespräch mit Diözesanbischof Laszlo. Dieser beklagte unverblümt den moralischen Verfall der Landespolitik und sagte wörtlich: „Freiheit? Wir haben hier doch keine Freiheit!" Politik und Moral hätten sich zu sehr voneinander entfernt. Im Burgenland etwas zu werden oder plötzlich von heute auf morgen „nichts" mehr zu sein, sei zu eng an politisches Wohlverhalten gebunden. Laszlo sprach von einem „beklagenswerten Zustand" und von einem „notwendigen Ausweg aus einer Situation, die wahrhaftig nicht gut ist", eine Situation, „die ich mit Sorge anschaue, unter der wir alle leiden, unter der jeder rechtschaffene Mensch leidet". Mutige, offene und klare Worte einer burgenländischen Autorität.

Ein weiterer Artikel, ebenfalls im „Kurier", erschütterte Kery: Ein Porträt über „des Fürsten letzten Musketier", Hofrat Ernst Mikacs, Insider total, Kerys Büroleiter, Kerys linke und rechte Hand, und vor allem Hirn. Alle wesentlichen Kery-Reden waren aus seiner Feder geflossen.

Was er der Journalistin Marga Swoboda sagte, „zog ihr die Schuhe aus", wie sie es formulierte. Unter anderem: „Ich sag ihm immer alles ins Gesicht. Glauben Sie, daß ich die Pappen halte? Ich schreie lieber herum, bevor ich lüge. Aber ein Politiker wie Kery hatte doch gar nie die Chance, ehrlich zu sein." Er wollte Hilfsarbeiter werden — „das ist der einzige ehrliche Beruf in diesem Land!"

„In diesem Land geht man nur geduckt durchs Leben!" „In diesem Land kann ein Abgeordneter im Landtag besoffen sein wie ein Radiergummi, und die Journalisten finden nichts daran. Sie sitzen mit den Politikern in der Landtagskantine und hören ihnen beim Postenschacher zu. Glauben Sie, irgend so ein Trottel würde das schreiben?" „Was wollen Sie eigentlich von einem 66jährigen, der zu sehr an seiner Würde hängt. Die Würde ist ihm gewachsen wie ein Bart. Die Leute wollen doch politischen Nadelstreif, nicht Ehrlichkeit." „Glauben Sie, mir gefällt Kerys Schießerei? Glauben Sie, ich finde es normal, daß einer herumballert, den Technikwahn hat und mit 66 noch mit dem Motorrad herumkurvt? Ich sag's ihm immer wieder, er soll das lassen, ich bin Pazifist, ich hab was gegen infantile Männerspiele." „In diesem Burgenland wären ein paar Dinge noch schlimmer, wenn ich nicht dagegengerudert wäre!" Ab sofort wurde er als Mader-Komplize verdächtigt.

Kurze Zeit später quittierte Kerys Musketier den Dienst. Er hatte genug. Kery tobte. Ohne Mikacs war er nur noch halb soviel wert. Es half nichts. Mikacs ging. Der Landeshauptmann diagnostizierte: geistige Unzurechnungsfähigkeit des Mikacs. Welch eine kompetente Diagnose.

Für mich lag nach Güssing eine Menge Arbeit an. Unter anderem meine Aktivitäten im Klub — ich wollte die betroffenen Bürger erstmals unmittelbar an der Gesetzgebung teilhaben lassen. Konkret an der neuen Bauordnung des Burgenlandes. Ich lud sämtliche Bürgermeister, Bausachverständige, Gemeinderäte, Architekten, alle Interessierten zu Podiumsdiskussionen zur Bauordnung ein, um aus Vorschlägen und Kritik gemeinsame Unterlagen zusammenzutragen. Kery: „Das ist eine gefährliche Entwicklung!" Ist es wirklich gefährlich, den Bürger mitreden zu lassen?

Wie oft, war mein Plan auch diesmal zum Scheitern verurteilt. Interessanterweise war sowohl im Kulturzentrum Eisenstadt als auch im Süden des Landes, in Bad Tatzmannsdorf, der Besuch der Podiumsdiskussionen großartig, obwohl die ÖVP die Parole ausgegeben hatte, an diesen „sozialistischen Veranstaltungen" nicht teilzunehmen. Die Säle waren überfüllt, die Beteiligung rege und positiv, die Medien angetan. Mir fiel auf, daß der neue Parteisekretär Sipötz eigenartigerweise die Veranstaltungen besuchte und beobachtete. Mir schwante nichts Gutes. Dies um so mehr, als der Parteisekretär Meldungen und

Presseaussendungen machte, als seien sie Arbeit und Ergebnis der Partei. Ich stellte ihn daraufhin zur Rede und reklamierte diese Presseaussendungen sehr wohl für den Klub, was zu einer eher unangenehmen Auseinandersetzung mit ihm führte.

Von diesem Zeitpunkt an bemerkte ich, daß die Partei die Klubarbeit zu torpedieren begann. Ich erhielt allerhand kryptische Warnungen in Richtung Liquidierung meiner Person, von Mikacs, aus der Umgebung des Bundeskanzlers, von meinem Freimaurer-Gewährsmann, ja sogar von Robert Graf.

Ich nahm sie nicht ernst, ging meiner Arbeit nach, unter anderem in Halbturn, wo mich die Vorbereitung der Postausstellung und die Abwehr der Intrigenspiele des neuen Kulturlandesrates ziemlich in Beschlag nahmen.

„Vertrauen hat man oder nicht!"

Am Freitag vor jenem 20. Mai 1985, ihrer „hohlen Gasse von Küßnacht", rief mich eine Journalistin in der Schule an: Ich möge mich vorsehen. Für den Montag habe man meine Hinrichtung geplant. Nachdem die Abgeordneten zum Nationalrat und Sinowatz nicht sicher wären, ob die Burgenländer das schafften, käme der Kanzler persönlich. Ich möge meine „mächtigen" Freunde mobilisieren oder mich krank melden. Ich dankte ihr für den guten Rat und tat keines von beiden. Ich schlief in der Nacht zuvor nur etwas unruhig und überlegte: Käme Sinowatz persönlich, wäre dies unklug, damit könnte die Aktion bundespolitische Akzente bekommen.

Die Aktion hätte ganz geheim ablaufen sollen. Aber wie viele oder beinahe alle von ihnen ausgeheckten Überfallsaktionen, inklusive der Waldheim-Kampagne, sickerte auch in meinem Fall schon Tage vorher einiges durch. Sie sind sich entweder ihrer Sache so sicher, oder sie können ihren Mund nicht halten.

Sinowatz und seine Nationalräte hatten schon lange auf die Gelegenheit gewartet. Irgendwann mußte ich ja in ihre hohle Gasse geraten. Ich war ihnen zu groß geworden, „verbreitete Unruhe". Ich, noch forsch: „Wenn er Arbeit mit Unruhe verwechselt, werde ich weiter Unruhe verbreiten!"

Am 20. Mai, um 6.45 Uhr, verkündete der ORF bereits meine Abhalfterung. Als ich, wie jeden Montag, in das Klubbüro kam, warteten schon einige Anrufer auf mich, Freunde, die die Nachricht im Rundfunk gehört hatten.

Erst sieben Minuten vor der einleitenden Präsidialsitzung meldete sich der Landeshauptmann. Er habe mit mir etwas zu besprechen. Ich fragte ihn, ob es denn so wichtig wäre. Die Sitzung begänne doch gleich, und wir sähen einander ohnehin um 9.00 Uhr. „Doch, es ist etwas sehr Unangenehmes!" Ich ging zu ihm. Er, äußerst nervös, sehr verlegen, mir nicht in die Augen sehend, stieß heraus, die Bezirksobmänner hätten beschlossen, mir das Vertrauen zu entziehen. Warum? „Vertrauen hat man oder nicht!" Ich, entsetzt: „Aber Du bist doch Parteiobmann, Du kennst mich, Du kennst meine Arbeit!" Die Antwort: Achselzucken, Hilflosigkeit. „Ich höre, daß der Bundeskanzler kommen soll, stimmt das?" Kopfnicken, und wie auf Stichwort trat der Bundeskanzler ein.

Ich ersuchte Sinowatz, in Ruhe mit dem Landeshauptmann über die Angelegenheit zu sprechen. Er machte seine typische wegwerfende Handbewegung: „Die Sache ist nicht meine. Der erste Mann im Land ist der Landeshauptmann!" Ich sah mich in den Kreis geschickt: „Der Landeshauptmann sagt aber, es ist der Wunsch der Bezirksobmänner, Du bist immerhin Obmann von Eisenstadt, er von Oberpullendorf, ich habe also zwei Bezirksobmänner vor mir!" Er ging darauf in keiner Weise ein, und als ich ihm den vorbereiteten Katalog von Halbturn geben wollte, sagte er: „Ja, auch über Halbturn habe ich gehört, daß Verschiedenes nicht stimmt!"

„Ich weiß, daß man aus Neid gegen mich alle möglichen Intrigen gesponnen hat. Nur hätte ich geglaubt, daß Du dem kein Gehör schenkst. Und wenn schon, dann hättest Du als Genosse ja bei mir rückfragen können, wenn irgendwo etwas nicht in Ordnung gewesen wäre..."

In dem Augenblick kamen die ersten Präsidiumsmitglieder, vor allem Bezirksobmänner, in den Saal. Ich bat den Kanzler noch um zehn Minuten für ein Gespräch, um die Sache auszudiskutieren. Er gewährte sie mir nicht. „Es ist schon neun Uhr!"

Das Tribunal

Kery eröffnete die Sitzung: Es handle sich um etwas Unangenehmes. Die Bezirksobmänner wären übereingekommen, mich

110

als Klubobmann abzusetzen. Ich bat um die Anklagepunkte und traute meinen Ohren nicht. „Mein" Bezirksobmann, Nationalrat Peck, fiel mir in den Rücken. Er hätte zwar nichts gewußt davon, er habe es erst heute früh durchs Radio erfahren, aber er berufe sich auf das „Basta"-Interview (das vor einem halben Jahr erschienen war). Ich machte Aufzeichnungen und bat jeden einzelnen um seine „Anklage". Kery: „Das Vertrauen zum Klubobmann ist nicht mehr da!" Die Bezirksobmänner seien übereingekommen, daß ich meine Funktion zurücklegen müsse.

Im Hinblick auf die Vorbereitungen zur Landtagswahl müßten alle Führungskräfte in der Partei zusammenhalten. Man müsse jedem vertrauen können. Er wies auf die Klubtagungen hin und auf die Gefahr, daß die Regierungsmitglieder dem Klubchef nicht mehr vertrauen könnten. Das wäre unangenehm.

Sinowatz: Verstärkt durch das „Basta"-Interview wäre meine Illoyalität gegenüber dem Landeshauptmann zum Tragen gekommen.

Freund Peck, ich schreibe wie immer alles mit. Auch er begann mit „Basta". „Du hast das bis heute nicht widerrufen. Es ist ja beängstigend, die Medien schreiben überhaupt nur mehr über die Matysek. Die Leut' müssen ja glauben, alle anderen Abgeordneten im Bezirk sind blöd und faul. Immer nur wird eine herausgestellt. Alles übrige wird niedergedrückt, vor allem auch mit Halbturn. Alle anderen Leistungen werden nicht ins rechte Licht gerückt. Es gibt bis heute kein Dementi zu 'Basta'. Die Abgeordneten des ganzen Landes sind damit nicht einverstanden. Ich habe zwar gar nicht gewußt, daß das heute passieren soll, aber das ist meine Meinung dazu!"

Ferdinand Grandits, Obmann von Güssing, der nächste: Auch er habe von der ganzen Sache nichts gewußt, er habe davon erst über den ORF erfahren. „Die Abgeordneten sollen nur Ja-Sager sein, das stimmt doch nicht. Man kann doch die Dinge nicht einfach schleifen lassen. Es ist keine Klage gegen 'Basta' erfolgt, wie Du versprochen hast. Wie weit gibt es da eine Solidarität? Bis zur Landtagswahl wird das weitergespielt. Unter diesen Bedingungen ist das sicher der härteste Landtag seit 1945. Du hast als Debattenrednerin enttäuscht. Man hatte den Eindruck, du packelst mit der ÖVP!" (Budgetrede.) Ich hatte für seinen Geschmack die ÖVP zu wenig attackiert.

Sinowatz als Obmann von Eisenstadt: „Güssing war die schwerste Stunde des Landeshauptmannes, die schwerste Stunde dieser Partei. Du hast Dich in dieser schwierigen Situation von Güssing als Klubobmann zu wenig vor den Landeshauptmann gestellt!"

Abgeordneter Franz Resch, stellvertretender Obmann des Bezirks Oberpullendorf (Obmann ist dort Kery): „Wie der Klub entscheiden wird, weiß man nicht. Die Entscheidung der Bezirksobmänner ist aber eine klare Sache. Es ist ein Unbehagen da im Zusammenhang mit dem Mader-Rücktritt und mit Basta!"

Dazwischen Sinowatz: „Laßt die Otti reden!"

Ich bat zuerst um die Anklagen der Obmänner, erst dann möchte ich mich verteidigen.

Nationalrat Gossi (Oberwart) berief sich auf „Basta". „Du bist nicht eine Zeile davon abgerückt. Du stellst die Abgeordneten als Nichtstuer und Geldempfänger hin. Warum hast Du überhaupt ein Interview gegeben? Mader und Du, Ihr seid schuld an dem Ganzen! Es ist das Gefühl des Unbehagens da. Du bist nicht solidarisch mit dem Chef!" Mit der Entscheidung des Bundeskanzlers (!), den Abgeordneten Posch zu meinem Nachfolger zu machen, ist Gossi an sich nicht einverstanden: „Wenn niemand anderer vorgesehen ist, also bitte, ich bin halt einverstanden, den Posch zu nehmen!"

Landesrat Stix, der kein Bezirksobmann ist, klagte trotzdem an: „Man kann ja in ‚Kurier' und ‚Wochenpresse' und im ORF-Interview nachlesen von den Aussagen der Otti. Der Mader scheidet als Informant an die ‚OZ' aus. Es bleibt also nur die Otti über. Die Mandatare und Regierungsmitglieder wurden abqualifiziert. Die schwierigste Situation der letzten zehn Jahre wurde damit heraufbeschworen!"

Der Parteisekretär Sipötz: „Das Ganze ist eine Sache des Vertrauens. Für den Parteisekretär ist die ganze Angelegenheit ein Spießrutenlauf. Man kann ja nicht einmal mehr offen miteinander reden, es gibt kein Vertrauen mehr! Es besteht der Verdacht der Information der 'OZ'. Mader ist ja nicht mehr da!"

Mir selber war unerklärlich, wie Interna aus den Präsidialsitzungen an die 'OZ' gelangten, obwohl Mader nicht mehr anwesend war. Später erfuhr ich, daß er sich rühmte, Details von Präsidiumsmitgliedern erfahren und an die 'OZ' weitergegeben zu haben. Wörtlich: „Damit der Verdacht nicht auf mich fällt!" Dafür ist er auf mich gefallen, Herr Friedenspräsident!

Abgeordneter Lang aus Jennersdorf — offensichtlich völlig uninformiert — meinte, als er mich sah: „Jö, die Otti, die Sonne geht auf!" Er hatte nichts zu sagen außer: „Ich schließe mich vollinhaltlich an!"

Interessant mein Freund Schmidt, der zum Beispiel als zuständiger Landesrat zur Bauordnung überhaupt nichts zu sagen hatte. Er hatte zwar an meinen Veranstaltungen zur Bauordnung als schweigender Gast teilgenommen. Er traute sich zu sagen, die Klubarbeit sei zuwenig zügig vorangegangen, was die Bauordnung betrifft. Es müßte wieder Belebung in die Klubarbeit kommen.

Als ich merkte, daß ausschließlich „Basta" zum Anlaß meiner Absetzung werden sollte, beschloß ich, das Gerichtsurteil gegen „Basta", das ich seit drei Tagen in der Tasche herumtrug, nicht in dieser Präsidiumssitzung zu präsentieren, sondern erst im Klub. Ich sagte also gar nichts, zumal die Zeit schon weit fortgeschritten und vorher noch der Parteivorstand einberufen war. Auf Vorschlag von Sinowatz sollte dieser maximal eine halbe Stunde dauern und nicht über die Vorkommnisse informiert werden. Anschließend war eine außerordentliche „Klubkrisensitzung" geplant.

Der Parteivorstand war ziemlich gespenstisch. Sinowatz berichtete über die Bundesparteipolitik. Obwohl fast alle die Meldung im Radio gehört hatten, sagte keiner ein diesbezügliches Wort, wagte keiner zu fragen.

Es folgte die Klubsitzung. Bezeichnenderweise wollte Landesrat Sipötz meinen Platz als Klubobmann einnehmen. Ich mußte ihn bitten, sich von meinem Sessel zu erheben.

Kery eröffnete mit traurigem Blick, wies darauf hin, daß heute „eine schwere Entscheidung zu treffen" wäre. Und fügte gleich vorverurteilend hinzu: Die Bezirksobmänner hätten das Vertrauen zur Abgeordneten Matysek verloren.

Der erste am Wort Freund Peck mit „Basta". Nach dem dritten „Basta"-Vorwurf wurde es mir zu dumm. Ich legte etwas geräuschvoll das Urteil des Landesgerichtes Linz auf den Tisch. Lähmendes Entsetzen. Als erster faßte sich Landesrat Stix, meinte: Es ginge nicht nur um „Basta", sondern auch um „dieses ORF-Interview". Das ließ ich mir nun nicht bieten und wies darauf hin, das wären Ostblockmethoden, ein Interview, das jederzeit abrufbar wäre, so negativ zu interpretieren. Das müsse ich mir nicht gefallen lassen!

Da griff Sinowatz ein. Er warf mir vor, ich hätte am Parteitag in Güssing, in der schwersten Stunde Kerys und der Partei des Burgenlands seit 1945, als Klubobmann mich nicht schützend vor Kery gestellt — im Zusammenhang mit der Waffenaffäre und dem Mader-Rücktritt. Mader warf er besondere Illoyalität vor, über ihn wäre er besonders enttäuscht, nachdem er ihn in die Partei und er (!) ihn zum Regierungsmitglied gemacht hätte.

Ich antwortete dem Bundeskanzler, daß ich sehr wohl bereit wäre, für die Partei zu arbeiten. Ich hätte dies mit allen meinen Kräften und mit großer Begeisterung bewiesen. Aber ich wäre nicht bereit, für die Partei 700 Funktionäre vom Rednerpult aus zu belügen. Denn sehr wohl hätten der Kanzler, Kery, die Regierungsmitglieder gewußt, daß die Einbruchsgeschichte um die Waffenaffäre ein abgekartetes Spiel gewesen ist.

Die Diskussion war äußerst unerfreulich. Sie wurde in erster Linie von den Abgeordneten zum Nationalrat geführt. Zu einem meiner schärfsten Ankläger wurde Elli Zipser. Es kam zu keiner sachlichen Diskussion. Bösartig benahm sich Freund Kapaun, der betonte, unter diesen Voraussetzungen wäre eine gedeihliche Zusammenarbeit nicht mehr möglich.

Der Abgeordnete Resch verlor, als ich mich nicht bereit erklärte, meine Funktionen grundlos zurückzulegen, die Nerven. Er drohte, wenn ich über die heutige Sitzung etwas in den Medien verlauten ließe, würde mich die ganze Partei bekämpfen.

Die Klubmitglieder waren, wie sie mir in der Folge gestanden, genauso uninformiert überrumpelt worden wie ich. Sie hatten sich an der Diskussion, die von Sinowatz und der Nationalratsclique getragen war (Robert Graf hatte also doch recht behalten), nicht beteiligt. Im Laufe der nächsten Tage sprachen mir mehr als die Hälfte meiner „Helden" ihr persönliches Vertrauen aus. Es war zum Teil rührend! Einer z.B.: „Chefin, wie könnte ich kein Vertrauen zu Dir haben. Ich hab Dich immer geehrt und geschätzt." Ein anderer: „Das ist alles nur aus Mißgunst und Neid geschehen. Mit ein Grund, daß ich in Pension gehe." Selbst mein Nachfolger Posch versicherte glaubhaft, er sei erst knapp vor der Klubsitzung gefragt worden, ob er meine Nachfolge antrete. Er, der kurz zuvor noch von „herrlicher Klubarbeit" sprach, opferte sich in Parteidisziplin.

Eigenartigerweise warteten vor der Tür die Vertreter sämtlicher Medien. Ich hatte sie nicht gerufen. Der Regiefehler dürfte einem Verschwörer passiert sein, sodaß die Nachricht bereits über den Äther gegangen war. Selbst Landeshauptmann Kery hatte davon nichts gewußt. Ich glaub's ihm.

Diese gespenstische Sitzung endete um 12.40 Uhr des 20. Mai 1985, an der — wichtig! — 210 von 220 Minuten — der Bundeskanzler der Republik Österreich teilgenommen hatte. Die ich als Klubobmann betrat und de facto als Nichtmehr-Klubobmann verließ. De jure nicht. In der Hitze des Gefechtes hatte man glatt vergessen, oder sich nicht getraut, mich abzuwählen, hatte keinen Nachfolger gewählt. Kery hatte lediglich gefragt, ob wer dagegen wäre, daß Posch mein Nachfolger wird. Niemand hob die Hand. Natürlich nicht. Ich hatte den Eindruck, Mittelpunkt eines Hexenprozesses gewesen zu sein.

Von diesem Augenblick an gab es in Österreich eine neue Sensation. Zeitungsmeldungen und Berichte rissen nicht ab. Ich nahm mir tatsächlich vor, keine Interviews zu geben, war immer noch der Meinung, es könne sich nur um einen Irrtum handeln und müsse im vernünftigen Gespräch einer Lösung zugeführt werden. Den Journalisten wurde von Kery und Sinowatz lapidar mitgeteilt: „Vertrauen hat man oder hat man nicht!"

Österreich fragte sich: Was hat die Matysek angestellt, daß sie derart abserviert wird? Angesichts der Vogls, der Pinters, der Poschs, der Kurz' usw. müßte etwas äußerst Schwerwiegendes vorliegen. Im Burgenland würde ja überhaupt nicht abserviert.

Auch das Interesse der Journalisten im traditionellen Pressefoyer nach dem Ministerrat eine Woche danach galt „dem Fall Matysek". Sinowatz schwitzte, wand sich und litt.

Dieses Pressefoyer will ich hier wörtlich wiedergeben. Es zeigt, wie unverfroren Sinowatz den Journalisten und der Öffentlichkeit die Unwahrheit sagt. Und wie schwer es selbst für so ausgezeichnete Journalisten wie Ute Sassadek („Vorarlberger Nachrichten") ist, angesichts eines Alfred Sinowatz ihrer Informationspflicht nachzukommen.

(Ein Journalist kommentierte eben dieses Pressefoyer in einem Leitartikel, Karl Kraus zitierend: „Man schämt sich des Geburtsfehlers, einem Bund anzugehören, dessen Kanzler solche Sätze hervorbringt!")

Zunächst: Thema Zwentendorf. Dann:

UTE SASSADEK: Herr Bundeskanzler, ein ganz anderes Thema aber. In der vorigen Woche ist der Klubobfrau des Burgenlandes das Vertrauen entzogen worden. Daraus kann man schließen, daß sie sich ganz grauslicher Verfehlungen schuldig gemacht hat. Da Sie in der Sitzung drinnen gewesen sind und ihr auch das Vertrauen entzogen haben: Könnten Sie sagen, was sie sich hat zuschulden kommen lassen?

SINOWATZ: Ach, hier amtiere ich sozusagen als stellvertretender Parteiobmann der SPÖ-Landesorganisation Burgenland und nicht als Bundeskanzler, erstens. Zweitens hat es einen einstimmigen Beschluß des SPÖ-Landtagsklubs gegeben, an diesem Tag. Und drittens ist das im Zusammenhang zu sehen halt mit der, einer Vorbereitung der gesamten Partei auf die kommenden Wahlauseinandersetzungen, die's im Burgenland gibt. Man war der Meinung, daß, nachdem in der Landesregierung ja ein sehr umfangreicher Wechsel vor sich gegangen ist, nicht, von den vier Mitgliedern der burgenländischen Landesregierung sind ja drei neu seit den letzten Landtagswahlen, es ist ein neuer Parteisekretär bestellt worden, und, um diese Zusammenarbeit zwischen Klub, Partei und Landesregierungsfraktion noch enger zu gestalten, hat man diese Maßnahme gesetzt; das ist viel weniger dramatisch, als es in den Zeitungen geschrieben wurde.

SASSADEK: Ja, aber ein Vertrauensentzug von heute auf morgen ist ja keine Kleinigkeit. Da müssen ja wirklich schwerwiegende Verfehlungen gewesen sein. Ist die Frau mit niemandem ausgekommen, oder was war da?

SINOWATZ: Das hat mit Verfehlungen überhaupt nichts zu tun. Wenn sich eine Partei vornimmt, in Hinblick auf eine stärkere Möglichkeit die Kräfte zu konzentrieren, Maßnahmen zu setzen, so ist das doch völlig normal in einer Partei.

SASSADEK: Aber doch nicht so ein Vertrauensentzug, Herr Bundeskanzler ... das ist ja ein Mißtrauensantrag!

SINOWATZ: Ja, aber bitte offensichtlich waren die Landtagsabgeordneten der Meinung, daß ein Wechsel notwendig ist, denn sonst hätten sie keinen einstimmigen Beschluß gefaßt.

ERNST HAUER (ORF): Ja, aber die Optik ist doch so, daß da wieder eine kritische Politikerin aus der vordersten Linie zu-

rückgezogen, abgesetzt wurde. Glauben Sie nicht, daß das auf den SPÖ-Vorsitzenden Sinowatz zurückfällt, daß wieder ein Stück Liberalität in der SPÖ verlorengegangen sein könnte?

SINOWATZ: Sie sagen es richtig, die Optik ist es. Ja? Die Optik kann natürlich auch gemacht werden. Jeder, der sich im Burgenland umsieht und der die Zusammenhänge kennt, weiß, daß dies nicht der Fall ist. Und außerdem möcht' ich schon eines einmal klarstellen: Dieser Parteiobmann Sinowatz, der ist sehr wohl für Liberalität, und ich muß immer wieder erinnern daran, daß ich da zwölf Jahre Unterrichtsminister gewesen bin in Österreich und sehr wohl für viele Maßnahmen zur Vergrößerung der Liberalität eingetreten bin. Ja, erinnern Sie sich nicht mehr an die Debatten im Nationalrat? Da bin ich doch ununterbrochen angegriffen worden wegen kulturpolitischer Maßnahmen, wegen bildungspolitischer Maßnahmen, die alle darauf hinausgelaufen sind: mehr Liberalität.

Nur, es muß eine Partei auch eine Selbstachtung haben, und dafür stehe ich ein, und dort, wo Beschlüsse gefaßt werden, dort muß man denen Rechnung tragen. Aber so wie Sie tun, daß es da in der Partei so ist, daß die Luken dicht geschlossen werden, das stimmt doch gar nicht.

SASSADEK: ... Ja, aber was hat die Frau Matysek angestellt, da muß ...

SINOWATZ: ... ja bitte, sie hat nichts angestellt. Sondern die Landtagsabgeordneten waren der Meinung, daß sie sich einen neuen Klubobmann wählen. Das ist das Ganze! Ist das so was Dramatisches?

SASSADEK: Ja! Ist es!

SINOWATZ: Das ist überhaupt nichts Dramatisches, wenn man sich, also die, die so etwas zu bestimmen haben, vornehmen, daß sie glauben, daß die Zusammenarbeit zwischen Klub und zwischen Regierungsfraktion und zwischen Parteisekretär besser gestaltet werden sollte.

SASSADEK: Sie haben sie ja zweieinhalb Jahre vorher gewählt. Das ist ja nicht so, daß sie Ihnen oktroyiert wurde!

SINOWATZ: Nein, aber man kann ja nach zweieinhalb Jahren der Meinung sein, daß man eine Veränderung durchführt. Ich bin ja überhaupt der Auffassung, daß wir, die Politiker, unsere Funktionen nicht gepachtet haben. Und daß dann, wenn man der Meinung ist, daß ein Wechsel erfolgen sollte, da muß man das zur Kenntnis nehmen. Das ist ja durchaus normal.

HAUER: Es muß für solch einen Wechsel auch nicht unbedingt große Ereignisse geben, es muß keine Verfehlungen geben, es muß nicht einmal Wahlen oder Neuwahlen für bestimmte Funktionen geben?

SINOWATZ: Ja, aber von Verfehlungen kann doch überhaupt keine Rede sein. Wie kommen Sie überhaupt auf das Wort Verfehlungen in dem Zusammenhang? ...

SASSADEK: Das ist doch überraschend...

SINOWATZ: Ja, überraschend für Sie. Aber ich meine, sicher nicht überraschend für jene, die im Burgenland darüber zu befinden haben. Das ist eine Diskussion, die sicherlich einige Monate bereits geführt wird, und das betrifft ganz einfach den Tatbestand, daß man eine neue Klubführung wollte. Das ist doch ganz normal in einer Partei.

SASSADEK: Herr Bundeskanzler...

SINOWATZ: ... in anderen Gremien ist man auch der Meinung ...

SASSADEK: Hat man die Frau Matysek davon informiert, daß sie abgelöst werden soll?

SINOWATZ: Ja, das müssen Sie mit den Burgenländern reden, ich bin ja da nur am Rande beschäftigt...

SASSADEK: Na gut. Sie waren ja bei der Sitzung...

SINOWATZ: Ich war bei der Sitzung. Aber auch nicht ganz bei der Klubsitzung zum Beispiel, nicht mehr dann, als die Abstimmung war, ich war da einige Minuten nur dort.

ORF (TV): Herr Bundeskanzler, denken Sie daran, diese burgenländischen Kriterien für den Austausch von Funktionären auch auf die Bundesregierung anzuwenden?

SINOWATZ: Ja, bei uns ist es jedenfalls so, daß niemand in den Gremien denkt, einen Wechsel vorzunehmen, etwa im Klub. Ja? Also dort, wo es der Fall ist ... ich mein, das ist ja ...

SASSADEK: In der Bundesregierung?

SINOWATZ: In Wahrheit ist es ja ... na, das hat überhaupt nix damit zu tun. Ja? Weil in der Regierung ist es ja anders. In der Regierung entscheidet der Bundeskanzler! Wer der Regierung angehört, aber ... wenn es ein Gremium gibt, das irgendwen wählt als Vorsitzenden, dann muß das Gremium ja auch das Recht haben, eine Veränderung durchzuführen. Ja?

SASSADEK: Aber es ist doch gerade in Ihrer Partei immer wieder üblich, daß man jemanden, der unter Beschuß geraten ist, grad dann hält. Und zwar kann der ziemlich viel angestellt haben. Und dann kommt, zumindest nach außen hin, unsichtbar aus welchem Grund, und Sie nennen mir auch keinen Grund dafür, warum dieser Frau das Vertrauen entzogen wird. War sie unfähig? Das ist ja möglich! Nur, das muß man ja feststellen können!

SINOWATZ: Ich glaube, Sie sind halt ein bißchen wenig orientiert — ich bitte um Entschuldigung, aber weil Sie ja nicht so oft im Burgenland sind. Noch einmal: Das ist eine Angelegenheit des zuständigen Gremiums: des Klubs der sozialistischen Abgeordneten im Burgenland. Die haben darüber diskutiert längere Zeit und sind zu der Überzeugung gekommen, daß es einen Wechsel in der Klubführung geben soll. Ja? Und das hat vor allem den Grund, daß eine bessere Koordination geschaffen werden kann, weil nach der Meinung aller dieser Klubmitglieder das in der letzten Zeit nicht im wünschenswerten Maße der Fall gewesen ist. Das hat überhaupt nichts zu tun mit anderen Dingen.

SASSADEK: Wird es auch weitere Sanktionen gegen die Frau Matysek geben, nämlich zum Beispiel im Zusammenhang mit der Schule, die sie leitet?

SINOWATZ: Das hat überhaupt mit Sanktionen auch nichts zu tun. Ich weiß net. Sie woll'n mir net folgen, Sie woll'n mir net folgen. Da gibt es Abgeordnete, die seit längerem der Meinung sind, wir wollen eine andere Klubführung, weil wir zum Teil anderer Auffassungen sind als die derzeitige Klubführung, ja? Und weil diese Koordination, von der ich gesprochen habe, verbessert werden soll, das ist der Grund dafür, da kann man doch nicht daraus eine Frage machen von Sanktionen oder Verfehlungen. Das ist überhaupt keine Verfehlung da...

SASSADEK: Ich versteh's ja nur darum nicht, weil der Frau Matysek das nicht gesagt worden ist. Und natürlich kann sich jedes Gremium sein...

SINOWATZ: Ich weiß nicht, ob die Abgeordneten vorher mit ihr geredet haben. Aber, wissen Sie, wenn einmal es so ist, daß Mangel an Vertrauen besteht und andere Absichten bestehen, dann wissen Sie ja selber, wie Sie sagen, dann wird ja geredet, nicht?

HERBERT LESCHANZ (Süd-Ost Tagespost): Herr Bundeskanzler. Ich bin öfter im Burgenland. Und vermute, der Grund für die Rückberufung der Frau Matysek ist, daß sie Kritik ge-

äußert hat am politischen System des Burgenlandes, vor allem auch an Landeshauptmann Kery, konkret am Parteitag in Güssing. Ist das ein möglicher Grund für die Maßnahme?

SINOWATZ: Nein, denn die Herren, die Damen und Herren, die hier anwesend sind, wissen überhaupt, glaub ich, nicht von dieser öffentlichen Kritik. Das ist ja so, so etwas Geringfügiges, wenn überhaupt, daß das nicht ausschlaggebend ist, ja? In Güssing, bei der Landeskonferenz, bei der ich früher weg mußte, weil ich nach Moskau geflogen bin, hat nach meinem Dafürhalten die Frau Matysek gar nicht das Wort ergriffen!

EIN JOURNALIST: Ich möcht' fragen, braucht der Staat denn immer wieder einen Mann?

SINOWATZ: Nein, also bitte, das können Sie mir glauben, wenn es auch in der Zeitung steht, daß es so wäre, daß ich was dagegen hätte, daß Frauen in der Politik tätig sind. Ganz im Gegenteil, bitte. Der burgenländische Landtag hat bis vor kurzem von 20 Mitgliedern vier Frauen gehabt, nicht? Also für das Burgenland, wo es immerhin eine längere Zeit gedauert hat, in diesem ländlichen Bereich, diese Emanzipationsbewegung zu erzielen, ist das ganz anders geworden. Wenn Sie mit mir hie und da bei Konferenzen im Burgenland wären, man würde sich wundern, wie viele Frauen heute mitarbeiten.

HAUER: Aber es fällt doch auf, daß es gerade in diesem Bundesland einen etwas stärkeren Verschleiß an sozusagen kritischeren Politikern gibt als anderswo. Erst ist der Landesrat Mader gegangen, dann ist der Jungsozialistenfunktionär Pius Strobl gegangen, jetzt muß die Frau Matysek gehen. Deutet dies nicht darauf hin, daß in der burgenländischen SPÖ die Dinge vielleicht nicht doch anders laufen als in anderen Landesorganisationen, und wenn ja, warum?

SINOWATZ: Zuerst muß ich sagen, ich war gestern, vorgestern, auf Burg Schlaining und habe lang mit dem Gerald Mader geplaudert, und er hat mir gesagt, daß er sich dieser neuen Aufgabe voll widmet. Wissen Sie, das darf man ja alles nicht so dramatisieren. Gerald Mader war ja so lange in der Landesregierung. Und da kann es vorkommen, daß man sich auseinanderlebt, ja? Und er hat daraus die Konsequenzen gezogen. Ja? Was den Fall Pius Strobl betrifft, möcht' ich nichts sagen. Das hat damit gar nichts zu tun. Im Fall Matysek hab ich vorher gesagt, das ist ... ich bitte Sie ein bißchen ... Sie sind auch, wenn ich das sagen darf, durch verschiedene Berichte und Vorfälle,

Parteitagsreden auf das Burgenland hin orientiert. Es ist nicht so, wie das von Wien aus ausschaut. Wirklich nicht. Und, es gibt im burgenländischen Landtagsklub Persönlichkeiten heute, viel mehr als noch vor 20, 25 Jahren, die ihre Meinung bei den Sitzungen sehr sehr bestimmt und mit großem Nachdruck sagen, glauben Sie mir das!
    EICHINGER: Zum Beispiel?
    SINOWATZ: Ja, jeder. Jeder. Und zwar jede dieser Diskussionen sind sehr sehr offen im burgenländischen Landtagsklub.

Die Welle der Empörung, oder: Der Stellenwert der Basis

Verlockend wäre es, auf das österreichweite Medienecho einzugehen, das es auf „diesen völlig normalen Vorgang" (Sinowatz) hier gegeben hat. Sinowatz hatte sich tatsächlich einen Fall von bundespolitischer Reichweite eingehandelt: durch sein Drahtziehen, durch seine Anwesenheit bei der Exekution. „Nur ein paar Minuten". Seine „paar Minuten" haben drei Stunden und dreißig Minuten gedauert.

Eva Deissen („Kronenzeitung"): „Die Partei hat's gegeben, die Partei hat's genommen!"

Peter Michael Lingens („profil"): „Aus dieser Ecke freilich stammt der eigentliche Haß. Ottilie Matysek hat es gewagt, jene Leute in Frage zu stellen, die die Politik zu ihrem wirtschaftlichen Vorteil mißbrauchen. Das rührte an einer Grundlage des neuen österreichischen Sozialismus."

Der SPÖ-Klubobmann von Tirol, Tanzer: „Das gibt's ja nicht, der Bundeskanzler kann ja niemanden nie abberufen! Da lach' ich grad, wenn mich der Bundeskanzler abberuft!"

Maria Berger, die Vorsitzende der Jungen Generation der SPÖ: „Demokratiepolitisch ist das ein Wahnsinn. Das sind Methoden, die einen an andere Systeme erinnern!"

Die „Kleine Zeitung" räsonierte über die „Demokratie als Diktatur der Funktionäre" und verwies auf einen Aufsatz von Günther Nenning aus dem Jahre 1965, in dem er schrieb: „Die Funktionärsklasse, die ‚neue Klasse', wächst sich zum Problem der modernen Gesellschaft aus!" Im gleichen Jahr wie ich wurde auch Nenning liquidiert, ausgeschlossen aus SPÖ und Gewerkschaft!

Innenminister Karl Blecha in einer Fernsehpressestunde:

„Dieser Streit hat keine politischen Inhalte. Man kennt die Praxis!"

Das Kabarett „Simpl" scherzte über das mir auferlegte Stillschweigen und sprach von einem „Gelübde der Schweigsamkeit!"

Ruth Pauli folgerte im „Kurier": „Es geht um Zivilcourage, Engagement, Offenheit, Mut zur Wahrheit, Verantwortungsbewußtsein, Mut zum aufrechten Gang!"

Der Karikaturist Habakuk in der „Kronenzeitung" zeichnete ein monströses Ding, genannt „elektronischer Parteiejakulator" der Marke „Mutig in die neuen Zeiten".

Die SPÖ-Frauenchefin Jolanda Offenbeck: „Das ist alles so schwer durchschaubar, ich blicke da nicht durch!"

Ihre vermutliche Nachfolgerin, Staatssekretärin Johanna Dohnal: „Die Vorgänge sind grauenhaft, sind ein Skandal."

„Basta" schrieb von „jenen Höflingen, die lieber kriechen als kritisieren!"

Die „Presse" zitiert einen Genossen: „Unser Chef ist sich noch gar nicht bewußt, daß er sich ein ziemliches Eigentor geschossen hat!"

Die sozialistische Zeitschrift „tribüne" entsetzte sich: „Stalin lebt!"

Die „Oberwarter Zeitung" schildert die Klubsitzung: „Es war schrecklich, wie die Otti zur Sau gemacht wurde!"

In einer Tageszeitung erschien ein Aphorismus: „Jede kluge Frau hat 100.000 Feinde. Alle dummen Männer!"

Der steirische SP-Landtagsabgeordnete Martin Wabl protestierte heftig. SPÖ-Landeschef Hans Groß mußte daraufhin eine schwere Sinowatz-Rüge einstecken, Wabl „nicht im Griff zu haben".

Die programmierte Vernichtung

Am Nachmittag des 20. Mai 1985 war Wohnbaubeiratssitzung. Kery kam am Gang auf mich zu. Er legte seinen Arm um meine Schultern und versuchte mich zu trösten: „Nimm's nicht so schwer. Du bist noch so jung, Du bist so tüchtig. Du wirst noch eine große Karriere in dieser Partei machen!"

Fragenden Journalisten sagte er nur knapp: „Vertrauen hat man oder hat man nicht!" Diese Antwort gilt bis heute. Bis heute konnte keiner meiner „Freunde", auch keiner der Rädelsführer, Antwort auf die Frage geben, warum ich denn das Vertrauen verloren hätte.

Die Akteure hatten sich jedenfalls total verschätzt. Man hatte geglaubt, eine kleine Provinzpolitikerin abzusetzen; das ginge ohne viel Aufhebens.

Die Reaktionen unter den Funktionären waren eindeutig pro Matysek. Die Redaktionen eindeutig pro Matysek. Die These des Bundeskanzlers, man solle die Medien nur schreiben lassen und darauf nicht reagieren, denn irgendwann müßten sie aufhören, hat sich nicht erfüllt. Ganz im Gegenteil. Es folgten Bericht auf Bericht; es kamen Solidaritätserklärungen der jungen SPÖ, der Frauen, der Fraktion, meiner Halbturner. Kery und Sinowatz erreichten Briefe, Resolutionen.

Brief an Bundeskanzler Sinowatz (Dieser Brief blieb unbeantwortet)

Halbturn, am 25. 6. 1985

Mit wachsender Besorgnis verfolgen wir die Angriffe von einem Teil der Mandatare der sozialistischen Partei des Burgenlandes auf die Abg. Ottilie Matysek. Wir haben durch das Engagement dieser Frau, ihrem Können und ihrer Fähigkeit auch mit Leuten anderer Weltanschauungen zu einem Konsens zu kommen, für einige Zeit (das ist für die Dauer der Ausstellung im Schloß Halbturn von Anfang Mai bis Ende Oktober) Arbeit bekommen. Andere Arbeitsplätze, ob in den Fremdenverkehrsunternehmen oder in der Landwirtschaft, sind durch den Besucherzustrom in diese Region gesicherter, Betriebe sind leistungsfähiger und krisenfester geworden.

Es sind dies Leistungen, die nicht nur der Frau Abgeordneten persönlich, sondern auch der Partei, der sie angehört, zur Ehre gereichen und Vertrauen und Ansehen bestärken. Wir haben die Frau Abgeordnete erst durch die Zusammenarbeit mit ihr richtig kennen und schätzen gelernt und können uns nicht vorstellen, daß dies in anderen Belangen nicht möglich ist.

Die Unterzeichneten ersuchen und fordern auf, das Ansehen und die politische Ehre der Frau Abgeordneten wieder herzustellen, zum Wohle unserer Heimat und der hier lebenden und arbeitenden Menschen.

(62 Unterschriften)

Ing. Josef Ludwig
Oberverwalter
Parkstraße 15
7131 Halbturn   *Halbturn, den 30. 5. 1985*

Sehr geehrter Herr Bundeskanzler!

Ich darf mich kurz vorstellen: Ich bin 54 Jahre alt, verheiratet, Vater von drei Kindern und zwei Enkelkindern, bin seit 1951 im Burgenland (Halbturn) beheimatet und leite seit 1972 die Betriebe des Ökonomierates Paul Waldbott-Bassenheim. Durch diese Tätigkeit habe ich auch sehr engen Kontakt mit dem Amt der Bgld. Landesregierung, hier besonders der Kulturabteilung unter der Leitung von Herrn Landesrat Dr. Gerald Mader und nach dessen Ablösung unter Herrn Landesrat Sipötz. Diese Kulturabteilung hatte bis vor wenigen Jahren immer mehr oder weniger publikumswirksame Ausstellungen im vom Land gepachteten Haupttrakt des Schlosses Halbturn veranstaltet.

Im Haydnjahr 1982 wurde keine Ausstellung gezeigt, was auch die schon auf Halbturn eingestellten Reise- und Fremdenverkehrsunternehmen sehr erboste. Hier zeigte sich zum ersten Male auch der wirtschaftliche Wert dieser Veranstaltungen.

Als nach der guten Ausstellung „Uniform und Mode am Kaiserhof" 1983 das Land keine Initiativen für eine Ausstellung im nächsten Jahr 1984 zeigte und nach Rückfragen durch Bürgermeister und Fremdenverkehrsbetriebe aus dem Seewinkel vom Lande her feststand, daß aus finanziellen Gründen keine Ausstellung stattfinden sollte, regte sich ein bis dahin in dieser Größe unbekannter Protest. Alle Bürgermeister der Region, bis auf einen, viele Leiter von Beherbergungs- und gastronomischen Betrieben trafen sich in Frauenkirchen zu einer Protestversammlung, zu der auch alle Mandatare, egal welcher Parteizugehörigkeit, geladen wurden.

Zu unser aller Erstaunen kam nur eine Frau, die Abgeordnete zum Bgld. Landtag der sozialistischen Partei Ottilie Matysek. Allen anderen war diese Situation nicht publicityträchtig genug.

Nachdem sich diese Frau den Unmut aller Betroffenen, der mitunter sehr heftig vorgetragen wurde, angehört hatte, war sie bereit, wenn sie Unterstützung und Mitarbeit von Gemeinde und Privatpersonen erhält, für eine Ausstellung auch 1984 noch zu sorgen. Auch ich stellte mich in den Dienst dieser über-parteilichen, überregionalen, kulturellen und wirtschaftlichen Sache.

Es kam zur Gründung des Organisationskomitees Schloß Halbturn.

Alle, an der Spitze Abg. Matysek, wurden wir von den Fach-leuten verlacht, die sagten: in 10—12 Wochen kann keine Aus-stellung zustande kommen, noch dazu ohne spürbare (S 300.000,—) öffentliche finanzielle Unterstützung.

Die Abg. Matysek war es, die bis zu 10mal pro Woche nach Wien fuhr, Sponsoren fand, eine Ausstellung auftrieb und das Unmögliche zustande brachte, nämlich eine noch durchaus zeitgerecht eröffnete (24. 5. 1984), publikumswirksame (45.000 Besucher), zeitgeschichtlich bedeutende (Kunst zwischen den beiden Weltkriegen) und international anerkannte Ausstellung auf die Beine zu bringen. Ohne diese Frau wäre 1984 im See-winkel und eine weit darüber hinaus ausstrahlende Veranstal-tung nicht zustande gekommen. Dazu kommt, und das ist für mich von eminenter Bedeutung, daß sie imstande war und ist, Menschen der verschiedensten politischen Anschauungen und gesellschaftlichen Schichten anzusprechen und zu motivieren. Sie ging auch bei der Schaffung der finanziellen Basis vollkom-men neue Wege, indem sie die Wirtschaft, die involvierten Ge-meinden und Betriebe in diesen Prozeß einzubinden verstand. Alle waren bei der Eröffnung dieser Ausstellung voll des Lo-bes. (Man lese im Katalog und in den Protokollen die Vorworte bzw. Reden zur Eröffnung nach.) Auch der wirtschaftliche Aspekt kann sich sehen lassen, es wurden 23 neue Arbeitsplätze geschaffen.

Als der Landeshauptmann Theodor Kery und der seinerzeiti-ge Landesrat Dr. Mader die Organisationsgemeinschaft als ein positives Ergebnis aus dieser Bewegung bezeichnete und auf-forderte auch weiterhin so zu arbeiten, war für uns alle klar, daß wir auch 1985 eine Ausstellung organisieren werden. Die Abgeordnete Matysek und der seinerzeitige Generaldirektor der Post Heinrich Übleis haben die Idee der derzeit laufenden Ausstellung „2000 Jahre Post" geboren und in Angriff genom-men. Alle waren mit Begeisterung dabei, bis es zur Neubeset-zung des Amtes des Kulturlandesrates, nach dem überraschen-den Rücktritt Dr. Gerald Maders, kam.

Unser Erstaunen und nicht nur das der Insider war groß, als nicht die Abg. Matysek diesen Posten bekam, sondern der in kulturellen Angelegenheiten unbekannte Abg. Sipötz.

Erst zu diesem Zeitpunkt wurden wir aufmerksam, mit welchem Neid man den Erfolg, der noch dazu von einer Frau errungen wurde, verfolgte. Die Abgeordnete arbeitete aber an den neuen Ausstellungen trotz aller Querelen mit gleicher Energie weiter. Als es nun aber bei so wenig wichtigen Dingen, wie ich meine, wie: wer schreibt im Katalog das Vorwort, wer lädt zur Ausstellung, wer begrüßt, wer spricht, zu den unglaublichsten Aufregungen kam, und ich habe als Mitorganisator dies selbst erlebt, wußten wir erst, wozu männliche Eitelkeit, Profilierungssucht, Neid und Mißgunst fähig sind.

Sie konnte zu allem Überfluß auch noch eine Außenstelle eines Bundesmuseums, nämlich der Österr. Galerie im Belvedere zu Wien, als ständige Einrichtung in Halbturn eröffnen. Etwas, das es bis heute in keinem österr. Bundesland gibt. Dazu waren immerhin die Einwilligung des Ministers für Kunst, des Leiters der Galerie und des Besitzers des Schlosses notwendig, der noch dazu motiviert werden mußte, die Gebäude mit erheblichem finanziellen Aufwand herzurichten.

Am 20. 5. 1985, also nach Eröffnung der Ausstellung in Halbturn, wurde der Abgeordneten die Rechnung für diese Leistungen präsentiert. Ohne Angabe von Gründen, und ohne daß sie sich selbst rechtfertigen konnte, wurde ihr das Amt des Fraktionsvorsitzenden entzogen. Landeshauptmann Kery sagte im Morgenjournal des Landesstudios Burgenland nur lakonisch: „Vertrauen hat man oder man hat es nicht". So einfach ist das. Dazu muß man Folgendes sagen: Schon die alten Römer hatten als Prinzip ihrer Rechtsprechung immer „man muß beide Seiten hören". Und als man die Abg. Matysek zur Fraktionsvorsitzenden wählte, hatte sie doch das Vertrauen, wodurch hat sie es verloren? Diese Frage wurde nicht behandelt und nicht beantwortet. Sollte sie es dadurch verloren haben, daß sie mit dem „politischen Feind" in für das Land, die Region, die Menschen, die Wirtschaft wichtigen Fragen eine gemeinsame Basis fand?

Beruht nicht der gesamte Aufbau Österreichs nach dem Krieg auf dieser Zusammenarbeit, und findet der Konsens nicht mehr täglich in der Zusammenarbeit der Sozialpartner statt, um den uns alle anderen demokratischen Länder beneiden? Oder hat man Angst vor schon lange notwendigen Neue-

rungen, die sich durch kritische Überlegungen ausdrücken, die aber niemals in der Öffentlichkeit gemacht wurden und rufschädigend gewirkt hatten. Wie ich dazu überhaupt sagen muß, daß sich die Frau Abgeordnete in keiner Weise hinreißen ließ, mit dieser Angelegenheit in die Medien zu gehen.

Eine staatstragende Partei, wie es die SPÖ ist, sollte froh sein, in ihren Reihen Leute zu haben, die ehrlich und annehmbar ihre Meinung sagen und so der unausweichlichen Abnutzung, die so eine lange Regierungszeit, ob beim Bund oder Land, mit sich bringt, entgegen zu wirken.

Ich hoffe doch sehr, daß so eine Partei auch noch Kritik verträgt, überhaupt wenn sie in der besten Absicht und Form vorgetragen wird, und wenn sie auch von einer Frau stammt. Wenn aber die Politiker, so wie bisher weitermachen, wundert es mich nicht, daß dies vor allem bei der Jugend zu einer Politikverdrossenheit führt, die, wie wir wissen, in einem ,,starken Mann" endet. Das wollen wir uns und Sie uns doch auch sicherlich ersparen.

Ich ersuche Sie, sehr geehrter Herr Bundeskanzler, Ihren Einfluß dahin geltend zu machen, daß diese Frau wieder zu ihrem Recht (Wiederherstellung ihrer politischen Ehre und Glaubwürdigkeit) verholfen und die Angriffe auf ihre personelle Stellung als Direktorin der Höheren Bundeslehranstalt für wirtschaftliche Frauenberufe in Neusiedl/See, die ebenfalls durch ihre Initiative entstand, erbaut und erweitert wurde, eingestellt werden.

Ich danke Ihnen sehr, daß Sie sich die Zeit genommen haben, meinen etwas längeren Brief zu lesen und hoffe, daß Sie Ihren Einfluß geltend machen, daß das an der Abgeordneten Matysek verursachte Unrecht, soweit dies möglich ist, wieder gut gemacht wird. Dies würde sicher dem Ruf und der Sache der Partei, der Sie als Vorsitzender vorstehen, sehr dienen.

Mit vorzüglicher Hochachtung
Josef Ludwig

SPÖ-Ortsorganisation
Bruckneudorf   *Bruckneudorf, am 18. Juni 1985*

Resolution

verfaßt von der Gemeindekonferenz, bestehend aus den Mitgliedern der SPÖ-Ortsorganisation Bruckneudorf und den sozialistischen Gemeinderäten aus Kaisersteinbruch, vom 18. Juni 1985.

An den
Vorsitzenden der SPÖ Burgenland, Genossen LH. Theodor Kery und den Stv. Vorsitzenden, Genossen BK. Fred Sinowatz!

Das Ergebnis der Vorsprache unserer vier führenden Ausschußmitglieder, vom 12. Juni 1985, bei Genossen Kery wird von uns als unzulänglich empfunden, und die strikte Ablehnung einer persönlichen Aussprache erfüllt uns mit Befremden — selbst die schwächste und kleinste Ortsorganisation sollte in der SPÖ Gelegenheit haben, mit ihrem Landesvorsitzenden reden zu können, wenn dies nötig sein sollte. Wir in Bruckneudorf können immerhin auf 78,25 % bei der Landtagswahl und 84,21 % der abgegebenen gültigen Stimmen bei der Gemeinderatswahl 1982 verweisen, außerdem ist der Grund unseres Ansinnens sicher nicht alltäglich.

Es erscheint uns eine Klärung der Vorkommnisse um die Abberufung unserer Genossin Matysek von der Funktion des Klubobmanns nach wie vor notwendig zu sein, da die von Genossen Kery angeführten Argumente für uns unzureichend sind und wir uns mit so undemokratischen Vorgangsweisen innerhalb der Partei nicht einverstanden erklären können. Besonders hart trifft uns die Unterstellung, unsere vier Vertreter seien nur Sprachrohr von Genossin Matysek gewesen. Wir wollen mit Nachdruck betonen, daß wir allesamt mündige und selbständig denkende Menschen sind und in keiner, wie immer gearteten Abhängigkeit zu Genossin Matysek stehen.

Wir wiederholen daher unsere Einladung zu einem klärenden Gespräch im Rahmen einer Gemeindekonferenz, bei der genug Gelegenheit bestehen sollte, sich von der „Mündigkeit" der Mitglieder unserer Ortsorganisation zu überzeugen. In Erwartung einer baldigen Antwort und mit freundschaftlichen Grüßen

SPÖ-Ortsorganisation Bruckneudorf

Eine Delegation aus Bruckneudorf wollte mit Kery reden. Er lehnte es ab, sie zu empfangen. Sie erzwangen sich dennoch einen Temin bei ihm. Er war nervös, laut und unduldsam, warf ihnen vor: „Aus euch spricht der Geist Matyseks!"

Die Situation begann sich keineswegs zu klären, sondern sich eher zu verschärfen. Mein Nachfolger Posch beschwor mich, nicht zu reagieren, keine Interviews zu geben und „Mach nur ja keinen Dreißigjährigen Krieg aus dieser Auseinandersetzung!" Außerdem wollte er wissen, was ich zu tun gedächte. Ob ich „in die Medien gehen" würde.

Er machte sich zum Verbindungssprecher zwischen Kery, Sinowatz und mir, wollte von mir einen Vorschlag hören, was ich mir als Entschädigung vorstellen könne. Von sich aus schlug er den Vorsitz im Bundesrat oder eine Position in der Hypo-Bank vor. Wie typisch!

Ich betonte zum wiederholten Mal: „Ich möchte einzig und allein eine volle Rehabilitierung; eine öffentliche Klarstellung, daß das Vertrauen besteht, weil der Vorwurf ‚Basta' ja nicht aufrechterhalten werden kann!"

Posch wollte sich dafür verwenden und mit dem Landeshauptmann reden. Der wartete ohnehin schon bei Pinter auf das Ergebnis der Erkundigung Poschs bei mir. Er blieb länger als zehn Minuten aus, kam dann zurück: Ich möge ihnen Zeit lassen, das Ganze brauche einfach Zeit, man solle in Ruhe die Urlaubszeit vorbeigehen lassen. Er fragte mich wörtlich: „Glaubst Du, kannst Du so lange die Nerven bewahren?" Auch der Landeshauptmann selber beschwor mich, nicht die Nerven zu verlieren und unter keinen Umständen Interviews zu geben.

Ich begann, mein Büro zu liquidieren, das ich aufgebaut hatte: Angefangen hatte alles mit drei Mappen, die ich noch dazu urgieren hatte müssen. Ich hatte den Landeshauptmann förmlich zwingen müssen, als zuständiger Klubobmann das Büro und die Finanzen zu übernehmen. Es war ihm sichtlich unangenehm, und es interessierte ihn nicht, wie er betonte. Ich mußte ihn zwingen, die Geldunterlagen zu unterschreiben. Wie sich jetzt herausstellt, zu meinem großen Glück. (Ich hatte das Vermögen des Klubs geordnet und die Gelder hochverzinslich angelegt, die vorher zum Eckzinssatz auf verschiedenen Sparbüchern herumgekugelt waren).

2. VI. 1985

Sehr geehrter Herr Oberverwalter!

Die Wahl eines neuen Obmannes
des Klubs der soz. Abgeordneten hat
mit dem Wirken von Frau Matysek,
das ich im übrigen sehr schätze,
nichts zu tun. Diese Neuwahl erfolgte im übrigen einstimmig
und dient mit dem Bemühen
zu kommen, eine bessere Koordination die Arbeit von Regierspartien
Klub und Landesparteisekretariat
zu erreichen.

Wir haben alle unsere Fraktionen durch
die Wahl der entsprechenden Gremien
erhalten und müssen daher erst
zur Kenntnis nehmen, wenn ein
zuständiges Gremium neue Beschlüsse faßt.

Im übrigen kann ich Ihnen versichern,
daß in den verschiedenen Fraktions-
gremien der Partei sehr viele kritische
Stimmen zum Wort kommen, das
heißt allerdings nicht, daß ~~sie~~
Minderheiten immer ihre Meinung
durchsetzen können.

Es grüßt Sie

Dr. Freyfinandt

2. VI. 1985

Sehr geehrter Herr Oberverwalter!

Die Wahl eines neuen Obmannes
des Klubs der soz. Abgeordneten hat
mit dem Wirken von Frau Matysek in Halbturn,
das ich im übrigen sehr schätze,
nichts zu tun. Diese Neuwahl erfolgte im übrigen einstimmig
und hängt mit dem Bemühen
zusammen, eine bessere Koordination der Arbeit von Regierungsfraktion,
Klub und Landesparteisekretariat
zu erreichen.

Wir haben alle unsere Funktionen durch
die Wahl der entsprechenden Gremien
erhalten und müssen daher auch
zur Kenntnis nehmen, wenn ein
zuständiges Gremium neue Beschlüsse faßt.

Im übrigen kann ich Ihnen versichern,
daß in den verschiedenen Führungs-
gremien der Partei sehr viele kritische
Stimmen zum Wort kommen, das
heißt allerdings nicht, daß
Minderheiten immer ihre Meinung
durchsetzen können.

Es grüßt Sie

Ihr Fred Sinowatz

Kery war sehr verlegen. Meiner Frage, ob nicht wenigstens er mir sagen könne, warum ich das Vertrauen verloren habe, wich er aus. Ich stellte ihm die Frage, ob er glaube, selber das Vertrauen der Bevölkerung zu besitzen. Das hatte getroffen. Wortlos sprang er auf und lief davon.

Ich bemühte mich in der Folge um Gespräche mit dem Landeshauptmann und mit dem Kanzler. Ich schrieb mehrere Briefe an die Parteiobmänner des Burgenlandes, sehr zum Entsetzen der Parteispitze, wie mir mein Nachfolger versicherte, was mir nachher noch zum Schaden werden sollte. Und viele Menschen, die mich kannten, wurden initiativ.

Ottilie Matysek   *Bruckneudorf, 1985 06 18*

Herrn
Bundeskanzler
Dr. Fred Sinowatz
Bundeskanzleramt
Ballhausplatz 2
1010 Wien

Sehr geehrter Herr Bundeskanzler!
Lieber Genosse Sinowatz!

Ich habe mich nun doch entschlossen, Dir zu schreiben, um mir später nicht den Vorwurf machen zu müssen, nicht alles dazu beigetragen zu haben, um eine zugegebenermaßen schwierige Situation einer für alle annehmbaren Lösung zuzuführen. Dies um so mehr, als ich Dich immer als einen Mann der Vernunft und des Ausgleiches, ja sogar als eine Art moralischer Anlaufstelle und letzte Kompetenz in besonders problematischen Fragen unserer Partei eingeschätzt habe, und trotz der Ereignisse um den 20. Mai immer noch tue.

Du erinnerst Dich, ich habe Dir an jenem besagten Montag unmittelbar vor der Präsidiumssitzung den Vorschlag gemacht, innerhalb eines geeigneten Gremiums diese Angelegenheit in Ruhe zu besprechen, um meinen „Abgang" auch für alle vertretbar in der Öffentlichkeit begründen zu können. Es tut mir leid, daß Du darauf nicht eingegangen bist, wir hätten sicher eine menschlich korrekte und faire Lösung gefunden. Dies um so mehr, als ich Dich darauf aufmerksam machte, daß ich schon seit langem das Gefühl hatte, bei Dir auf unqualifizierte, um nicht zu sagen kindische Art und Weise „vernadert" zu werden.

Nur habe ich das alles, wie sich mittlerweile herausstellt, sehr zu Unrecht, nicht so ernst genommen und war außerdem überzeugt, daß, hättest Du es ernst genommen, mich sicher rechtzeitig auf mögliche Fehler oder unrichtiges Verhalten aufmerksam gemacht.

Spätestens dann, als der Landeshauptmann mir von Deinem Anruf anläßlich des Mader-Rücktrittes erzählte, als Du ihm wörtlich sagtest: „Die Otti darf net Kultur-Landesrat werden!" und als Begründung die Verleumdung anführtest, ich schreibe für die OZ! Spätestens dann hätte ich zu Dir den Kontakt suchen sollen.

Denn damals hätte mir klar sein müssen, daß meine „gegnerischen Genossen" eine beinharte Strategie verfolgen.

Herr Bundeskanzler — Du hättest Dir diesen Anruf ersparen können, denn vor mehr als einem Jahr habe ich den Landeshauptmann gebeten, mich aus seinen Überlegungen in die Regierung zu holen auszuklammern, weil die Arbeit des Klubobmanns für mich so faszinierend ist, daß ich sie sogar gratis machen würde. Damals hat er noch gelacht. In der Zwischenzeit ist mir das Lachen vergangen.

Man kann auf zweierlei Art Opfer von Verleumdungen und Intrigen werden: Als Ziel und Opfer selber, so wie es mir ergeht. (Die wahren Hintergründe kennen die Mehrzahl der Mandatare und sind bei einem Großteil der Bevölkerung bekannt — eine Bezirksangelegenheit!) Oder wie in Deinem Fall ein Opfer als Mittel zum Zweck, ein Opfer falscher Informationen.

Ich bin nach wie vor überzeugt, hättest Du beide Seiten gehört, wäre es zu diesem traurigen Schauspiel am 20. Mai nicht gekommen.

Du warst nicht nur falsch informiert, es waren offensichtlich auch die Reaktionen sowohl der Bevölkerung und Medien nicht richtig vorausberechnet. Und dabei ist alles noch nicht ausgestanden.

Täglich erhalte ich Anrufe und Briefe! — Das durchstehen zu müssen wünsche ich nicht einmal denen, die diesen mörderischen Plan ausgeheckt haben. Von dem, was man mir persönlich und menschlich angetan hat, möchte ich erst gar nicht reden. Nach einem ersten Schock beginnt sich nunmehr erst das

„gesunde Gerechtigkeitsempfinden" in der Bevölkerung zu formieren.

Außerdem warten mehr als ein Dutzend Journalisten auf Interviews von mir und wollen Gegenüberstellungen Matysek — Posch zeichnen, wer denn mehr Vertrauen besäße, der alte oder der neue Klubobmann der SPÖ Burgenland.

Man muß als Politiker viel aushalten. Ich bin auch bereit dazu! Ich bin auch bereit, jede Position, die mir die Partei verleiht, selbstverständlich jederzeit zurückzulegen. Ich bin nur nicht bereit, die ordinäre Art und Weise, wie man mit mir am 20. Mai verfahren ist, zu akzeptieren. Der ausschließliche und einzige Punkt der Anklage der Bezirksobmänner, der inkriminierte Basta-Artikel hat sich als nicht haltbar erwiesen. Das ORF-Interview, das jederzeit nachzulesen ist, als Grund für verlorengegangenes Vertrauen anzuführen, kann doch nicht ernst gemeint sein.

Hingegen ist Dein Vorhalt innerhalb der Klubsitzung, ich hätte den Landeshauptmann in seiner „schwersten Stunde" in Güssing nicht verteidigt, schon von größerer Bedeutung!

Gestatte mir, Herr Bundeskanzler, ich habe es einfach nicht zustande gebracht, Dich vor dem Klub bloßzustellen.

Du weißt genausogut wie ich, daß die Einbruchs-Version um die Waffenaffäre in Kobersdorf eine Annahme (Journalisten behaupten eine Erfindung) der Parteisekretäre und des Landeshauptmannes war. Die Wahrheit hat sich ja inzwischen herausgestellt!

Und jetzt, Herr Bundeskanzler, wird es mir bitter ernst: Ich bin nach wie vor bereit, für diese Partei meine Kraft und meine Ideen zu investieren wie in der Vergangenheit. Ich bin aber nicht bereit, vom Rednerpult aus 700 Funktionäre glatt zu belügen.

Ich bin voll Idealismus in diese Partei eingetreten. Ich habe das Glück oder Talent, selbst in aussichtslosen Positionen und Situationen, ob das die Schule in Bruckneudorf, bereits abgeschriebene Ausstellungen oder internationale Wettbewerbe sind, ob es sich um wirtschaftliches Engagement handelt, wie Genosse Posch unlängst sagte: „Wann die Otti was anpackt, wird was draus", Menschen zu mobilisieren und mit ihnen sichtbare Erfolge zu erringen.

Nun, ich habe es mit Freude und im Glauben für die Partei etwas einbringen zu können getan, habe allerdings nie daran gedacht, obwohl man mich öfters darauf aufmerksam gemacht hat, daß ich mir damit Gegner und Neider schaffen könnte.

Mittlerweile bin ich auch klüger geworden! Nur sollten wir aus diesen Geschehnissen alle lernen, weil eine Partei in schwierigen Zeiten erst recht starke Persönlichkeiten braucht! Von einem guten Parteivorsitzenden erwartet man, daß er das auch versteht!

Nun höre ich aus Deiner Umgebung, daß der „Fall Matysek" in Kürze erledigt sein soll, ja daß die Absicht besteht, mich politisch und existentiell ein für alle mal fertig zu machen, was immer man darunter verstehen mag.

Ich habe den Eindruck, einige meiner burgenländischen „Freunde" wollen hier einen Fehler mit einem noch größeren Fehler zu korrigieren versuchen.

Ich appelliere nun ein zweites Mal an Dich, als für mich noch immer kompetente Anlaufstelle für derartige unüberlegte Aktionen, die sich parteischädigend auszuwirken beginnen, diesen Amoklauf endlich zu stoppen. Es geht hier schon lange nicht mehr um mich und meine Person. Offenbar bin ich mittlerweile für viele Genossinnen und Genossen zum Anlaß für eine Bewegung in der burgenländischen sozialistischen Partei geworden.

Ich appelliere also neuerlich an Dich und vermutlich kann eine Lösung lediglich nur mehr in einem Vier-Augengespräch durchdiskutiert werden und zustandekommen.

Ich bitte Dich, mir innerhalb der nächsten 14 Tage einen Aussprachetermin für diese, für mich persönlich und, wie ich glaube, für die Partei sehr wichtige Angelegenheit zu ermöglichen und hoffe sehr, daß Du für diesen Wunsch Verständnis aufbringst.

Freundschaft Genosse!
Deine Ottilie Matysek

Einschreiben
Expreß

In der darauffolgenden Parteivorstandssitzung am 24. Juni geht Sinowatz auf mich zu und sagt: „Wannst willst, können wir jetzt reden." Wir reden im Klubbüro.

Er beschwert sich über Theodor Kery, Susi Riegler und Pius Strobl. „Der Theo war mir gegenüber immer illoyal." Und:

135

„Was der Pius gemacht hat, ist kriminell. Er hat gemeinsam mit Susi Riegler diese arme gedemütigte Frau Kery ausgehorcht und Tonbandaufzeichnungen gemacht. Damit erpreßt er jetzt den Theo und die Partei."

Damals begriff ich nicht, was ihn daran derart echauffierte. Inzwischen hat sich einiges geklärt. Gerald Mader hatte um seinen Abgang herum entsprechende Begleitmusik inszeniert.

Die Waffen-Enthüllungs-Story und das Matysek-Interview im „Basta" — einen Tag vor dem Güssinger Parteitag.

Weder Susi Riegler, wie sie mir erzählte, noch Pius Strobl kannten Frau Kery persönlich. Gerald Mader hatte ihnen den Zugang verschafft. Er riet Frau Kery auch, sich scheiden zu lassen und vermittelte ihr einen Anwalt in Wiener Neustadt. Auf meinen Hinweis, Strobl könnte, wenn er kandidiere, Ähnliches passieren wie mir, meinte er kühl: „Dann veröffentliche ich sechs Stunden Anna Kerys Lebensbeichte auf Tonband. Das hab ich dem Kery gesagt, davor zittert er." Ich beginne zu verstehen. Was hat mir Gerald Mader erzählt? „Die Dreckarbeit lasse ich von anderen machen."

Oh Gott! Ich will von all dem nichts mehr wissen.

Wir vereinbaren, daß er mit dem Landeshauptmann ein Gespräch herbeiführen wird. Irgendwie erscheint er mir ratlos und erleichtert, als wir das Gespräch beenden.

Es kam tatsächlich zu einer Unterredung mit dem Landeshauptmann am 8. Juli. Vor seinem Büro begegne ich Nationalrat in Ruhe Franz Robak. Er beschwört mich: „I war grod beim Kery. Er ist sehr nervös. Sei gut zu ihm. I glaub', er hat Angst."

Ich begreife überhaupt nichts mehr. Die Unterredung mit dem Landeshauptmann sollte sich tatsächlich als sehr schlimm erweisen.

Am 9. Juli fand im Beisein der Abgeordneten eine Bezirksfrauenkomiteesitzung statt. Bezirksobmann Peck hielt nach ein paar Worten von mir (ich war Bezirksfrauenchefin) ein kurzes Referat. Er ging in keiner Weise auf den „Fall Matysek" ein.

Beherzt fragte Genossin Szigetti (die jetzt als meine Nachfolgerin im Landtag kandidiert): „Was ist eigentlich mit der Genossin Matysek passiert?" Peck reagierte nicht und begann über die Probleme Ostautobahn und Pendler zu reden. Szigetti beharrte: „Was ist mit Genossin Matysek passiert?" Peck bedauerte den Fall sehr verlegen und gab zu, an sich wäre die ganze Sache durch Kooperation und Gespräch zu verhindern gewesen. Im übrigen wäre dies Sache der Landespartei. Nein, Mißtrauen wäre keines ausgesprochen worden, nur der Klub hätte beschlossen, einen neuen Obmann zu wollen.

Nur ein einziges Mal wäre über die Frage Matysek als Klubobmann gesprochen worden, auf Betreiben des Bundeskanzlers; der Mader-Rücktritt wäre für alle ein Schock gewesen. Er selber hätte von allem nichts gewußt, sondern erst in Eisenstadt vor der Sitzung erfahren.

Daraufhin Melitta Tauber: „Also, ich kenn' mich da jetzt schon überhaupt nicht mehr aus: Was soll das ganze Theater! Hat niemand ein schlechtes Gewissen? Da wird eine verdiente Mandatarin, die für den Bezirk so viel gemacht hat, mit einer lächerlichen Show umgebracht. Wegen eines lächerlichen Interviews. Wieso redet niemand von ihren Verdiensten, was sie für diese Region alles getan hat? Die Schule aufgebaut, Halbturn, Arbeitsplätze geschaffen, für den Fremdenverkehr sehr viel getan. Wo zählen ihre Erfolge, wo die Leistungen der Otti? Ich versteh' das wirklich nicht mehr!"

Genossin Szigetti: „Wie können wir der Otti helfen? Wie kann man ihr zum Recht verhelfen? Hier ist sehr großes Unrecht geschehen!" Abgeordneter und Vorsitzender Peck wurde mit der Forderung konfrontiert, die ganze Sache mit der Parteispitze in Ordnung zu bringen, ansonsten würden ihm die Frauen im Herbst geschlossen das Mißtrauen aussprechen. Peck tat sich sehr schwer, ging auf einzelne Fragen nicht ein, betonte nochmals, daß er nichts gewußt hätte. Nur vom Landeshauptmann habe er eine kurze Begründung erfahren: „Basta".

Genossin Petrovich beharrte: „Wieso hast Du Dich nicht als Bezirksobmann informiert? Normalerweise glaubst Du nicht alles, was in den Zeitungen steht; sogar bei Gericht hat der Angeklagte ein Recht auf Rechtfertigung und Verteidigung. Nicht einmal das hat man der Otti ermöglicht!"

Der Bezirkssekretär fing wieder mit „Basta" an. Er gab vor, das Gerichtsurteil noch nicht zu kennen (obwohl es in einer Bezirkssitzung an mehr als 30 Funktionäre fotokopiert verteilt worden war. Sonst wissen sie immer alles!). Petrovich machte ihm Vorhalte, sie fände es schon recht sonderbar, daß in einer so gravierenden Angelegenheit wie der „Basta"-Affäre der Bezirkssekretär nicht im Bilde sei.

Abgeordneter Moser räsonierte: „Die Partei bestimmt die Leute und setzt sie auch wieder ab. Man muß das zur Kenntnis nehmen!" Würde ihm so etwas passieren, er würde sofort gehen und still weiterarbeiten. Bei der Präsidialsitzung wäre er übrigens gar nicht dabeigewesen, er stünde aber zu diesen Beschlüssen.

Petrovich: „Das klingt alles fürchterlich nach Ostblock. In einer demokratischen Partei wie der unseren sollte das überhaupt nicht vorkommen können. Wenn man findet, daß jemand nicht mehr geeignet ist oder nicht entsprechend Arbeit leistet, ist es das mindeste, ihm das zu sagen. Mit einer Begründung und in entsprechender Form. Alles andere sind billige Ausreden. Mangelndes Vertrauen, was soll das heißen?"

Melitta Taubner: „Sie war einfach eine dynamische Mandatarin, eine Unternehmerin. Wir waren alle froh über ihre Aktivitäten in Halbturn. Sie hat für die Wirtschaft hier sehr viel getan!" Peck gab zu, auch sehr viel Eifersucht wäre mit im Spiel. Eifersucht, als sie Klubobmann wurde. Und auch sehr viel Eifersucht auf ihr Verhältnis zum Landeshauptmann. „Leider Gottes kommen solche Dinge vor, die gehen dann aus dem Griff. Der Landeshauptmann und die Matysek haben ein so gutes Verhältnis gehabt, ich gebe zu, wir haben das mit Neid verfolgt. Vom Vertrauensverlust hat aber einzig und allein der Landeshauptmann gesprochen!" Peck weiter: „Ich hab Euch nur erklärt, warum. Besser gesagt, ich hab's versucht, Euch zu erklären. Ich bedaure, daß das alles passiert ist. Das Ganze ist Sache der Landespartei."

Petrovich ließ sich nicht abfertigen: „Was würdest Du sagen, wenn wir sagen, der Peck soll gehen, wir haben kein Vertrauen mehr zu ihm?"

Peck wich aus: „Gewisse Klubmitglieder waren mit ihr halt nicht mehr einverstanden!"

„Als Bezirksobmann hast Du die Pflicht gehabt, Dich darum zu kümmern und mit uns oder mit ihr zu reden!"

Moser: „Es sind schon andere aus höheren Funktionen abgelöst worden!"

Petrovich: „Aber nicht auf diese entwürdigende Art!"

Peck widersprach sich nun schon zum wiederholten Male: „Der Parteiführer und die Bezirksobmänner werden doch noch die Möglichkeit haben, eine personale Entscheidung zu treffen, wenn alle der Meinung sind, die Zeit ist vorbei!"

Hubertus CZERNIN *sprach mit der burgenländischen Frauenvorsitzenden und Nationalratsabgeordneten Ella Zipser über den Fall ihrer Geschlechtsgenossin Ottilie Matysek.*

„DA TÄT' DIE PARTEI AUFHÖREN"

profil: *Wie geht es weiter mit dem Fall Matysek?*

Zipser: Ist des no nicht zu Ende, um Gottes willen?

profil: *Warum soll es zu Ende sein?*

Zipser: Weil's ein Kas ist.

profil: *Im Bezirk Neusiedl haben sich ja die Frauen mit der Frau Matysek solidarisiert.*

Zipser: Das hat es nicht gegeben. Ich habe den Bericht der Frau Abgeordneten gehört, aber das stimmt nicht.

profil: *Sie haben kein Vertrauen zur Frau Matysek mehr?*

Zipser: Wirklich nicht.

profil: *Warum nicht?*

Zipser: Ich bin 30 Jahre Funktionärin der Sozialistischen Partei. Ich bin Frauenvorsitzende, zehn Jahre Abgeordnete. Ich kenn' also das Parteileben in- und auswendig. Wenn mir in meinem Gremium jemand etwas tut, was nicht in Ordnung ist, dann gehe ich hin und löse die Dinge intern. Aber ich gehe doch mit meiner Klage nicht an die Öffentlichkeit. Was soll denn das? Das tut doch kein Mensch.

profil: *Wenn Sie das Rundfunkinterview der Frau Matysek hernehmen: Da ist doch nichts drinnen, was parteischädigend wäre.*

Zipser: Das ist immer eine Ansichtssache.

profil: *Sie hat damals, also anläßlich des Rücktritts von Landesrat Mader, davon gesprochen, daß die Partei mehr Kritik ertragen muß. Das ist doch nichts Schlimmes?*

Zipser: Sie sind also der Auffassung, daß das nicht in Ordnung ist, was der Matysek passiert ist.

profil: *Ja.*

Zipser: Sie können ja nachlesen, was im „Kurier" gestanden ist, was in der „Wochenpresse" gestanden ist. Das können Sie ja alles nachlesen.

profil: *Dort hat sie keinen Funktionär persönlich angegriffen.*

Zipser: Dann kennen Sie die Interna nicht und können nicht zwischen den Zeilen lesen. Das kann eben ein Außenstehender nicht. In so einer Situation gebe ich einer Zeitung überhaupt kein Interview.

profil: *So wie wir jetzt miteinander reden, hat halt auch die Frau Matysek mit Journalisten gesprochen.*

Zipser: Wissen Sie, was ich dann sage: Über meinen Klub sag' ich nur intern etwas.

profil: *Die einzigen Aussagen über den Klub gab es im „Basta", die hat sie eingeklagt, und da hat ihr das Gericht recht gegeben.*

Zipser: Das Gericht nicht. Das hat „Basta" freiwillig gemacht.

profil: *Es war eine gerichtliche Entgegnung.*

Zipser: Sie hat noch keinen gerichtlichen Beschluß hergezeigt.

profil: *Im Neusiedler Bezirksausschuß sehr wohl.*

Zipser: Niemand von uns hat das gesehen. Dann soll sie uns das zeigen.

Ella Zipser
„Selber schuld"

profil: *Was soll sie denn mehr tun, als das Urteil im ganzen Burgenland verteilen. Haben Sie eigentlich nie können mit der Frau Matysek?*

Zipser: Aber ja, wir haben miteinander können. Ich schätze die Matysek als sehr gescheite Frau, als tüchtig und fleißig. Nur etwas: Wenn es zu einer solchen Diskussion kommt und kein einziger intern für sie positive Worte findet, daß sie bleiben soll, dann muß ihr Ihnen doch etwas sagen. Da kann man dann in einer Partei nicht mehr. Ich versteh' außerdem nicht, daß die Matysek eine Rehabilitation verlangt. Was würde das bedeuten, wenn sie jetzt auf ihren Platz zurückkäme? Da gäbe es kein Arbeiten, weil das Mißtrauen derartig groß wäre. Da tät' die Partei aufhören. Das ist nix. Da kann ich noch so toll und tüchtig sein, wenn ich keine menschlichen Beziehungen zu meinen Mitarbeitern habe, dann nützt mir ein ganzer Klubobmann nichts. Ich hätte an ihrer Stelle versucht, Kontakte aufzubauen und mich zu integrieren. Aber so wie sie das macht, über die Medien, von Vorarlberg bis was weiß ich, das kann nicht gutgehen. Das kann nur schieflaufen. Die Matysek hat früher niemand gekannt. Seitdem sie gegen die Partei spricht, ist sie von Vorarlberg bis zum Burgenland bekannt. ∎∎

„Die Zeit war aber noch nicht vorbei", gab Petrovich zurück, „sie war eine der tüchtigsten Mandatarinnen dieses Landes!"

Müllner sagte den Satz seines Lebens: „Mir kann das alles net passieren, weil ich red' mit keinem Journalisten!"

Von den Frauen in die Enge getrieben, versprach Peck, sich der Sache anzunehmen. Er tat's in der Form, sich bei der Frauenvorsitzenden des Landes, der Nationalratsabgeordneten Elli Zipser, über die aufmüpfigen Neusiedler Frauen zu beschweren. Zwei Tage später erschien ein grauenhaftes Zipser-Interview im „profil" (siehe vorhergehende Seite).

Die Frauen reagieren erbost in der Art, mir geschlossen das Vertrauen auszusprechen. Und einen Leserbrief mit der Information darüber an die Redaktion zu schreiben. Ich schrieb einen Brief an den Landeshauptmann.

Dir. Ottilie Matysek   *Bruckneudorf, 25. Juli 1985*

Herrn
Landeshauptmann
Theodor Kery
p. A. Amt der Bgld.
    Landesregierung
Freiheitsplatz 1
7000 Eisenstadt

Sehr geehrter Herr Landeshauptmann!
Lieber Genosse!

Was mich wirklich veranlaßt, nach dem eher unerfreulichen Vieraugengespräch vom 8. Juli, um nicht zu sagen nach der Kampfansage von Dir, noch einmal einen Schritt der Versöhnung zu tun? Wahrscheinlich Parteidisziplin, vor allem aber um mir später nicht den Vorwurf machen zu müssen nicht alles getan zu haben, um innerhalb unserer großen Partei eine einvernehmliche Lösung dieses zugegebenermaßen schwierigen Problems herbeizuführen.

Außerdem lassen sich 19 Jahre sichtbar erfolgreicher Zusammenarbeit nicht einfach wegwischen, nicht einmal durch die stillose, um nicht zu sagen primitive Art und Weise wie man am 20. Mai mit mir verfahren ist. Ein paar Minuten vor dieser „makabren" Präsidialsitzung, die eher an ein absurdes Theater erinnert, habe ich Dich noch als Landesparteiobmann ersucht, innerhalb eines geeigneten Gremiums intern, eine faire, auch für die Öffentlichkeit glaubwürdige Regelung zu finden.

Die Ablöse mitten in der Legislaturperiode und ohne konkrete Angabe von Gründen, ohne Abwahl, war sicher nicht so „normal" — wie man es dann versucht hat darzustellen! Ein Aufschrei der Öffentlichkeit — ein Aufschrei der Medien, nicht von mir gesteuert, wie Du versucht hast abzutun, waren die logische Konsequenz.

Ich bitte Dich, mich endlich zu verstehen, ich will keine Rache, ich will nicht Vergeltung, aber ich bestehe auf der Rehabilitierung meines Rufes, denn ich besitze sehr wohl das Vertrauen sehr vieler Menschen. Wie verschiedene Aktivitäten, die mittlerweile stattgefunden haben, bestätigen, wie mir viele Burgenländer in Briefen und Telefonaten versichern.

Nun halte ich es für nicht gut, Auseinandersetzungen oder Diskussionen auf dieser Ebene weiterzuführen.

Ich will einfach nicht glauben, daß es Dir Ernst war mit der Aussage, daß der Klub sich eben von mir trennen würde und daß auch Olah den Kampf gegen die Partei verloren habe!

Herr Landesparteiobmann, ich habe mich weder gegen die Partei, noch gegen den Klub, noch gegen seine Spitze gestellt, ganz im Gegenteil! Ich habe allerdings in einer sehr konstruktiven und intensiven Art und Weise mit dem Klub zu arbeiten begonnen, was Du noch vor ein paar Monaten vor allen Spitzenfunktionären als vorbildlich für die zukünftige Parteiarbeit hingestellt hast. Ich habe Dich in 100%-loyaler Weise von allen meinen Vorhaben und Aktivitäten nicht nur informiert, sondern mich mit Dir abgesprochen, ob das jetzt die Galerie in Halbturn, die Ausstellung von Halbturn, der Aufbau der Schule, die Gründungen der Abteilungen dieser Schule, ob das meine Aktivitäten um den Josef-Joachim-Wettbewerb oder im wirtschaftlichen Bereich, wenn ich an die Industriezone in Parndorf war, denke.

Ich habe es getan, selbst auf die Gefahr hin, daß mich manche meiner Abgeordnetenkollegen nicht sofort verstehen würden, weil ich überzeugt war, daß all die Aktivitäten der guten Sache dienten und unserer Partei zugute kommen.

Ich holte mir lediglich die Rückversicherung meiner Aktionen von Dir, ich habe geglaubt, daß das genügt! Es hätte genügen müssen.

In der Zwischenzeit habe ich die schmerzliche Erfahrung machen müssen, daß Du, wenn es darauf ankommt, offensichtlich nicht zu Deinem Wort stehst. Ich möchte nicht sagen, daß ich mich dadurch verraten fühle!

Versteh mich bitte nicht falsch, aber ich möchte noch immer nicht akzeptieren — Dich zum Gegner zu haben.

Als ich den Klub übernommen hatte, war es gar nicht so selbstverständlich, daß er einhellig hinter Dir stand, ganz im Gegenteil! Erst die Klubtagung 1983 in Rust hat das möglich gemacht, und ein Präsident Grandits, zuerst sehr skeptisch, war hinterher sehr begeistert und Präsident Pinter hat sogar gemeint, daß, wenn dieses „neue Klima", wie er es nannte, so weiter gepflegt werden könnte — Dir am Parteitag die ⅔ Mehrheit bringen würde! Du und viele andere allerdings haben gewußt — wer diese ⅔ Mehrheit gefährden könnte: Dein Mühlstein hieß Helmut Vogl! Erinnere Dich, was Du mir im Zusammenhang dazu gesagt hast — und daß Du es nicht schaffst ihn loszuwerden! Du bist, wie ich es Dir empfohlen hatte, der Fraktionssitzung am 13. Juni ferngeblieben!

Helmut Vogl ist am selben Tage noch zu mir gekommen und hat mich gefragt, ob er sofort oder innerhalb welcher Zeit er zurücklegen sollte, auch dafür gibt es Zeugen!

Nun, das Problem Vogl ist für Dich gelöst, und viele andere Probleme mittlerweile auch.

Ich war überzeugt, daß Du in der Fülle der Tagesaufgaben Dich tatsächlich nicht um alles kümmern kannst, ich war überzeugt, daß ein Klubobmann die Aufgabe hat, Dich auf Fehlentwicklungen rechtzeitig aufmerksam zu machen. Ich habe es anfangs im Vieraugengespräch getan, und als ich das Gefühl hatte, daß Du Problemen aus dem Weg zu gehen versuchst, innerhalb des Klubs!

Von da an begannen meine gegnerischen „Freunde" allerdings massiv gegen mich bei Dir zu intrigieren.

Schmeicheleien sind einfach leichter aufzunehmen als Wahrheit oder kritische Mahnungen. Trotzdem würde ich keinen Schritt anders machen, selbst wenn ich diese Entwicklung hätte vorhersehen können. Ich habe Dich rechtzeitig auf den Unwillen der Bevölkerung zum Kapitel Gratis-Strom aufmerksam ge-

macht. Du hast es damals nicht ernst genommen! Das war noch lange vor den 3 Fragen des Josef Cap an Dich! Du hättest Dir und uns allen und der Partei viel erspart.

Ich habe Dich gewarnt um die Entwicklung rund um den Gerald Mader und Dir empfohlen ihn einzubinden, weil eine Gegnerschaft innerhalb der sozialistischen Partei nie gut ist — nur hast Du es nicht wahrhaben wollen.

Ich habe Dich auch aufmerksam gemacht, daß das Personal darüber zu reden beginnt, daß Du die „Damenbesuche" besser außerhalb der Regierung verlegen solltest. Auch das war Dir nicht angenehm und Du wärst trotzdem besser beraten gewesen. Ich habe das alles in Deinem Sinn gut gemeint!

Zuerst hat mich Deine Ankündigung, oder soll ich es als Drohung auffassen, daß, wenn ich nicht klein beigäbe, was immer Du darunter verstehen magst, könnte es im Landtag 19 : 16 : 1 stehen, erschreckt.

Nun auch dieser Entwicklung sehe ich mittlerweile gefaßt entgegen. Ich fühle mich keiner Schuld bewußt, ganz im Gegenteil, ich habe in dieser Partei mit Freude und Kraft meine Ideen eingebracht, und die Erfolge sind ja nicht einfach vom Tisch zu wischen. Ich habe allerdings nicht gedacht, daß ich innerhalb unserer Bewegung mir dadurch echte Gegner schaffen könnte. Gegner, die Angst hatten, ich strebe nach Positionen — Du weißt, daß dem nicht so ist. Vor 1½ Jahren habe ich Dir schon gesagt, Du sollst mich aus Deinen Überlegungen in die Regierung zu holen ausklammern, ich habe Dir auch den Grund genannt, wie Du weißt. Ich habe Dir aber auch immer gesagt, daß ich die Arbeit als Klubobmann so faszinierend finde, so daß ich sie sogar unentgeltlich machen würde. Damals hast Du noch gelacht und mich eine „Narrische" genannt, mittlerweile ist offensichtlich uns beiden das Lachen vergangen. Warum hast Du dem Bundeskanzler nicht damals, als er Dich, wie Du mir erzähltest, anrief und Dir sagte, ich dürfte nicht Kulturlandesrat werden, davon berichtet?

Ich habe es immer als selbstverständlich empfunden, wenn Du in meiner Gegenwart angegriffen worden bist, für Dich zu kämpfen und Dich zu verteidigen, egal ob Du darauf Wert legst oder nicht, es war für mich auch selbstverständlich umgekehrt von Dir das Gleiche annehmen zu können.

Nun hast Du mich ersucht, angesichts des großen Medieninteresses um den 20. Mai, nicht die Nerven zu verlieren. Ich habe mich bemüht, sie nach wie vor zu behalten, ich habe allerdings meinem Nachfolger, als er mich ersuchte, keinen 30-jährigen Krieg zu beginnen, gesagt, ich hätte keinen Krieg begonnen, ich brauchte allerdings, wenn ich den Kampf annähme, keine 30 Jahre! Da genügten 2!

Zu lange war ich am Puls und am Geschehen unserer Partei. Noch immer gäbe es die Möglichkeit diesen Irrtum und aus all den Wortmeldungen, Anschuldigungen, Diskussionen geht eindeutig hervor, daß es sich nur um einen solchen im Zusammenhang mit dem Mader-Rücktritt und dem unglücklichen BASTA-Artikel handelt, wieder gutzumachen und aus der Welt zu schaffen, auch wenn es vielleicht die eine oder andere Schramme gegeben haben soll.

Diese Partei und ihre Hauptverantwortlichen müssen imstande sein, auch Probleme dieser Art zu lösen, ohne einfach neue zu schaffen.

Noch immer habe ich die Türe nicht zugeschlagen, noch immer warten viele Funktionäre, die unter dieser Situation leiden, auf eine faire Lösung. Natürlich gehört hier eine gewisse Größe dazu.

Ich appelliere an Dich, Du hast die Möglichkeit, aber auch die Chance, diese Größe zu beweisen. Es geht nicht darum, wie Du gesagt hast, daß man 2, 3 Artikel abwarten muß, und der Fall Matysek ist damit erledigt, mißverstehe mich bitte nicht, ein zweites Mal aber mit 2, 3 Artikeln wäre dieser Fall noch lange nicht erledigt.

Ich weiß, daß maßgebliche Persönlichkeiten innerhalb unserer großen Bewegung in hohem Maße daran interessiert sind, eine brauchbare, menschliche Lösung dieser Angelegenheit einvernehmlich zu finden und auch bereit sind, das Ihre beizutragen. Ich appelliere an Dich als Landeshauptmann und Landesparteiobmann, das Deine zu tun.

Kampf und Auseinandersetzung wären sicher die schlechtere Lösung!

Freundschaft Genosse!

Ottilie Matysek

Unvermittelt trat Sinowatz wieder auf den Plan. Er rief mich an, den „Urlaubs- und Ferienfrieden" zu wahren und um Gottes willen keine Interviews zu geben. Es wäre das Beste, mich Anfang September zu einem Gespräch zu treffen. Ich war wütend über das Zipser-Interview, sie dürfe sehr wohl sprechen und ich hätte den Mund zu halten. Sinowatz grantig: „Das ist ein ewiges Hin und Her!" Ich korrigierte ihn: „Das ist ein ewiges Hin! Auf die Dauer kann ich mir das nicht bieten lassen!"

Kurioserweise stieß ich bei meinem Aufenthalt in der Kuranstalt Schärding auf den Kanzler, der mich irritiert fragte, was ich hier denn zu suchen hätte. Wir sahen einander zumeist zweimal täglich, ohne daß er auch nur die geringste Bereitschaft zu einem Gespräch signalisierte.

Unter vier Augen mit Sinowatz

Noch in Schärding, Ende August, erhielt ich den Anruf einer Journalistin. Sie habe erfahren, daß am 3. September ein Gespräch im Kanzleramt stattfinden solle. Ob das stimme? Ich bejahte. Einen Tag später fand sich über das kommende Gespräch Sinowatz-Matysek ein Kommentar im „Kurier". Wohl um der neugierig gewordenen Journalistin zu entgehen, wurde ich mittels eines Telegramms vom Kanzler verständigt, das Gespräch würde um einen Tag verschoben und fände im burgenländischen Parteihaus statt. Ich bat noch, in Wien zu bleiben. Der Bitte wurde nicht entsprochen.

Es kam also am 4. September um 17.10 Uhr zu diesem zweistündigen konsequenzenreichen Gespräch unter vier Augen. Es war mehr ein Verhör. Der Bundeskanzler saß mir mit Schreibblock und Kugelschreiber gegenüber: Er drohte mir, ich solle nur ja nicht glauben, ich könne gegen die Partei ankämpfen. Er und die Partei hielten noch viel mehr aus als den „Fall Matysek". Er warnte mich, zum wievielten Male schon, vor den Medien. Er kümmere sich um die Medien überhaupt nicht, denn weder Androsch noch ein versenktes (!) Schiff gingen ihn etwas an, er hätte zu regieren. „Der Androsch soll machen, was er will." Er machte mich darauf aufmerksam, daß ihn mit Kreisky allerbeste Freundschaft verbände, „detto mit Lacina". Ich war verwundert über diesen Sermon, denn eigentlich wollte ich ja zu meiner Sache etwas hören. Und sagte das auch. Er meinte trocken, ich solle für die Partei das Opfer bringen und Ruhe geben. „Das war ein Brutalakt", antwortete ich, „den kann ich nicht so einfach hinnehmen. Mir ist Unrecht geschehen, und ich möchte Rehabilitierung erfahren!" Sinowatz meinte: „Ja, das kann schon sein. Aber in einer so großen Partei kann es schon auch einmal zu Unrecht kommen!"

Er betonte, daß Landeshauptmann Kery zwar menschliche Schwächen hätte, er habe aber immerhin alle Wahlen gewonnen. Allein das zähle. Außerdem wäre mein Brief an Kery (der ihm gezeigt worden war) sehr hart gewesen; zu hart, denn immerhin hätte ich Kery meine Karriere zu verdanken. Ich protestierte. Ich wäre an Leistung wohl nichts schuldig geblieben. Er begann wieder, über die Waffenaffäre in Kobersdorf und Güssing zu reden und zürnte dem JG-Obmann Pius Strobl, „hier eine unfaßbare Gemeinheit" begangen zu haben — in Zusammenarbeit mit der Journalistin Susi Riegler! „Sich über eine Kaffeehauseinladung ins Vertrauen dieser armen, gedemütigten Frau Kery einzuschleichen, sie auszuhorchen, das ist besonders verwerflich!"

Er will wissen, was ich gemeint hätte mit: Wenn Matysek gehen muß, dann gehen andere mit! Ob ich Kery etwas aufrechnen möchte, und wenn, dann was?

Er will wissen, welche Abgeordneten meiner Meinung nach besonders gegen mich votiert haben; was ich über Vogl wüßte, über Posch.

Er fragte mich nach den Frauengeschichten Kerys und fügte gleich hinzu, die hätten ja alle. Aber letzten Endes hätten alle was geleistet. Er bedauerte „den armen Kurz" (verurteilt wegen sexueller Nötigung wohnungssuchender Frauen), „der beinahe selbstmordreif war".

Noch einmal kam er auf Kery zurück: „Meinst Du seine Weiberg'schichten? Meinst Du die klane Schiache? Ich hab dem Theo schon vor Jahren geraten: Laß Dich scheiden!" „Was stellst Du dir als Lösung vor? Was verstehst Du unter rehabilitieren?"

Ich versuchte ihm klarzumachen, daß ich darunter absolut keine finanzielle Lösung verstünde, sondern daß ich innerhalb der Partei in ähnlicher Position wie bisher wieder zu arbeiten wünschte. Er machte eine wegwerfende Handbewegung in Zusammenhang mit meiner Feststellung, daß ich ganz und gar nicht an Geld dächte, und sagte mir, das andere sei im Moment nicht zu realisieren. Er würde aber mit Theo darüber reden. Ich sollte mich nur nicht verspekulieren. Auch wenn ich Briefe bekäme, Anrufe. Die Mehrheit der Bevölkerung wäre völlig desinteressiert am Fall Matysek. Ich ersähe es ja auch am Fall Reder — Frischenschlager. Kein Mensch redete mittlerweile mehr davon. „Eine so große Partei hält auch so etwas aus!"

Dann machte ich einen schweren Fehler. Ich machte Sinowatz darauf aufmerksam, daß die Mehrzahl der Abgeordneten mir in der Zwischenzeit einzeln das Vertrauen ausgesprochen haben. Es durchfuhr ihn, und, merklich lauter: „Aber keiner der Abgeordneten wird sich das laut zu sagen trauen." Wie recht er hatte. Ich machte gleich einen zweiten Fehler, sagte: „Wäre am 20. Mai geheim abgestimmt worden, wäre ich heute noch Klubobmann!" Sinowatz schrieb sich etwas auf.

Ich fragte weiter: „Warum ist kein Mißtrauensantrag gestellt worden? Ihr habt bis heute keinen Grund, mich so zu behandeln!" Sinowatz schrieb fleißig mit. Ich zitierte noch einen Abgeordneten, der gesagt hatte: „Kery gehört schon lange weg" und: „Aber wenn i des sog, bin i mei Hackn los!" Sinowatz notierte. Er versuchte mich in der Folge auszuhorchen: Immer wieder fragte er nach Posch, Vogl, stellte Fragen nach Geld und Parteienfinanzierung. Ich bedeutete ihm, er könne mich wohl nicht für so dumm halten, daß ich ihm jetzt Namen oder Fakten tatsächlich sagen würde.

Das Gespräch dauerte schon sehr lange. Ich merkte, daß er nicht im entferntesten daran dachte, eine Lösung herbeizuführen. Ich sah das an seiner widerwilligen Art. Er würde mit dem Landeshauptmann darüber reden, am nächsten Tag, meinte er...

Am nächsten Tag, am 5. September, sah ich im Fernsehen den „Inlandsreport" mit Theodor Kery. Und hörte ihn sagen: hier wäre kein Unrecht geschehen, er dächte nicht an Wiedergutmachung. Ich konnte es nicht fassen und beschloß, anderntags den Kanzler anzurufen, was ich auch tat. Er war unterwegs und rief mich zurück. Ich fragte ihn, ob er denn schon mit dem Landeshauptmann gesprochen habe und wies auf dessen Aussagen im Fernsehen hin. Sinowatz: Nein, aber er würde es tun. Er würde mich zurückrufen. Was dann auch geschah.

Die Hexe und die Zombies

Doch weiter in meinem „Hexenprozeß", den mir Mikacs so genau vorausgesagt hatte.

Ich telefonierte mit Mikacs, als ein Journalist wegen eines Interviews zu mir kam. Ich bat ihn Platz zu nehmen und noch ein bißchen Geduld zu haben. Er hörte den Schluß des Telefonats, bei dem ich — folgenschwer — den Begriff „Zombie" verwendete. Gleich darauf rief der Kanzler zurück, ich solle mich mit Kery in Verbindung setzen. Ich bat Kery um ein Gespräch. Er lehnte ab! Es gäbe nichts zu besprechen, es wäre kein Unrecht geschehen, ein Gespräch wäre sinnlos. Ich fragte ihn, ob das tatsächlich sein letztes Wort wäre, denn er zwinge mich sonst, mich an die Öffentlichkeit zu wenden.

Kery wiederholte, zur Sache Matysek gäbe es nichts mehr zu reden. Ich schaute auf die Uhr. Es war sinnigerweise 4 Minuten vor 12.

Ich sprach mit dem Redakteur, gab also mein erstes Interview seit der Abhalfterung im Mai. In dem Gespräch kam das Wort „Zombie" kein einziges Mal vor. Der Redakteur hat es leider von sich aus in den Text eingebaut.

Das Interview erschien im Sonntagsblatt. An diesem Sonntag kam es auch zu einem Gespräch zwischen Sinowatz und der Parteispitze. Montag früh erhielt ich einen Anruf, der mich über den Inhalt dieses sonntäglichen Gipfelgesprächs und die geplante Aktion informierte. Es würden bei der Klubsitzung weder Kery noch Sinowatz anwesend sein. Sinowatz bestünde auf meiner Abwahl. Es wäre ein schwerer Fehler gewesen, daß man mich nicht schon am 20. Mai abgewählt habe. Grund dafür solle das Interview sein. Es wird also ein Journalistengespräch Grund meines Klubausschlusses, und nicht der bisher immer behauptete Vertrauensverlust. Es sollte später auch Grund meines Parteiausschlußverfahrens werden.

Ehe am Montag das Tribunal begann, machte ich „meine Richter" darauf aufmerksam, daß ich über Inszenierung und Handlung Bescheid wüßte. Sie sollten sich die Blamage sparen. Ich sagte ihnen, ich lege Wert darauf zu deponieren, daß sie hier ein Urteil oder eine Entscheidung oder gar eine Abwahl nicht treffen könnten, nachdem weder der Klub noch der Parteivorstand über den Inhalt der Gespräche und Briefe zwischen Landeshauptmann, Bundeskanzler und mir informiert wären. Vergeblich. Man war bereits studiert. Meine Abwahl und mein Klubausschluß wurden durchgezogen.

Der Grund: die „Zombies". Lustige Anmerkung: Stix mußte „extra in zwei Lexikas" (wie er sich ausdrückte) nachsehen, was denn Zombies überhaupt seien. Vor allem Freund Puhm engagierte sich. Ich nahm ihn später als Beisitzer im Parteiausschlußverfahren, was ihn in ärgste Kalamitäten brachte.

Außer diesem Interview habe ich mit dem ORF-Burgenland und der „Zeit im Bild" gesprochen.

Das heißt: Sie haben zuerst Unrecht getan und dem Geschädigten den Auftrag erteilt, schweigend zu kapitulieren. Tut er das nicht, beginnt er sich zu wehren, wird nach endlosen Versuchen um Einigung dieses Sich-Wehren als hinreichender Grund angesehen, die Attacke von früher zu rechtfertigen. Ich hätte mich also ins Unrecht gesetzt, weil ich mich gegen gesetztes Unrecht zur Wehr setzte. Mit Verlaub, das ist die Rechtslogik der Inquisition. Zipser und Frasz wurden zu weiterer Aktion beauftragt, und sie waren willfährig.

In der „Arbeiterzeitung" und im ORF, scharf kontrastierend zum Aufschrei in den österreichischen Medien, polemisierten beide gegen mich:

Zipser: Die Matysek verhält sich parteischädigend. Sie hat in den Gremien niemals Kritik geübt, sie kritisiert in den Medien, seit sie eine Position nicht erreicht habe (den Kulturlandesrat nach Mader). Sie könne das erstmalige Nichterreichen eines Zieles menschlich nicht verkraften. Sie habe für die Frauenarbeit im Burgenland kein Interesse, habe diese nie unterstützt, wolle Kulturlandesrat werden. Seither sei mit ihr nicht mehr zu reden. —

Frasz: Der „Fall Matysek" ist auf ihr eigenes Betreiben zu einem solchen geworden. Seit sie ihre Wunschposition nicht erreicht habe, gäbe es ein unerträgliches Gesprächsklima. Die Matysek hat gesagt, sie könne sich mit der Partei erst wieder versöhnen, wenn es eine entsprechende Position gäbe, und sie habe eine Querverbindung zur „Oberwarter Zeitung", die ja selbst der ORF eine „Schmutzwaschanstalt" genannt hat (aber das war doch der Gerald Mader...)

Ich schrieb daraufhin einen Brief an den Parteivorsitzenden mit einer Beschwerde über Zipsers und Frasz' Unwahrheiten; drang auf Widerruf oder um Erlaubnis für eine Klage oder ein Schiedsgericht.

Ausgerechnet jener Gerhard Frasz, der als „Klubsekretär" monatlich S 8.000,— brutto für S 7.000,— netto kassierte: Als ich ihn ersuchte, in dieser Eigenschaft beim Aufbau des Klubbüros mitzuhelfen, erhielt ich eine glatte Abfuhr. Das Geld er-

hielte er als Abgeltung für die „Sonderbetreuung" des Landeshauptmannes.

Ein Schiedsgerichtsverfahren gegen beide auf Bundesebene
wurde abgelehnt. Zentralsekretär Peter Schieder teilte mir dies
schriftlich mit: „Du weißt sicherlich, daß das sofortige Rufen
nach Anwälten, Schieds- und Ehrengerichten und Klagen in unserer Partei nicht üblich ist. Es entspricht dem Geist der Solidarität unserer Bewegung, daß man zuerst in direktem, persön-
lichem und freundschaftlichem Gespräch unter den Betroffenen versucht, offene Fragen, Probleme und angebliche Behauptungen zu klären." Trotz dieser prinzipiellen Haltung, zu
der sich auch unser Parteivorsitzender bekennt..., möge ich
mich ja an die Bezirksebene wenden.

Ich habe aus dem Bezirk bis heute keine Reaktion. Das heißt,
ich mußte mich in aller Öffentlichkeit verleumden lassen, ohne
dagegen etwas unternehmen zu können. Denn hätte ich den Zi-
vilrechtsweg beschritten, wäre ich automatisch aus der Partei
ausgeschlossen worden.

Nachdem ich allmählich merkte, daß die Dinge, die mir wirklich ein Anliegen sind, über Einzelinterviews nicht zum Tragen
kamen, beschloß ich, selbst eine Pressekonferenz zu veranstal-
ten. Was auch geschah: im Presseclub Concordia in Wien.
Meine zentralen Aussagen dort betrafen die Unwahrhaftigkeit
der Politik des Politikers Sinowatz. Ich zieh ihn in aller Öffentlichkeit der Lüge (zwei Jahre, bevor dies Kreisky getan hat).

Sinowatz mußte erkennen, daß auch durch meine „demokratische" Abwahl an der parteipolitischen Malaise, die er sich
selbst eingebrockt hatte, nichts verbessert wurde. Zumal auch
der Parteiintellektuelle DDr. Günther Nenning zwischen die
Mühlsteine der Partei-„Liberalität" geraten war und schließlich aus Partei und Gewerkschaft ausgeschlossen wurde. Die
österreichischen Medien zeichneten die Fratze des Apparates.
Mit der Aktion hatte man genau das Gegenteil erreicht: Empörung, Aufruhr, absolut nicht Ruhe.

Sinowatz erkannte, es müsse ihm gelingen, die Medien von
ihrer Matysek-Begeisterung zu heilen. Er fand über einen
Freund aus Freimaurerkreisen einen Helfer! Einen Kolumni-
sten einer Wiener Tageszeitung, der unter Journalisten dafür
bekannt ist, daß man ihn nie zu sehen bekommt. „Ein Schreib-
tischtäter", wie ihn eine Kollegin nennt. Dieser Journalist
schrieb in seiner Kolumne:

„Nicht erst seit gestern werden im Burgenland schlüpfrige Geschichten über die SPÖ-Märtyrerin Ottilie Matysek erzählt, die in der Partei jetzt einen Posten nach dem anderen los wird. Geschichten, deren Wahrheitsgehalt deshalb nie ans Tageslicht kommen wird, weil Matysek selbst sie als Rufmordkampagne dementiert und andererseits auch im Burgenland Kavaliere zu schweigen pflegen. Auffällig an der ganzen Sache ist nur, daß praktisch alle SPÖ-Damen im Burgenland in Ottilie Matysek keineswegs eine Märtyrerin sehen, sondern eine Karrieristin, die nach ihrem verdächtig raschen politischen Aufstieg jetzt von ihren Förderern verdientermaßen auf ihr politisches Normalmaß reduziert wird'. Dazu wäre noch zu bemerken, daß Frauen eine besondere Antenne für ‚zwischenmenschliche Kontakte' von Geschlechtsgenossinnen haben sollen."

Und ein angesehener Wiener Korrespondent einer Bundesländerzeitung rügte mich, wie ich denn so harte Worte finden könne. „Denn, Frau Matysek, der Herr Bundeskanzler ist der Herr Bundeskanzler!"

Das war's. Nicht mehr und nicht weniger. Da es sich um ein bedeutendes Blatt handelte, reichte ich sofort die Klage ein.

Nun muß ich hinzufügen, daß ich schon Monate vorher bei meinem Anwalt eine Information deponierte, Kanzler Sinowatz habe einen Redakteur beauftragt, Journalistenkollegen zu suchen, um die Matysek-Euphorie der Medien ins Gegenteil zu verkehren. Offensichtlich ist ihm das nicht gelungen und er hat nun selber seinen „Beitrag" dazu geleistet.

In der Loge habe, so wurde mir berichtet, die ganze Sache für einiges Aufsehen gesorgt. Mein Freimaurerfreund berichtete mir: Er selbst wäre in der Loge Zeuge dieser „vergeblichen Suche" nach einem „geeigneten Journalisten" gewesen, der sich für „Sinos" Aktion gewinnen hätte lassen. Nicht nur er war empört.

So etwas — meinte mein Freund — hätte in diesem Kreise nichs verloren. Man informierte den Meister vom Stuhl. Ein Protokoll wurde angefertigt, der Journalist unter dem Hinweis auf Ausschluß verwarnt und die Niederschrift in einem Safe verwahrt. Mich hatte die Angelegenheit weniger entrüstet als die Maurer. Ich kannte ja mittlerweile die Praktiken des Systems.

Ich war eher überrascht von der Konsequenz, in der diese Sache in der Loge behandelt wurde. Gibt es tatsächlich noch

Männer und Instanzen, die den Mut haben, Rufmördern das Handwerk zu legen? Warum nur dürfen Frauen nicht in der Loge mitarbeiten?

Ich hatte von dieser Mitteilung auch dem Chefredakteur dieses Journalisten Mitteilung gemacht, damals ohne Namensnennung. Herr ... zeigte sich sehr erbost, ein Journalist seines Blattes würde sich nie und nimmer dazu hergeben. Nun sprach ich ihn auf den erschienenen Kommentar an; er war sowohl über Inhalt als auch über das Niveau äußerst verärgert, und er selbst (!) riet mir zu Klage.

Ein Telefonat mit dem Redakteur, mit dem ich ihm die Möglichkeit einräumen wollte, die Angelegenheit gütlich zu lösen, stieß auf absolutes Unverständnis. Er wörtlich: „Ich habe etwas gegen selbsternannte Märtyrerinnen! Sie planen jetzt einen Vernichtungsfeldzug gegen mich. Klagen Sie mich, wenn Sie wollen!" Was ich auch tat.

In der Folge gab es eine umfangreiche Anwaltskorrespondenz, da der Journalist einen Prozeß unbedingt vermeiden wollte. Die Sache endete mit einem zweiten Artikel, viele Wochen später: „Beeindruckt und tief betroffen: So reagierte Ottilie Matysek, als sie das letzte Interview mit dem verstorbenen Wiener Stadtrat Dr. Jörg Mauthe im Fernsehen verfolgte, vor allem aber dessen Warnung, daß Österreich in Richtung Ostblock gehe. Matysek, die sich innerhalb der SPÖ-Burgenland und auch am Wiener Ballhausplatz nie ein Blatt vor den Mund genommen und versteinerte politische Strukturen kritisiert hatte, bekam die Kälte des Ostblocks selber zu spüren. Innerhalb kürzester Zeit wurde sie von Parteikadern ‚degradiert‘ und ist jetzt nur noch einfache SPÖ-Abgeordnete im Burgenland. ‚Ich hätte es mir leicht machen können. Einfach den Mund halten und kassieren. Das konnte ich nicht, und die letzten Wochen haben mir recht gegeben‘, sagt Matysek, die nicht ans Aufgeben denkt, heute. Mehr Kontrolle für die Mächtigen müsse es geben, ‚denn wie können wir es unseren Kindern gegenüber vertreten, daß die Umwelt verschandelt und Schuldenberge angehäuft werden‘. Vor allem die in der Koalition mit der FPÖ ‚träge gewordene SPÖ, die von Leuten der zweiten Wahl dominiert wird‘, brauche einen Stachel im Fleisch. Den Ostblock sieht Matysek gleich mehrfach: in der Bildungspolitik, weil junge Leute eine Ausbildung erhalten, die sie niemals in ein Monatsgehalt umsetzen können; im vorauseilenden Gehorsam, der bei uns herrscht, und in dem Phänomen, daß in Österreich ‚kein Politiker wegen irgend etwas zurücktritt!'"

Zwei Gespräche blieben mir besonders im Gedächtnis. Der Chefredakteur einer Wochenzeitung warnte mich und meinte, daß ich den Kampf nicht gewinnen könne, denn die beiden großen Parteien vertrügen keine Kritik. Nur wäre meine Partei im Vernichten von Kritikern viel brutaler und rücksichtsloser. Sie scheue nicht davor zurück, Existenzen zu ruinieren und Unterschriften und Urkunden zu fälschen. (Immer wieder klingen mir diese Worte im Ohr. Hat der Mann zum damaligen Zeitpunkt schon gewußt, was man mit mir vorhat, wenn ich nicht Ruhe gäbe, Ruhe, wie Sinowatz sie sich wünscht?)

Schon sehr bald geisterte durch die innenpolitischen Kolumnen der Medien die Frage, ob die Matysek an der Spitze einer Protestbewegung eine eigene Liste bilden und sich mit einer eigenen Partei dem Wähler stellen würde. Immerhin hatte die Zeitschrift „Basta" eine Fessel-Umfrage in Auftrag gegeben und ein die SPÖ alarmierendes Ergebnis erhalten. Landeshauptmann Kery war dieser Umfrage von Oktober 1985 nach mit 34 Prozent der absolute Minusmann unter den österreichischen Politikern (hinter Salcher und Androsch); an der Spitze lag Zilk mit 80 Prozent.

Auf die Frage, wer im Streit Kery — Matysek recht und wer unrecht habe, gaben 10 Prozent der Befragten Kery recht, 33 Prozent aber der Matysek. (Bei den deklarierten SPÖ-Wählern: 18 Prozent für Kery, 22 Prozent für Matysek.) Und 46 Prozent der SPÖ-Wähler dieses Samples sprachen sich generell positiv zu Matysek aus.

Feuer am Dach!

IFES ließ die berühmte Sonntagsfrage erheben (wenn nächsten Sonntag Wahlen wären ...), unter der Annahme, daß es eine Liste Matysek gäbe. Das Ergebnis war niederschmetternd für die SPÖ — und mein „Todesurteil".

IFES hatte erhoben, daß Matysek mit zwölf Prozent der Stimmen rechnen könnte und demnach ihre Liste mit drei bis vier Mandaten im burgenländischen Landtag vertreten wäre.

Da angesichts dieser Stimmungslage jede weitere innerparteiliche Disziplinierungsmaßnahme versagen mußte, ja im Gegenteil den Effekt noch verstärkt hätte, ich ohnehin schon bar jeder Funktion war, konnte nicht einmal mehr die Wiederaufnahme des Parteiausschlußverfahrens die drohende Wahlkatastrophe abwenden. Sie unterblieb daher auch. Am Bundesparteitag war ich dennoch zugegen.

Während Sinowatz vom Rednerpult verkündete, lasen viele der Genossen den „Appell einer Disziplinierten": „Redet, Genossen, denn auch Schweigen kann zur Schuld werden." Meinen Gastkommentar in der „Wochenpresse" vom 12. November 1985. Sinowatz schäumte: Unerhört!

Ruhe à la Sinowatz wurde nicht. Eher das Gegenteil. Ich wurde von Studenten-, Frauen- und Grünorganisationen als Diskussionsrednerin eingeladen. In Wien, in der Steiermark, in Kärnten. Ich erhielt Berge von Briefen und ermutigende Zeilen aus ganz Österreich. Die Journalisten — im Gegensatz zur Sinowatz-Philosophie — blieben an dem „Fall" dran. Auch die Funktionäre (Pyramide Nr. 7) ließen sich diesmal nicht bluffen: „Was hat sie denn angestellt, daß man sie so schlecht behandelt?" Diese Frage verfolgte Burgenlands sozialistische Parteispitze vom Burgenland bis Vorarlberg. Kollege Winder, Klubobmann der SPÖ Vorarlberg: „Als ich den Sinowatz damals fragte, setzte er gleich den Toreroblick auf: 'Nichts hat sie angestellt!'" Also mußte etwas geschehen.

Es genügte nicht mehr, Ottilie Matysek innerhalb der Partei unmöglich zu machen. Die Matysek mußte überhaupt unmöglich gemacht werden.

Außerdem drängte die Zeit. Im Frühjahr 1986 stand ein burgenländischer SPÖ-Parteitag heran. Statutengemäß hätte er schon 1985 stattfinden müssen. Man verschob — wegen des „Matysek-Effekts". Es ging um die Frage, ob der 69jährige Theodor Kery wiederum die burgenländischen Sozialisten in die Landtagswahl 1987 führen soll oder nicht. Kery war nicht nur durch den Fall Matysek schwer angeschlagen. Der große Knalleffekt: Eine rettende Kampagne war das Gebot der Stunde. Und er kam punktgenau wie ihrerzeit die Einbruchslüge von Kobersdorf.

Von der Kritikerin zur Kriminalisierten

Daß meine Freundschaft mit dem Generaldirektor der „Versicherungsgesellschaft der Österreichischen Bundesländer"

154

einen so dramatischen Ausgang finden könnte, hätte ich nie geglaubt. Kurt Ruso, ein ruhiger, bescheidener Mensch, hat nie den Eindruck vermittelt, als stünde er unter einer derartigen Belastung, der er offenbar, jetzt im Rückblick gesehen, ausgesetzt war. Natürlich ist man im nachhinein versucht, verschiedene Begebenheiten und Gespräche zu analysieren und zu interpretieren. Ich habe den Eindruck, daß er sich jemandem verpflichtet gefühlt hat, jedenfalls der ÖVP. Und in verschiedenen Gesprächen nannte er Namen Prominenter, die ihm dankbar sein müßten. Nur wußte ich zum damaligen Zeitpunkt mit dieser Bemerkung nichts anzufangen. Im Lichte der Ereignisse kann das eine andere Bedeutung haben.

Am Tag, bevor Ruso im Zusammenhang mit dem „Bundesländer"-Skandal verhaftet wurde, am Montag, 4. März 1986, fand in Eisenstadt eine sehr große Weinbauernversammlung statt. Es ging um das „strengste Weingesetz der Welt". Auch Landwirtschaftsminister Haiden war anwesend. Es war gegen Mittag, als ich mich für die Bauern zu Wort meldete und dafür von Minister Haiden sehr herbe Kritik einstecken mußte.

Zur selben Zeit war der SPÖ-Klub über die „Bundesländer"-Sache bereits informiert, jeder wußte, daß die Matysek darin verwickelt wäre. Ich selber war noch völlig ahnungslos.

Erst einen Tag später, am frühen Nachmittag, erfuhr ich durch zwei Tageszeitungsjournalisten, daß mein Name auf der Liste der „Nehmer" aufschiene. Ich hätte mir über den Weg von fingierten Schadensmeldungen große Summen angeeignet.

Meine erste Reaktion war, daß beim Parteitag im Burgenland in einigen Tagen Kery mit hundertprozentiger Sicherheit die Zweidrittelmehrheit verlieren wird. Ich war überzeugt, daß dies als willkommene Angelegenheit herhalten müsse, um von den eigentlichen Problemen abzulenken. Ich verwies auf die Einbruchslüge von Kobersdorf, Kery wäre über den „Fall Matysek" gestolpert. Das wußten alle, das wußten die Journalisten, das wurde geschrieben. Ich war ja mittlerweile von der Meinungsforschung mit zwölf Prozent der Wählerstimmen ausgestattet. Und Kery im absoluten Minus. Das Wunder wollte es, daß die Matysek über Nacht kriminalisiert war!

Für mich war die Situation äußerst prekär. Ich konnte mit Ruso nicht sprechen, und ich war zum damaligen Zeitpunkt überzeugt, daß es sich nur um einen Irrtum handeln könne, der sich sehr rasch aufklären würde. Ruso müsse sehr bald wieder frei kommen. Erst als nach und nach Details durchsickerten, begriff ich, daß die Sache doch viel ernster war, als ich angenommen hatte.

Soviel kann ich sagen, ohne in ein schwebendes Verfahren einzugreifen: Es war für die Sinowatz-SPÖ zumindest der nützlichste Skandal der Zweiten Republik. Ruso hatte sich in der Lucona-Proksch-Affäre als Steher erwiesen, er wollte diesen Fall tatsächlich konsequent vor Gericht durchziehen. Viele behaupten, das alleine hätte genügt, ihm das Genick zu brechen, weil dabei sehr hohe sozialistische Spitzenfunktionäre ihre Rolle noch aufzuklären hätten.

Und zum zweiten hatte man Kery über den „Kriminalfall Matysek" wieder den Spitzenkandidaten für die Landtagswahl gesichert und damit das programmierte Nachfolgespiel nicht gestört. Wie mir später mein Nachfolger Posch und Abgeordneter Resch versicherten: Ohne die „Bundesländer"-Affäre hätte Kery den Parteitag politisch nicht überlebt. Kulturlandesrat Sipötz: „Der Bundesländerskandal war für Kery die Rettung!"

Sie bestätigten mir sogar, daß die Partei diesen Skandal über die Medien gegen mich nützte. Dieser Schlag war ihnen vorübergehend gelungen.

Wie ein roter Faden ziehen sich die Angriffe Heinz Kapauns gegen mich durch die Angelegenheit. Mir drängt sich die Frage auf: Was hat er wohl dafür erhalten? Fest steht: Nach intensiven Interventionen des Schwiegerpapas hat der Schwiegersohn Kapauns mittlerweile einen sehr attraktiven Posten in der Landesregierung angetreten.

Jetzt verstehe ich auch, warum Posch meinem Informanten aus Freimaurerkreisen gegenüber formuliert hatte: „Die Matysek kämpft falsch. Tritt nicht Ruhe ein, wird man sie über Rechnungen zu erledigen wissen." Das hatte ich damals überhaupt nicht ernst nehmen können.

Unter Betrugsverdacht zu leben, ist eine extreme Belastung. Man möchte jedermann seine Unschuld beweisen, möchte hinausschreien: „Ich habe mit der Sache nichts zu tun." Und muß vor der Eigengesetzmäßigkeit, vor dem Zeitaufwand der Erhebungen und Verfahren kapitulieren.

Ich hatte das erste Mal in meinem Leben als Beschuldigte mit Anwälten und Gericht zu tun. Ich hätte Ruso gern gefragt, wie mein Name überhaupt da hineingeraten konnte. Nur hatte ich keine Möglichkeit dazu. Ich versuchte am Tag seiner Verhaftung Einblick in die Unterlagen zu erhalten. Schon tags darauf, beim Ansehen der Schadensmeldungen, über die ich mich bereichert haben soll, wurde mir klar, daß meine Unterschrift auf primitive Art gefälscht worden war. Und daß vor tatsächlich ausgezahlten Beträgen eine „9" gemalt worden ist, um die Auszahlungssumme um 900.000 Schilling zu erhöhen.

Als ich das dem Anwalt der „Bundesländer"-Versicherung mitteilte, war er sehr ungehalten, meinte, ich möge das über meinen eigenen Anwalt einbringen. Ich war der Meinung, daß ich ja überhaupt keinen Rechtsvertreter brauchte; die Sache wäre sowieso klar.

Nun, mittlerweile sind seither fast eineinhalb Jahre vergangen, und es hat sich Gott sei Dank schon manches klären lassen. Ich bin in dieser Zeit nicht untätig geblieben. Viele meinen zwar, es reichte vollkommen, wenn man mir keine Schuld nachweisen könne. Ich dagegen meine, meine Unschuld beweisen zu können.

Ich verstehe erst jetzt die Zusammenhänge, die zu meiner Vernichtung führen sollten. Und bin erschüttert, daß eine Parteimaschinerie in einer Demokratie des 20. Jahrhunderts in einer totalen Vernichtungskampagne so funktioniert; daß sich Menschen immer wieder dafür hergeben. Unwillkürlich drängt sich der Vergleich auf: In Polen werden Kritiker ersäuft, in Moskau psychiatriert, im Burgenland kriminalisiert. Ein Minister des eher linken Flügels der SPÖ zu einer gemeinsamen Vertrauten: „Der Sinowatz hat die Parole ausgegeben: ‚Die Matysek muß bis über die Landtagswahl im Burgenland kriminalisiert bleiben.'"

Parteiangestellte haben mich ein Dreivierteljahr lang beschattet, mein Haus beobachtet. Der Betreuer meines Hauses in Payerbach hatte mich des öfteren darauf aufmerksam gemacht, daß Autos mit burgenländischem Kennzeichen, in erster Linie mit Eisenstädter Nummern, das Haus beobachten. Ich habe diese Nummern notiert. Mein Freund aus Freimaurerkreisen berichtete mir, er hätte aus der Bundesparteizentrale Mitteilung erhalten, daß man über mich und mein Privatleben Aufzeichnungen führe, daß es Fotos gäbe. Auch dabei hatte ich noch nichts Böses gefunden. Ich war nur über die Tatsache der Bespitzelung entsetzt, da ich der Meinung bin, mein Privatleben gehöre mir. Aber ich habe nichts zu verbergen, zu meinem Privatleben stehe ich jederzeit.

Aber daß Parteiangestellte sogar im zuständigen Gemeinde-
amt sich über den Umbau und die Renovierung meines Hauses
Unterlagen vorlegen ließen und Handwerker privat aufsuchten,
um sie über die Arbeiten zu befragen und diese Ergebnisse
Journalisten mitteilten (falsche! Denn ich habe keine Badewan-
ne aus Gold!) — ich bin nicht einmal sicher, ob das in Moskau
möglich wäre. Seit Gorbatschow ganz sicher nicht!

Jetzt verstehe ich erst die Zusammenhänge und Warnungen.
Schon im November 1985 hatte mich Landeshauptmannstellvertreter Ferry Sauerzopf nach einer Landtagssitzung darauf
aufmerksam gemacht, er hätte Informationen, wonach meine
Genossen vorhätten, mich fertigzumachen —, über einen
Skandal in der Größenordnung der WBO-Sache. Ich tat das ab
und hielt es für Wunschdenken.

Ich verstehe jetzt auch die Frage des Landeshauptmannes,
ob ich erpreßbar wäre. Ich erzählte davon noch belustigt seinem Kabinettchef. Danach sprach ich Kery darauf an, sagte,
ich fürchte mich vor gar nichts und wäre auch nicht erpreßbar.
Kery hat diese Antwort nicht befriedigt. Wollte er mich damals
warnen?

Ich weiß also heute, daß an der „Vernichtung Matyseks"
über ihren persönlichen Freund Ruso sehr lange und sehr gezielt gearbeitet worden ist. Ich weiß darüber hinaus: Im Burgenland haben Genossen sehr wohl gewußt, daß es in Versicherungen (im konkreten Fall in der „Bundesländer"-Versiche-
rung) üblich war, über fingierte Schadensmeldungn Gelder in
Millionenhöhe flüssig zu machen. Mein Nachfolger Posch ist
Direktor der Wiener Städtischen Versicherung. Er kennt die
Branche. Ich habe sie bis zum Zeitpunkt des Aufdeckens des
„Bundesländer"-Skandals nicht gekannt.

Warum ist der „Bundesländer"-Skandal so sanft entschla-
fen? War er nur zum damaligen Zeitpunkt — einige Tage vor
Kerys sicherem Waterloo — wichtig und nützlich? Müssen sich
einige hohe Herren fürchten — quer durch die Koalition?

Der Übereifer, mit dem der Landtagspräsident dem Gericht
signalisierte, man möge mich — als immune Abgeordnete —
ausliefern, hat mich beinahe schon wieder amüsiert. Inzwischen hat er massiv in die Gerichtsbarkeit des Burgenlandes
eingegriffen. Ein Auslieferungsbegehren um den Dritten Landtagspräsidenten Ferdinand Grandits vom Richter korrigieren
lassen. Es war aber sicherlich der Tag meiner Auslieferung im

Hohen Haus besonders schwer für mich. Dies um so mehr, als die Ränge des Landtagssitzungssaales zum Bersten von Neugierigen gefüllt waren. (Bei wichtigen Gesetzesbeschlüssen sieht man kaum einen Menschen auf den Rängen!). Es waren Wetten abgeschlossen worden, ob ich überhaupt käme, ob ich reden würde. Ich kam, und ich redete.

Und ich wünschte mir, daß Ruso auch redete. Ich frage mich nur: Wie können die ruhig schlafen, die Unschuldige unter schwersten Betrugsverdacht gebracht haben? Eine alte bewährte Methode: Einen Menschen über einen Apparat in aller Öffentlichkeit und nach Möglichkeit über die Medien vorverurteilen lassen. Bis er in der Lage ist, den Unschuldsbeweis anzutreten, ist der Zweck bereits erfüllt. Ist sehr viel Zeit vergangen. Ist der Betroffene vernichtet, erledigt, erschöpft oder schwer geschädigt. Ich hätte es nie für möglich gehalten, daß derartige Methoden auch in meiner Partei praktiziert werden.

Übrigens: Die Bundesländer-Versicherung hat einen neuen Generaldirektor. Eine Laune des Zufalles: Er kommt aus dem Heimatort des ehemaligen Bundeskanzlers, aus Neufeld.

Mittlerweile war es doch zu einem Schiedsgerichtsverfahren gekommen. Aber nicht zu dem von mir angestrebten gegen Frasz und Zipser, sondern der Landesorganisation SPÖ Burgenland gegen Ottilie Matysek, mit dem Ziel, mich aus der Partei auszuschließen.

Auch daran war ich selber schuld. Ich schickte der Parteispitze das Schreiben eines Verfassungsjuristen, das eindeutig feststellte, daß der Klubausschluß rechtswidrig und damit verfassungswidrig war. Ja, das analog zur Bundesverfassung auch die burgenländische Landesverfassung, den Schutz des freien Mandates klar sicherstellt. „Angesichts der großen materiellen Bedeutung, die die Klubzugehörigkeit in einem Landtag für die Information und die tatsächliche Ausübung der geschäftsordnungsmäßigen Rechte des Abgeordneten hat, würde jedes andere Verständnis der einschlägigen Normen zu unlösbaren inneren Widersprüchen in den rechtlichen Regelungen der Mandatsausübung führen. Wer ein verfassungsgesetzlich gewährleistetes Recht auf Mandatsausübung hat, dem muß auch die Ausübung der sich aus dem Mandat ergebenden einfachgesetzlichen Rechtspositionen gesichert sein." Ja, daß darüber hinaus parlamentarische Klubs als Einrichtungen qualifiziert werden müssen, zu denen Zwangsmitgliedschaft besteht.

Der Klub besitzt kein Recht, die Mitgliedschaft abzusprechen, es sei denn durch den Verlust der Parteizugehörigkeit. Auch der wurde mir nachgeliefert.

Haben die „Zombies" zugeschlagen? Ich hatte keine Chance! Das Urteil lautete: „Das Schiedsgericht erkennt daher gemäß § 68 des Organisationsstatutes auf Ausschluß aus der Sozialistischen Partei.

Folgende Begründung: Durch das Interview vom 8. September 1985 im ‚Kurier', das folgenden Wortlaut hat: ‚Die gedopten Parteizombies haben zugeschlagen, das Burgenland grenzt halt verdammt nahe an den Osten, Tritt und Kusch, ich mußte die Erfahrung machen, daß zum politischen Handwerk offensichtlich der Schmäh, der Schwindel, um nicht zu sagen: die Lüge gehört."

Und durch das Interview in der ‚Kronenzeitung' vom 10. September 1985, das folgenden Wortlaut hat: ‚Es war furchtbar, die Stimmzettel hatte man ja vorbereitet, um Demokratie zu spielen. Das Abstimmungsergebnis ist wie bei den Kommunisten im Ostblock ausgefallen. Die Regie hat jedenfalls gut geklappt', hat sich Ottilie Matysek eines Verstoßes gegen das Parteistatut schuldig gemacht. Sie hat die Bestimmungen des § 14, Ziffer 2 verletzt. Diese Bestimmungen verpflichten jedes Parteimitglied, durch sein Verhalten das Ansehen und die Politik der Partei zu fördern. Der Inhalt der obzitierten Interviews war dem Ansehen der SPÖ abträglich und läßt eine (wenn möglich) gedeihliche Zusammenarbeit zwischen den Organisationen der Partei und der Abgeordneten Ottilie Matysek nicht erwarten. Im Verfahren vor dem Schiedsgericht wurde der Versuch unternommen, durch geeignete Beweismittel zu klären, ob die abgedruckten Interviews mit den tatsächlichen Äußerungen übereinstimmen. Die angebotenen Beweismittel reichten nicht aus. Trotz Einräumung einer Frist von sieben Wochen konnten keine geeigneten Beweismittel vorgebracht werden, und das Schiedsgericht kam zur Ansicht, daß der Text der Zeitungsinterviews auf tatsächlichen Äußerungen der Ottilie Matysek beruht. Es war daher spruchgemäß zu entscheiden. Abgeordnete Matysek erklärte hiezu, daß sie nie das Organisationsstatut verletzt habe und daß sie daher Einspruch gegen die Entscheidung des Schiedsgerichtes erheben werde."

Das habe ich auch getan. Zu einer Berufungsverhandlung ist es bis heute nicht gekommen.

Es ist mir (natürlich) nicht gelungen, dem Schiedsgericht zu beweisen, den Ausdruck „Zombie" im Interview nicht gebraucht zu haben. Wie sollte ich es denn auch? Wieder ein Presseprozeß? Aussage gegen Aussage? Der Redakteur, so teilte er mir mit, habe das Tonband schon längst gelöscht. Nach vielen Urgenzen äußerte er sich schriftlich. Ich zitiere aus dem Brief:

„In der Tat hatten wir damals ein Gespräch geführt, das Ihr damaliges Verhältnis mit der Politik im Burgenland im allgemeinen und mit der SPÖ im besonderen betraf. Soweit mir erinnerlich ist, gab es Ihrerseits eine für mich damals durchaus begreifliche Erregung über die Art, wie Sie offenbar von Ihrer Partei behandelt wurden. Im übrigen haben wir, wenn ich mich recht erinnere, ganz allgemein über Verhaltensweisen in der Politik gesprochen (und damit über alle Parteien) — ich kann nicht ausschließen, daß gewisse Ausdrücke gefallen sind. Und daß das Burgenland geografisch an den Osten (sprich: politischen Osten) grenzt, ist ja eine allgemein bekannte Tatsache.

Nun zu den ‚Zombies': Laut Meyers Lexikon, Band 8 (BRD) wird dieser Begriff wie folgt definiert: (Anm.: Ich wollte keine Zombie-Definition, sondern wissen, ob ich's gesagt habe oder nicht!) ‚Ein eigentlich Toter, der williges Werkzeug dessen ist, der ihn zum Leben erweckt hat.' Der Begriff Zombie kommt im übrigen aus dem Voo-Doo-Kult Haitis und ist eine Figur in Horrorfilmen, etwa ab den dreißiger Jahren.

Unbestritten ist ja, daß Sie, sg. Frau Abgeordnete, damals offenbar ja wirklich eine Art Horrorerlebnis hatten, was Ihr Politikertum betrifft. Zumindest hatten Sie mir das so geschildert. Und wenn ich mich recht erinnere, meinten Sie damals überdies in einer Art politischer ‚Betrachtung', daß mit der gepflogenen Art vom Politikmachen Schluß sein müsse — daß also die althergebrachte Politik quasi ‚tot' sei. Ich nehme aber heute in der Erinnerung nicht an, daß Sie irgendwen persönlich als ‚politisch tot' qualifizieren wollten — wer immer sich von Ihren Parteifreunden auch betroffen gefühlt haben mag.

In diesem Sinne halte ich den Ausdruck ‚Zombie' in dem von Ihnen zitierten Zusammenhang — wenn die Politik als solche gemeint war, und das war es ja auch — durchaus für richtig und relevant. (Anm.: Es ging beim Schiedsgericht nicht darum, ob der Redakteur den Ausdruck für durchaus richtig und relevant hält, sondern ob ich ihn gesagt habe oder nicht!)

Ich glaube nicht, und das meine ich auch zu wissen, wenn ich das damalige Gespräch mit Ihnen richig interpretiere, daß Sie mit dem Ausdruck ,Zombie' irgendwen Ihrer Parteifreunde persönlich ,belegen' wollten.

Daß man dagegen ,zombiehaft' agierte (siehe Definition), im Sinne einer Politik, die vielleicht in der Tat als Hilfe für die Menschen (für die sie ja da sein sollte) schon ,tot' war oder ist, diese Beurteilung muß ich Ihnen überlassen — als Intimkennerin des Burgenlandes.

Im übrigen muß es auch für eine SPÖ-Abgeordnete in diesem Land möglich sein, ihre Meinung, wenn auch etwas akzentuierter, zu sagen. Wie schwer dies offenbar aber möglich ist, zeigen jüngste Kärntner Vorfälle."

Was soll man dazu noch sagen? Mir diente das in keiner Weise als Beweis. Der Partei aber, die auf Vernichtung eingestellt war, sehr wohl. Erst viel später erhielt ich die klare Bestätigung: „Analog meines ersten Schreibens bezüglich Ihres Briefes vom September im Zusammenhang mit Ihrem Partei-Ausschlußverfahren bestätige ich Ihnen, daß Sie mit dem Ausdruck 'Zombis' im erwähnten Zeitungsinterview namentlich keinen Ihrer Parteifreunde in direkte Verbindung brachten." Der Reihe nach verlor ich alle meine politischen Funktionen. Im Bezirk, bei den Frauen, in der Gemeinde. Nur mein Abgeordnetenmandat, das ich ja vom Volk erhalten hatte, konnte man mir nicht nehmen. Gänzlich isoliert vom Klub der sozialistischen Abgeordneten, war ich plötzlich trotz aufrechter Mitgliedschaft bei der SPÖ (ich hatte ja gegen den Ausschluß berufen) so etwas wie eine „wilde Abgeordnete". Daß ich zur Landtagswahl 1987 nicht mehr aufgestellt würde, war als selbstverständlich anzusehen.

Schiedsgerichtsverfahren vom 20. 8. 1986
Beginn 10 Uhr   Ende 11.40 Uhr
Anwesende: Vorsitzender: Bgm. Herbert Pinter
*   Beisitzer:*   NR Dr. Heinz Kapaun
                                   LAbg. Bgm. Puhm
                                   LAbg. Dir. Matysek
                                   Landesparteisekretär
                                   BR Gerhard Frasz

Der Vorsitzende eröffnet die Sitzung, begrüßt die Anwesenden, stellt die Beschlußfähigkeit fest und frägt Frau Abg. Matysek, ob sie ihre Ablehnung gegenüber Herrn NR Kapaun als Beisitzer lt. Schreiben vom 2. 5. aufrecht erhalte.

Matysek: NR Kapaun hat, wie in dem zitierten Schreiben schon begründet, in einem Interview vom 25. 3. der Zeitschrift Profil, mich mehrfach in einer für die breite Öffentlichkeit zugänglichen, schädigenden Weise in meiner Ehre schwer verletzt. (§ 15 (1) lit. d. Bundesorganisationsstatuts)

Er ist daher als Beisitzer befangen und als nicht vorurteilsfrei anzusehen. Soferne Abg. Kapaun sich von diesen Aussagen distanziert, ziehe ich die Ablehnung zurück.

Kapaun: Das Interview mit Frau Dr. Enigl war ein Telefongespräch und kein offizielles Interview. Bei solchen Dingen achtet man nicht auf jedes einzelne Wort. Ich betreibe keine Wortklaubereien, das ist nicht meine Art.

Matysek: Ersuche, sich inhaltlich von den diffamierenden Aussagen zu distanzieren, z.B.: Ich sei bei Rappold gewesen oder suche Rappold. Kenne diesen Mann nicht einmal, oder hätte bei Androsch Finanzbeamte angestellt und damit politisch Kleingeld kassiert, ist unwahr.

Kapaun: Habe diese Informationen über Rappold aus der Steiermark erhalten. Rappold war zu diesem Zeitpunkt kein Krimineller. Es war kein formelles Interview, kann natürlich mißverstanden worden sein.

Matysek: Es gibt natürlich 2 Möglichkeiten, man distanziert sich oder ... wird unterbrochen

Kapaun: Will mich nicht vom Gespräch distanzieren, inhaltlich kann es ungefähr so gesagt worden sein.

Matysek: Dann halte ich die Ablehnung aufrecht.

Der Vorsitzende unterbricht die Sitzung zur Beratung des Ablehnungsantrages.

Nach 10 Minuten: Das Schiedsgericht hat entschieden: Es besteht kein Anlaß, die Objektivität NR Kapauns in Zweifel zu stellen.

Matysek: Dann halte ich meine Ablehnung aufrecht.

Vorsitzender: Schlägt eine gütliche Einigung unter Berufung auf das Regulativ vor.

BR Frasz: Zitiert den Parteivorstandsbeschluß vom 14. 4. 86 (Interview Kurier vom 8. 9. 85, Kronen Zeitung vom 10. 9. 85).

Matysek: Will darauf eingehen.

Vorsitzender: Ersucht neuerlich zuerst auf den Vorschlag der gütlichen Einigung einzugehen.

Matysek: Bin bereit, den Vorschlag zu akzeptieren, und bitte Herrn BR Frasz, seine Vorstellungen darzulegen.

Verstehe darunter, daß beide Teile einander einen Schritt entgegengehen.

BR Frasz: Wiederholt den Antrag des Parteivorstandes auf Parteiausschluß.

Matysek: Kann darin keine Bereitschaft einer gütlichen Einigung erkennen. Ersuche konkret auf Vorhalte eingehen zu dürfen. Betone, die Dinge im Zusammenhang zu sehen. Nicht Ursache mit Wirkung zu verwechseln.

Parteivorstand kennt nicht die Ursachen des Zustandekommens des Interviews.

1. Das Kurier-Interview entspricht nicht dem Originaltext, der auf Band gegeben wurde.

2. Das Krone-Zeitungsinterview war

a) auch ein Telefongespräch und so gesehen (siehe NR Kapaun) kein reguläres Interview und

b) wurde in begreiflicher Erregung unmittelbar nach meiner Abwahl am 9. 9. geführt. Bin dankbar, daß endlich die Möglichkeit gegeben, die schrecklichen Ereignisse im Zusammenhang darzulegen. Muß auch für Partei von elementarem Interesse sein:

I. Der Vorwurf der groben Pflichtverletzung nach § 15 (1) lit. a. BOST liegt nicht vor:

A. Das Gegenteil ist der Fall: Ich war nachweislich jahrelang für die SPÖ sehr erfolgreich politisch tätig. Auf alleiniges Risiko und ohne auf persönlichen Vorteil bedacht zu sein, zum Vorteil der Partei und dieses Landes.

In der Präsidialsitzung vom 20. 5. (Protokoll existiert) war die einzige Begründung meiner Absetzung in sämtlichen Wort-

meldungen der Bez.-Obmänner das zitierte Basta-Interview!
Ausnahmen (LR Stix und LR Sipötz), die mir Informationen
an die „OZ" unterstellten: OZ schreibe vor! Es war möglicher-
weise ein Fehler, das Gerichtsurteil nicht schon in der Sitzung
zu präsentieren, aber es erschien mir einerseits verfrüht, an-
drerseits war ich mir zu stolz, mich in Dingen rechtfertigen zu
müssen, die ich nicht begangen habe.

Damals wie heute kämpfe ich, eine Frau, um die völlige Re-
habilitation als Politiker und Sozialdemokrat, d.h. für mich:

a) um Zurückziehung des Parteiausschlußantrages in Form
eines schriftlichen Vergleiches

b) die Erklärung, daß ich die Mitgliedschaftspflichten erfüllt
habe, insbesondere durch mein Verhalten (bes. Leistungen) An-
sehen und Politik der Partei gefördert habe

c) die zur Kenntnisnahme des Versprechens, meine Kraft wei-
terhin dem Anliegen der Partei zur Verfügung zu stellen.

III. Ein Verstoß gegen das Statut liegt laut § 15(1) lit. c.
nicht vor

cit.: „ ... sich eines Verstoßes gegen das Statut der Sozialisti-
schen Partei Österreichs (SPÖ) schuldig gemacht. "

1. Weil durch mein Verhalten das Ansehen der Partei und
Politik gefördert wurde. Selbst noch am 9. 9. bestätigt Klubob-
mann Posch in einem ORF-Interview: Zitat: „Die Kollegin Ma-
tysek, und ich möchte gar keinen Hehl draus machen, war eine
ausgezeichnete Klubchefin. Sie hat die Organisation, die Admi-
nistration sehr gut geführt, ... "

In der Folge wurde ich in meiner Arbeit in zunehmendem
Maße gehindert und war massiven Störaktionen ausgesetzt (=
dokumentiert, Zeugen), auch dazu habe ich bis heute geschwie-
gen, d.h.

2. ich habe sehr wohl die Grundsätze und das Statut der
SPÖ beachtet

zitiert: Regierungserklärung Bundeskanzler; Landespartei-
obmann, Programm der SPÖ: Initiativen, Ideen, Arbeitsplätze
Loyalität zur Parteispitze: z.B.: Klubsitzung vom 13. Juni 1983
(siehe Protokoll)

Vogl Rücktritt, LH ⅔ Mehrheit Parteitag

Zitat Präs. Pinter, Klubklausur Rust

Kapaun: Jetzt ist auch klar, wieso Zeitdifferenz zwischen
20. Mai und 9. Sept.

Es wäre ein langer Weg gewesen sich abzukühlen, wir kennen jetzt Deine Motive

auslösendes Moment: Inlandsreport des LH.

Puhm: Deine Verdienste, das weiß eh jeder, die waren unbestritten, hat ja keiner geschmälert. Aber bis heute kann ich nicht verstehen, daß man einen Funktionär nicht abwählen kann. Hast ja überall die Abwahl. (Beispiel Bgm. von Hirm)

Matysek: Wenn ein Grund, dann ja. In meinem Fall gab es keinen Grund (Beweis: Pressefoyer Bundeskanzler, Tonbandinterview vorhanden). Es gab vor allem kein Gespräch.

Puhm: Es waren die Bez.-Obmänner, von denen alles ausgegangen ist.

Matysek: Darüber gibts ein Protokoll.

Ich habe Ort, Zeit, Namen meiner Klubkollegen notiert, mehr als 50% des Klubs haben mir nach dieser Abwahl ihr „Entsetzen" über diesen Vorgang mitgeteilt und persönlich ihr Vertrauen ausgesprochen.

Puhm: Da meinst Du mich auch, weil ich damals gesagt habe ...

Matysek: Laß das, Du brauchst Dich nicht betroffen zu fühlen (zitiert einige Aussagen von Klubmitgliedern ohne Angabe der Namen).

BR Frasz: Basta ist irrelevant. Parteivorstand hat Gerichtsurteil, steht nicht zur Debatte. Die Situation ist seit Güssing ein einziger Vorgang gewesen. Die Gesamtvorgänge der Partei sind schlecht gemacht worden.

Zombies sind willenlose Geschöpfe.

Habe im Duden nachgeschaut über das Wort Zombies.

Parteivorstand berief sich nur auf diese 2 Dinge.

Die 2 Interviews

Bist Du bereit das Kurier-Interview zu klagen, um zu bestätigen, daß die Abstimmung vom 9. 9. korrekt war und ehrlich, und Zombies, Schwindel und Lüge unrichtig sind.

Matysek: Gerhard, Du verwechselst die Ursache mit Wirkung. Das Basta-Interview war sehr wohl relevant als auslösendes Moment und Begründung für meine Absetzung. Ich werde Beweise bringen. Protokolle, Tonbänder und Zeugen. Außerdem erhielt ich tatsächlich am 9. schon um 6.30 Uhr einen Anruf, daß ich abgewählt werden sollte und wer die Ankläger seien.

Frasz: Das ist eine Unwahrheit, Unmöglich.

Kapaun: Zombies lasse ich mich von niemandem nennen ...

Trotz der gelungenen Kriminalisierung der Matysek, die Theodor Kery den ersten Platz auf Liste 1 gesichert hatte, ist ihnen „die Otti" noch immer gefährlich genug. Die mögliche Kandidatur zur Landtagswahl, womöglich unter Begleitung eines sogenannten Ludwig-Effektes, möglicherweise das ganze sehr schlecht „getimt", plagte sie unaufhörlich weiter. Es kam in der Folge zu einer Reihe von „Rettungsgesprächen". Dazu habe ich selber beigetragen.

Das erste Gespräch fand am 18. Dezember 1986 im Klubbüro statt. Mein Nachfolger Posch fragte mich, ob ich mich gesund fühle. Ich verstand die Frage nicht. Er wurde deutlicher. Man überlege, die Wahl in den Juni vorzuverlegen. Die Abgeordnete Prandler und ich hätten zu diesem Zeitpunkt die geforderten zehn Jahre, um pensionsberechtigt zu sein, noch nicht zusammen. Prandler würde krankheitshalber in Pension gehen. Was inzwischen geschah. Das ist ja bei Politikern, die noch nicht die Pensionsberechtigung haben, übliche Praxis. Ich antwortete, ich würde das nicht tun. Zwar hätten sich eineinhalb Jahre schwerster Attacken auf meinen Gesundheitszustand nicht gerade förderlich ausgewirkt. Ich hätte aber vor, als politischer Mensch weiter in diesem Lande zu wirken. Mein Wunsch wäre es, dies innerhalb der sozialistischen Partei tun zu dürfen. Würde mir das unmöglich gemacht, dann eben außerhalb der Partei.

Er hat mit dieser Antwort offenbar nicht gerechnet. Daher wurde er massiv. Er gestand zwar, daß die öffentliche Meinung sich pro Matysek entwickelt habe und „daß niemand mehr glaubt, daß Du tatsächlich mit dem ‚Bundesländer'-Skandal zu tun hast, daß viele Funktionäre mit Hochachtung und Bewunderung von Dir und über Dich reden." Ja, daß er selbst, Posch, mich bewundere. Denn er hätte alles das, was man mir angetan habe, nicht durchstehen können. Dann fragte er mich freiweg, ob ich die Absicht habe, eine eigene Liste aufzustellen, also zu kandidieren. Ich wiederholte meine politischen Pläne, ohne seine Frage direkt zu beantworten. Da begann er zu drohen. Es gäbe Interessenten für meinen Direktorsposten. Und vor allem starkes Interesse des Personalvertreters in meinem eigenen Haus, der Handelsakademie. (Einer von denen, die mich seit der Freigabe zum Abschuß besonders attackieren.)

Posch: „Kery wird Dir den Posten nicht wegnehmen, wennst keine eigene Liste machst. Er hätt' ja im Zusammenhang mit der ‚Bundesländer' die Möglichkeit!" Ich mußte hellauf lachen, wie sehr sie sich an den „Bundesländer"-Skandal klammerten. Ich sagte ihm auch, daß A und B nichts miteinander zu tun hätten. „Ihr habt mich zu früh als Klubobmann eliminiert. Ihr hättet den ‚Bundesländer'-Skandal ein Jahr früher inszenieren müssen. Dann hätte Euch die Öffentlichkeit den Vertrauensverlust abgenommen! Aber Ihr habt damit erst angefangen, als die Öffentlichkeit Euch das Vertrauen zu entziehen begann, habt mich in der Öffentlichkeit schuldig werden lassen wollen; bis hin zum nächsten Skandal!"

Er wirkte betroffen. Ich sagte ihm auch, er möge sich an Ex-Generaldirektor der BEWAG, Eugen Horvath, nicht die Finger verbrennen und ihn nicht verteidigen. Er könne daran kleben bleiben. Er bestätigte mir das und meinte, Horvath wäre „ohnehin für die Partei erledigt". „Wir hätten sollen früher miteinander reden", faßte er zusammen, „dann wäre vieles anders gelaufen!" Wie wahr!

Er wolle noch einmal mit dem Landeshauptmann sprechen. Ich blieb dabei, daß ich Ende März, Anfang April, Bescheid haben möchte, ob es, mit Schrammen zwar, aber doch, eine vernünftige Zusammenarbeit geben könne. Wenn nicht, auch dann eine klare Aussage!

Er versprach, mit Kery darüber zu reden und mich zu informieren. Bei einem weiteren Gespräch sollte auch Abgeordneter Resch dabei sein. Ich erklärte mich dazu bereit.

Er zeigte mir einen Brief von Ex-Landesrat Mader an den Bundeskanzler, den Landeshauptmann und an ihn selber: Mader beteuert darin, nichts mit der Waffenaffäre und der Einbruchsangelegenheit zu tun zu haben. Ferner distanzierte er sich von meinen Aussagen im Schiedsgerichtverfahren. Posch sagte dazu, daß der Bundeskanzler ihm nicht glaube; und der Landeshauptmann wüßte mittlerweile, daß Mader der Inszenator der Waffenkriminalgeschichte wäre. Kerys Frau und Aussagen bei der einvernehmlichen Behörde hätten dies mittlerweile ans Licht gebracht. Damit wäre, so Posch, die Rolle des Gerald Mader, Kery zu stürzen, ins rechte Licht gerückt.

Warum schweigt dann der Landeshauptmann, jetzt, wo er weiß, wie sehr man mir Unrecht getan hat? Warum verbarrikadiert er sich im Büro? Wie kann er mit all diesen Lügen leben?

168

Ich frage Posch. Er zuckt die Achseln: „Des ist jetzt schon längst vorbei. Da kann ma jetzt nix mehr mach'n!"

Posch: Der Landeshauptmann weiß alles über den Mader, aber jetzt vor der Wahl muß Ruhe sein. Wir können weder mit Dir noch mit dem Mader einen Krieg brauchen. Der Gerald wird ja noch immer von Fischer, Blecha und Dallinger unterstützt. Zeig ihn an beim Schiedsgericht. Da stehen wir hinter Dir." Das ist alles ein bißchen viel für mich. Ich würde mir das überlegen, versprach ich.

Matysek verfolgt uns überall

Das nächste Gespräch fand am 8. Januar 1987 im Büro der „Wiener Städtischen" in Eisenstadt statt. Sachlich und vernünftig. Abgeordneter Resch gestand, daß auch er an die Mader-Intrige geglaubt habe. Und verzweifelt gewesen wäre, daß er sich nicht mehr auskannte. Er hätte nicht begreifen können, warum ich mich mit Mader gegen Kery zusammentat. Ich mußte über soviel Einfalt lachen.

Er gestand aber auch, ein Parteisoldat zu sein, der für Kery alles tue. Er leide allerdings unter der Erkenntnis der Zusammenhänge. Die Partei habe die „Bundesländer"-Sache über die Medien gegen mich genutzt, meinte er, da Kery ansonsten wegen des „Falls Matysek" die Mehrheit losgewesen wäre. Kery und besonders Kanzler Sinowatz hätte überall meinen „Fall" verfolgt. Man habe nichts anderes gehört als: „Bringt die Sache in Ordnung!" Gott sei Dank wäre das über Nacht, als es hieß, die Matysek sei eine schmutzige Nehmerin, kein Thema mehr gewesen. Kery war also wieder voll bestätigt!

Ich war über Reschs Darstellung erschüttert, weil er sich dagegen wehrte, die Wahrheit voll anzunehmen. „Was solln ma denn jetzt machen? Jetzt san die Fraktionen alle gegen Dich eingeschworen! Wie solln ma denen jetzt bis zur Wahl einreden: Es war eigentlich alles ganz anders? Des schafft net einmal der Klub oder der Parteivorstand, geschweige denn die Funktionäre!"

Posch gab ihm recht. Er machte aber im Zusammenhang mit dem „Bundesländer"-Skandal eine Bemerkung, die mich traf. „Der Ruso war a Tschopp. Der is in Wirklichkeit über die EDV gestolpert. Denn die Art der Finanzierung ist weder neu noch

originell. Ein Pech, daß das grad ihm hat passieren müssen!"
Ich frage mich, ob diesem „Pech" nicht nachgeholfen wurde.
Ich war bestürzt über die Selbstverständlichkeit und die Art,
wie leger man darüber hinwegstreifte.

Sie wollten von mir einen Vorschlag, wie man die Sache gütlich bereinigen könne. Posch sagte mir auch, die einzige Gefahr
im Burgenland bestünde für Kery darin, wenn es der Matysek
gelänge, verschiedene Gruppierungen und Namenslisten
zusammenzuführen. Dann wäre der Landeshauptmann für die
SPÖ gefährdet. Weder Grüne noch FPÖ hätten eine Chance.
„Der neue Landeshauptmann heißt Kery", sagte er. Und auf
meine Frage, welche Rolle Sinowatz in der Partei spiele: „In
der burgenländischen Partei hat jetzt wieder Kery das Sagen.
Kery ist die Nummer 1!" Ich verstehe.

Resch würgte noch immer an der Erkenntnis. Er entschuldigte sich beinahe, daß er mich verurteilt und mies behandelt hatte. Sinowatz habe deshalb so massiv eingegriffen, weil er seinen
Freund Kery schützen wollte. In seiner menschlichen Breite
habe er sich da besonders engagiert. Ich konnte es nicht unterdrücken: auf völlig untaugliche Art und Weise. Sie bestätigten
dies.

Es könne zu einer Versöhnung Matysek — Partei nach den
Landtagswahlen kommen, meinten sie. Ich machte ihnen klar,
daß ich darauf nicht einginge.

Wir vereinbarten einen neuen Gesprächstermin. Sie
versprachen, mit dem Landeshauptmann zu sprechen. Kery
wäre zu einem Gespräch nicht bereit, sagte man mir dann. Er
möchte Ruhe haben. Er habe Angst, daß das Tohuwabohu von
neuem beginne...

Es kam zu einem — ratlosen — dritten Gespräch am 6. Fe-
bruar 1987. Posch und Resch waren beide guten Willens, hatten aber weder das Pouvoir noch die Idee, eine Lösung anzubieten.

Sie sagten mir allerdings: Wenn ich etwas auf eigene Faust
unternähme, werde die Partei wieder gegen mich kämpfen.
„Das tut sie schon seit beinahe zwei Jahren", antwortete ich. In
letzter Verzweiflung Posch: „So lange die ‚Bundesländer'-
Sache an Dir hängt, hast Du auch in den Medien keine
Chance".

Ich habe mich in der Zwischenzeit in einer Kontrollausschuß-
sitzung, in der es um sehr viel ging, der sozialistischen Partei

gegenüber sehr loyal verhalten. Auch das dürften sie als selbstverständlich angenommen haben. Ich glaube, es ist ihnen wirklich nicht zu helfen.

Sie mißverstehen Loyalität und Fairneß nach wie vor als Dummheit und Schwäche. Ich habe den Eindruck, sie können es nicht verkraften, daß ich noch immer nicht erledigt bin. Sie betrachten mich als ihr Eigentum, das man in irgendeine Ecke stellt, weil man es nicht mehr sehen will. Oder wie etwas, das zu vernichten sie ein Recht hätten. „Ehre der Obrigkeit und Gehorsam, und auch der krummen Obrigkeit! So will es der gute Schlaf. Was kann ich dafür, daß die Macht gerne auf krummen Beinen wandelt!" sagte Friedrich Nietzsche. „Aber schlecht schläft es sich ohne einen guten Namen und einen kleinen Schatz!"

Irgendwelche Fragen, Genossen?

Eine der Standardbeschwörungen im Sinowatz-Sozialismus ist auch eine der Standardunwahrheiten: „Hütet euch vor den Medien." „Diskutieren und kritisieren wir nicht außerhalb der Partei. Wir können ja innerhalb der Gremien über alles reden. Kritik ja, aber dort, wo sie hingehört: in die Gremien."

In den Gremien aber kann so gut wie keine Kritik vorgetragen werden. Wenn demnach kritisiert wird, dann als abgekartetes Spiel mit Rückendeckung der Spitze. Es wird nicht kritisiert, es wird nicht einmal diskutiert. Es wird referiert und dekretiert.

Da ich die Angewohnheit habe, stets mitzuschreiben, bin ich in der Lage, aus fast allen wichtigen Sitzungen das tatsächliche Geschehen wiederzugeben. Hier einige Beispiele, die in die Abläufe Einblick gewähren sollen.

Parteivorstand 2. Juli 1984

Konsum-Generaldirektor Kadits wird als neues Parteivorstandsmitglied begrüßt. Pinter und Vogl haben Kadits besonders umworben, weil die Parteizeitung „Burgenländische Freiheit" einem Desaster zusteuerte. KONSUM ist hier außerordentlich helfend eingesprungen, erzählt Pinter voll Stolz.

Landeshauptmann Kery: Die ÖVP drängt auf Einbruch in die Macht. Sie möchte vorzeitige Neuwahlen. Ihre Zeitungen forcieren diesen Trend. Auch in der Androsch-Angelegenheit ist die Logik pervertiert. Die Angriffe auf Androsch, Sinowatz, Salcher, oder: die SPÖ sei handlungsunfähig, sind geradezu lächerlich. Diese Art des Journalismus wird durch die Wirklichkeit ad absurdum geführt. Wir müssen in Zukunft immer ein klares Wort sprechen. Wir brauchen uns das nicht bieten zu lassen. Im Burgenland gibt es Gott sei Dank weniger Funktionäre, die sich durch die Medien verunsichern lassen. Die Funktionäre stellen sich hinter den Bundeskanzler. Wir müssen unbedingt alles hintanhalten, was die Partei auseinanderdividieren kann. Die gesellschaftliche Bedeutung der Partei spielt im Burgenland eine wesentliche Rolle, z.B. beim Gustav-Adolph-Fest oder bei der Burgenlandstiftung oder in Lockenhaus.

Bei Gemeinden- und Betriebsbesuchen spürt man die Sympathien aller Menschen selten so stark, z.B. in Olbendorf, in Oberndorf. Im Süden zeigen die Menschen demonstrativ ihre Zuneigung.

Die „OZ" („Oberwarter Zeitung") wird gerade dort gelesen, wo die SPÖ am schwächsten ist, wo die Funktionäre Minderwertigkeitsgefühle haben und die Mandatare am unsichersten sind.

Seit den letzten vier Nummern ist das Layout anders, das ist kein Zufall, offensichtlich ein neuer Journalist. Die „OZ" betreibt eine Ankündigungspolitik, die konsequent durchgezogen wird. Sie möchte am laufenden Band die Politiker denunzieren. Man könnte und müßte jede negative Überschrift ins Positive umkehren.

Welches Ziel verfolgt die „OZ"? Mit welchen Mitteln sollen diese Ziele erreicht werden? Das Ziel heißt, Kery muß weg! Mit dem Ziel der Resignation. Aber die letzte Instanz ist der Wähler. Und da können wir beruhigt sein!

Manche Funktionäre verfolgen die Dinge mit einer gewissen Schadenfreude, ja sie verlangen die Klage (im Zusammenhang mit „OZ"-Attacken auf Kery, Anm). Aber es ist nur beabsichtigt, fremde Personen vor Gericht zu zerren und jede Frage gestellt zu bekommen. Das wird dann veröffentlicht. Es ist undenkbar, was Dritte da aushalten müssen. Wenn es notwendig ist, muß man im Herbst dann etwas unternehmen. Die Wirkung, die sich manche erhoffen, ist einfach pathologischer

172

Haß. Die wird sich ins Gegenteil verkehren. Daß der ORF dann auch noch die Meldungen hineinnimmt, geschieht, weil die „OZ" ins Mediengesetz passe.

Verunsichert wäre vor allem der Güssinger Bezirk gewesen. Das habe sich jetzt gebessert. In Jennersdorf beginnen sich die Dinge auch zu konsolidieren (Kurz-Verurteilung, Anm.). Die Rechnung der „OZ" geht nicht auf. Die „OZ" wird in Zukunft mit Entzug von Druckaufträgen boykottiert. Auch die BEWAG-Aufträge werden zurückgenommen.

Engelbrecht begrüßt die Diskussion. Sie ist für alle eine Argumentationshilfe. Viele von den Parteiobmännern wurden überall angegriffen: Wie sollen sie Kery verteidigen, auch in Jennersdorf, wenn sie die Hintergründe nicht kennen? Wie das alles in die „OZ" kommt, ist frustrierend. Da muß jemand Kontakt mit der „OZ" haben (war auf Mader gemünzt).

Bundeskanzler Sinowatz: Was die Medien wollen, ist ganz klar: Mißtrauen in die Sozialistische Partei streuen, Verlust von Optimismus. Da nützen auch Rundschreiben nichts. Die Mandatare müssen aufstehen und unsere Politik verteidigen, den Landeshauptmann verteidigen. Solange jeder mit Genuß das „profil" erwartet, um sich zu freuen, welcher Genosse schlecht gemacht wird, um selber besser zu sein, läuft das verkehrt. Es soll sich keiner freuen. Alle haben Fehler. Das dürfen die Funktionäre in einem Bezirk nicht zulassen, daß über den Landeshauptmann geschimpft wird. Wir müssen mit ganzer Kraft dagegen eintreten. Jeder muß für jeden eintreten. Dieser Landeshauptmann hat als Parteiobmann seit 1966 jede Wahl gewonnen. Wo gibt es einen Politiker in Österreich, dem das gelungen ist! Man kann mit bösen Geschichten das Ärgste anrichten, aber jeder täuscht sich, wenn er glaubt, daß er damit sein Ziel erreicht. Jeder täuscht sich, wenn er Informationen weitergibt und glaubt, er bleibt verschont!

Wie im Kleinen, im Burgenland, so auch im Großen. Noch ärger dort die Bereitschaft, abzuqualifizieren und in Gefahr zu bringen. Im Parlament greift die ÖVP ja in direkter Konfrontation nicht an. Ohne Unterstützung der Medien wäre die ÖVP gleich Null. Woher möchte Mock überhaupt Mehrheit haben und Mehrheit erreichen?

Die Abfangjäger machen derzeit zwar große Schlagzeilen, aber nur, weil ein kleiner Teil der Bevölkerung sie ablehnt. In der Presse wird das natürlich alles anders abgehandelt. Fest steht, die Abfangjäger kommen, auf jeden Fall! Daran ist nicht zu rütteln. Der Wirtschaftsbericht ist positiv, das Budget ist in Ordnung, die Pensionsreform ist bewältigt. (Warum muß man Mandatare anagitieren? Anm.). Das Pensionssystem ist nicht in Unordnung gebracht worden. In anderen europäischen Ländern gibt es Einbrüche im System. In der Umweltpolitik wurde mehr gemacht als jemals zuvor. In einem 10-Jahres-Plan wird man 80 bis 90% des Transitverkehrs auf die Bahn bringen. Zum Marktordnungsgesetz: Das ist für vier Jahre beschlossen.

Alle, die von weniger Staat reden, wollen in Wirklichkeit mehr vom Staat. Gefahr, daß es uns nicht gelingt, vor allem in unseren Kreisen, daß die Menschen begreifen, was man für sie tut; daß das ein Teil ihres Einkommens ist, auch die Straße, die Hochschule. Auch das ist Sozialpolitik. Das ist die Umverteilung unserer Zeit, unserer Politik. Es steht dem, der weniger verdient, genauso zur Verfügung wie dem, der viel verdient.

Bei jeder Wahl haben wir ca. 4% verloren. Das ist ein Abfall, der nicht zufällig ist, das ist ein Trend. Ich möchte warnen. Wir müssen Obacht geben auf die Mitte, auf die Angestellten, die Facharbeiter. Das ist die Mittelschicht, die uns zu verlassen beginnt. Fragen wie Umweltschutz, Frieden etc. werden dort intensiv diskutiert. Fragen der Grünpolitik. All das müssen wir aufgreifen, das kann man nicht wegwischen, das kann man nicht dem Busek allein überlassen. Wir müssen Nebenkriegsschauplätze beseitigen, z.B. einen Finanzminister, der müde ist und Konflikte in der Öffentlichkeit austrägt wie die Androsch-Frage. Die Androsch-Frage müssen wir unbedingt wegbringen von der Partei. Damit kann man nicht die Partei belasten. Wir müssen auch mit der Jugend diskutieren. Es ist ungeheuerlich, daß die Jungen sagen, die Partei torkelt. Man muß aufpassen, daß durch derartige unbedachte Äußerungen nicht dem politischen Gegner Vorschub geleistet wird. Ich warne vor Resignation und Pessimismus. Wir müssen die Menschen motivieren. Wir müssen selber daran glauben.

Kery, zur Gründung der Jungen Generation: Man muß in den Bezirksausschüssen die Dinge vorbereiten. Wichtig die Frage, wie groß in den Bezirkskonferenzen die JG (= Junge Generation) sein soll. Delegierte aufteilen auf Ortschaften, die Präsenz nicht so hoch wie auf Parteitagen. Die JG soll nicht das Kontrastprogramm zur Partei bilden, sondern mit der Partei gehen. Die Führer in die Partei einbinden.

Sinowatz über Dallinger: Er hat mit einer anderen Art der Finanzierung der Mehrwertschöpfung und Maschinensteuer eine Diskussion ausgelöst, die derzeit von der politischen Alltagsdiskussion erschlagen wird, die aber für die Sozialisten ungeheuer wichtig ist. Eine Welle des Konservativismus kommt auf uns zu.

Kery: Unser Ziel ist es, die absolute Mehrheit zu erreichen. Das geht nur mit einer Politik der Mitte. Um mit dieser Mehrheit die Politik der reinen sozialistischen Form zu führen.

Moser jun.: Die Wahlergebnisse sind ja nicht zufällig. Der Trend ist abzulesen. Er bringt eine Verunsicherung der Partei. Wir befinden uns in einer Situation der Defensive. Wir rechtfertigen uns ununterbrochen. Das Beklagen der Situation ist zuwenig. Unser Ziel muß offensiv sein. Die Partei ist in den letzten Jahren abgetreten.

Kery: Was soll das heißen! Das ist ja Kraut und Rüben durcheinandergebracht. Die Themen sind im voraus besetzt, z.B. Kanalgesetz. Die Partei ist nicht abgetreten in den letzten Jahren. Wann abgetreten? Die Kampagne ist über das „profil" eingeleitet worden. Ausgelöst von den eigenen Funktionären, wie z.B. Cap. Das ist hausgemacht von Leuten in der eigenen Partei.

Herbstarbeit mit einer Multi-Media-Show, 20 Minuten, wirklich unter dem Motto: Wir gehen zu den Menschen, wie in Steyr, mit Ministern und Staatssekretären.

Der SJ-Obmann: Mit dem Abfangjägerproblem kennt sich die junge Generation nicht aus. Wo soll sie sich artikulieren?

Sinowatz: Wir verkaufen unsere Leistungen schlecht. Die Urlaubsverlängerung, die Arbeiterabfertigung hat uns keine Stimmen gebracht. Wir wollen aber keine Inzucht-Vereine, die SJ muß ihre Chance erkennen.

Peck: In der Steiermark und in Niederösterreich gibt es Pendlerpauschale. Wie sieht das für das Burgenland aus?

Kery: Kommt nicht in Frage, wir machen nicht Scheinpolitik wie die Niederösterreicher. Das würde 600.000 Schilling kosten, das ist im Budget nicht drinnen.

Bundeskanzler Sinowatz

Er spricht über die Regierungsumbildung: Die Schwierigkeiten begannen in Wirklichkeit schon in den siebziger Jahren mit dem Ölpreisschock und der von Kreisky ausgelösten Privilegiendiskussion. Die hat uns ungeheuer geschadet. Außerdem die Ankündigung von Steuererhöhungen, das war nicht gut vorbereitet. Eine Partei hat immer dann Schwierigkeiten, wenn sie an sich selbst Schwierigkeiten hat. Wahlverluste sind die Folge. Die Regierungsbildung und die Kleine Koalition sind logisch richtig.

1985 wird ein gutes Jahr, vor allem, was Wirtschaft, Schulpolitik, Finanzpolitik und Umwelt anlangt. Von Zeit zu Zeit sind personelle Erneuerungen einfach notwendig, um die Routine zu verhindern.

Der Schritt zur Mitte ist für unsere Partei unbedingt notwendig. In unserer Partei gibt es Wählerschichten, die schon bürgerlich sind. Die müssen wir ansprechen. Allein am Beispiel von Elfriede Karl muß man sagen, hier war eine personelle Erneuerung notwendig, sie hat politisch nichts gebracht, sie war ihr bester Sektionschef.

Zu Salcher: Er hat einfach nur auf diese unerhörte Art des Hannes Androsch reagiert. Es war einfach unerhört, wie er das Sieger-V gezeigt hat. Hier hätte er müssen schon weiterdenken. Auch was Parteidisziplin anlangt. Übrigens Parteidisziplin: Es wird in Zukunft eine härtere Konfrontation mit der ÖVP geben. Man muß die Politiker und die Politik zu dem Stellenwert bringen, wohin sie gehören. Die Medien sind daran schuld, daß dem nicht so ist. Die Politiker werden nur als Korruptionisten ohne Ideale hingestellt. Das müssen wir uns nicht bieten lassen. Die Sache Kreisky-Androsch hat der Partei sehr geschadet. Es gibt Dinge, die zwar der Richter nicht verurteilt, die aber dennoch politisch in Grauzonen sich bewegen und die sich ein hoher politischer Funktionär nicht leisten kann. Im konkreten Fall Androsch.

Landeshauptmann Kery:

Wir brauchen Politik mit Biß, mit Teamgeist, Kompetenz, Geschlossenheit und vor allem Vertrauen zueinander. Wenn es kein Vertrauen gibt, gibt es auch keine politische Zusammenarbeit. In diesem Sinn befinden wir uns in einer Zeit der großen Erfolge. Die Arbeit zwischen Regierung und Klub ist ausgezeichnet (ein dreiviertel Jahr später war ich wegen angeblichen Gegenteils als Klubobmann abserviert. Anm.). Man kann sich aufeinander verlassen. Man hat Vertrauen zueinander, man kann gemeinsam Verantwortung tragen. Wir müssen nach innen diskutieren und nach außen Geschlossenheit und Gemeinschaft zeigen. Mit Spontanität und Mut, abgehend von starren Gewohnheiten. Das Bild des Politikers verändern! Wir müssen trachten, die besten Menschen in unsere Partei zu holen. Regierung, Klub und Partei müssen neue Probleme lösen können und neue Problemlösungsmöglichkeiten anbieten. Die Partei hat eine Art Resignation, eine Apathie entwickelt. Wie bei der griechischen Tragödie. Alle warten auf ein Machtwort. Die Schwierigkeiten im Kabinett entstehen natürlich auch durch Salcher. Das war eine Einzelaktion. Es soll keine Bestrafung von Ministern geben, sondern eine Gesamtumbildung. Wenn man ein Mandat hat, ist man nicht im Mandat pragmatisiert. Die Wirtschaftspolitik müssen jetzt wir machen. Es hat eine gewisse Lethargie in der Regierungsmannschaft gegeben.

Zum Klub: Er entwickelt ungeheure Aktivitäten mit ungeheurem Fleiß. Gemeinsam mit Fachleuten zeitigt er sehr gute Ergebnisse. Er entwickelt auch den Mut, über die Parteigrenzen hinauszusehen. Mit neuen Ideen und neuen Persönlichkeiten. Ein neuer Stil, daß die Beamten mit dem Klub eng zusammenarbeiten und konkrete Ergebnisse zeitigen. Die Partei soll das, was der Klub vorexerziert, auch aufnehmen. Wir sollen ein Bild des Burgenlandes von 1990 zeichnen und umfassende Vorarbeiten leisten. Ein Entwurf Burgenland 1990, eine Herausforderung für die SPÖ. (Kery lobt zum vierten Mal die Klubarbeit. Mir ist dabei absolut nicht wohl, und ich mache eine dumme Bemerkung, die mir — in Gegenwart von Sinowatz — Feinde machen könnte. Leider sollte ich Recht behalten. Anm.)

Sinowatz: Spricht zur Wahl und Bildung der kleinen Koalition. Über seine Kompetenzen als Bundeskanzler. Über ein völ-

lig neues Selbstverständnis. „Herr im Hause bin ich. Nur rede
ich nicht gerne darüber." Es wird in Zukunft einen anderen Stil
geben müssen. Die kleine Koalition entspricht der Logik des
Wahlausganges. Der Steger ist so glücklich, in der Regierung zu
sein, daß er mit allem zufrieden ist.

Ich habe mich nicht um diese Funktion gedrängt. Ich habe
schon bewiesen, daß ich etwas leisten kann. Ich werde Kreisky
nicht imitieren. Es ist heute eine andere Zeit als in den siebziger
Jahren. Man muß eine neue politische Ethik entwickeln, mate-
rielle Dinge sind nicht von vordergründiger Bedeutung.

Es wurde seit 1945 ein soziales Netz gestrickt. Der Glaube an
Österreich gefestigt, an den Wiederaufbau, die Freiheit und die
Unabhängigkeit. Zu Androsch habe ich ein normales Verhält-
nis. Er ist jetzt Generaldirektor der CA und hat dort genug Sor-
gen. Ich bin Kanzler der Republik.

Bezirksausschußsitzung Neusiedl nach meiner „Hinrichtung"
am 23. Juni 1985

Keiner der anwesenden Mandatare, keiner meiner „Hinrich-
ter" bringt auch nur ein Wort über meine Abwahl heraus. Die
Sitzung beginnt um 8.30 Uhr. Es wird 10.15 Uhr, bis erstmals
der Name Matysek fällt.

Ein Gemeindefunktionär steht auf und sagt, daß er sich nicht
auskenne. Die Zeitungen hätten über die Hinrichtung Matyseks
berichtet. Für die Partei sei dies offensichtlich kein Thema.
Matysek war jene gewesen, die im Bezirk wirklich gearbeitet
habe, die „für uns alle sehr viel getan" habe. Wenn sie Fehler
gemacht habe, dann müsse man über diese Fehler reden. Was
aber waren ihre Fehler? Man könne sie nicht als verdiente Man-
datarin in einem Blitzverfahren absetzen. Und alle ließen sie im
Stich. „Wir wollen sie nicht im Stich lassen, das ist nicht in
Ordnung. Wir wollen Aufklärung."

Er erntet starken Applaus. Der Bezirksobmann (Peck) ist
sehr verlegen. Er hat damit nicht gerechnet, hat vielleicht ge-
glaubt, die Sache ließe sich mit Schweigen übergehen.

Peck: Er will dazu nicht allein antworten. Er bittet alle Abge-
ordneten-Kollegen, ihn zu unterstützen. Und daß Matysek im
Bezirk gearbeitet hat, ist sehr schön, aber alle Abgeordneten
haben die Pflicht, den Leuten zu helfen, das sei doch ganz klar.

Für die Absetzung war der Klub im Gesamten verantwortlich. Es haben sich 13, 14 oder 15 zu Wort gemeldet. Das Ganze geht zurück auf den Genossen Mader; von dort ist das abgeleitet worden. Von daher resultieren die Schwierigkeiten. Man kann sagen, von daher kommt die Krise. Die Genossin Matysek hat gewisse Aussagen gemacht, unter anderem auch in der Öffentlichkeit und im „Basta". Der politische Gegner wird uns daraufhin angreifen. (Anm.: Peck hat gewußt, daß „Basta" geklagt und verurteilt war.)

Wenn ein Spitzenfunktionär von der eigenen Partei sowas macht, in dieser Zeit, wo es Schwierigkeiten gibt, dann bereitet er zusätzliche Schwierigkeiten. Sie hat damit den Unmut des Klubs hervorgerufen. Wir im Klub haben über diese Dinge gesprochen. Eine Woche später war alles in der Zeitung. Die Parteikonferenz in Güssing war eine einzige Revolution. die Budgetdebatte war der schwerste Landtag seit 1945. Der Klub ist nicht schlagkräftig genug. Ein Teil der Leute ist nicht bereit, zusammenzuarbeiten. In Halbturn hat Sipötz von der Matysek Schläge bekommen. In Halbturn unterstützt sie einen schwarzen Bürgermeister, den Bürgermeistr Wagesreiter. Ich will weiter nicht ins Detail gehen. In Halbturn ist sie für Mader eingetreten und nicht für Sipötz. Es sind gewisse Dinge hinausgegangen, z.B. mit dem Parteiwagen. Auch in der „OZ" stehen Dinge, die nicht hinausgehören.

Matysek: Nennt Peck einen Lügner und Verleumder. Ein Mensch, der die Ideologie wechselt wie ein Hemd, hat keine Gesinnung. Darüber hinaus sei er der Aktenfälschung angeklagt.

Peck gibt dazu keinen Kommentar.

Später erfuhr ich, daß eine Stunde vor der Sitzung meine Stellvertreterin Rosi im Gasthaus Beck in Andau massiv attackiert worden war. Peck schrie sie an: „Wenn ihr die Otti früher fallen hättets lassen, wär das alles schon erledigt!" Und er verteidigte sich, brüllte sie nieder, sodaß Rosi weinend aus dem Gasthaus lief, über die Felder nach Hause. Peck fuhr ihr über das Feld nach und versuchte sie zu beruhigen. „I waaß es jo eh, daß des net so leicht is, ich hab ja auch nix gegen die Otti, aber was hätten wir denn tun sollen. Die Partei hat das wollen, wir müssen das durchstehen!"

(Peck versprach ihr noch, meine Nachfolgerin zu werden.)

In der Sitzung spricht Peck auch über die „Burgenländische

Freiheit" (Zeitung): Sie sei rückläufig und solle verstärkt ausgebaut werden. Die Werbung müsse von den Funktionären in die Hand genommen werden. Wenn wir die „BF" nicht in den Griff kriegen, wären wir als Partei im Burgenland verloren. Alle anderen Medien schreiben gegen uns.

Peck: Die politische Gangart wird wesentlich härter. Das gilt für die Bundespräsidentenwahlen. Es muß der Waldheim zum Bundespräsidenten gewählt werden (Lautes Gelächter). Oha, da habe ich schon weiter gedacht! (!!) Es muß natürlich Dr. Steyrer werden, denn Waldheim ist ein ernst zu nehmender Gegner. Auf dem Parteitag müssen wir den Sinowatz stärken über das Zukunftsmanifest.

Am 24. wird ein Beharrungsbeschluß zum Weingesetz im Parlament mit Mehrheit beschlossen. Weil wir als Österreicher im Ausland den allerschlechtesten Ruf haben und durch die Pantscherei in Mißkredit gekommen sind. Es hängen sehr viele im Bezirk da drinnen, daher ist das strengste Weingesetz der Welt notwendig.

Die Mönchhofer Weinbauerndemonstration ist eine gefährliche Entwicklung. Da werden die Leute gegen uns aufgeputscht. Das war gesteuert. Wir werden uns strikt an die Notwendigkeiten halten. Der Beharrungsbeschluß wird gefaßt, aber wir werden natürlich über die Dinge nachdenken. (Zuerst ein Gesetz, und dann nachdenken? Anm.) Im Verfahrensweg kann man über die bürokratischen Dinge nachdenken. Ich und der Minister werden österreichweit über diese Dinge reden. Damit kann man im Verordnungsweg das Bürokratische so gering wie möglich halten. Es gibt kein Gesetz, das nicht novelliert wird, also auch das Weingesetz kann novelliert werden. Wir machen dieses Gesetz im Interesse der Weinbauern und der Weinwirtschaft und der Republik Österreich so streng. Die Krawallmacher sind nur auf einige Orte konzentriert. Wir haben in den 20 Jahren Großartiges geleistet unter unserer Führung für die Bevölkerung. Wir machen soviel Positives, soviel Gutes für die Menschen.

Dann spricht Peck zur Frauenkonferenz: Zum ersten Mal wird die Organisation sozusagen vom Bezirk aus erfolgen. (Das heißt, ich als Frauenvorsitzende bin damit auf kaltem Wege schon „abgewählt").

Die Bezirksfrauenkonferenz am 25. Oktober zeigt ein völlig anderes Gesicht. Sie sind alle da. Alle Abgeordneten des Bezirks, die Frauensekretärin, die Landesfrauenvorsitzende Zipser.

Die Stimmung ist völlig anders als sonst. Wie lange braucht man, um die wesentlichen Personen in so einem Gremium von ihrer Meinung abzubringen, ihre Überzeugung umzudrehen? Ungefähr drei Monate! Man versucht gemeinsam, den Frauen zu erklären, daß ich für die Partei einfach nicht haltbar wäre, daß man mich abwählen müsse. Ein paar Mutige wagen ihre Meinung zu sagen, die sehr vernichtend für die Mächtigen ausfällt. Ich habe den Vorsitz und merke, daß meine Stellvertreterin, die noch im Juli um mich gekämpft hat, seltsam still geworden ist. Rosi Unger, hat man dich schon gekauft? Ich mag es nicht glauben. Ich hatte zwei Stunden davor ein Gespräch mit dem Bezirksvorsitzenden Peck. Als er merkte, daß ich weder durch Drohung noch durch gutes Zureden von meiner Linie abweiche, wird er ziemlich massiv. Er müsse mir klarmachen, daß ich keine Chance habe, sagte er. „Ich weiß es", antworte ich ihm. „Aber ich werde den Menschen die Augen öffnen über euch."

Irgendwie muß ich das sehr überzeugend gesagt haben. Er wird blaß. In der anschließenden Sitzung fällt mir auf, daß er mich nicht sonderlich attackiert. Das besorgen in erster Linie Elli Zipser und Landesrat Sipötz.

Eine alte Genossin rührt mich mit ihrer Wortmeldung besonders. Es ist die ehemalige Bezirks-Frauenvorsitzende, die mit weinerlicher und fast verzweifelter Stimme mich beschwört: „Otti, gib auf! Du tätst der Partei soviel Gutes!"

Wie verblendet sie doch alle sind. Sie darf nachbeten, was man ihr vorsagt. Die Einladungen zu den Frauenkonferenzen hatte bis jetzt ich als Vorsitzende unterzeichnet. Das ist über Nacht anders geworden. Auf Anordnung des Bezirksvorsitzenden zeichnet er für die Einladungen verantwortlich, was an und für sich ein Übergriff ist, gegen den ich protestiere.

Am 19. November 1985 ist Bezirksfrauenkonferenz in Gols. Die Machthaber haben bereits zugeschlagen. Im neuen Wahlvorschlag darf Matysek nicht mehr aufscheinen, obwohl ich nicht abgewählt bin. Obwohl ich mich brieflich bereit erklärt habe, für diese Funktion erneut zu kandidieren. Das heißt, die Frauen hatten gar keine Möglichkeit, mich zu wählen. Eine besonders undemokratische und bedenkliche Vorgangsweise. Der Wahlzettel trägt den Zusatz: „Das ist der einzige Wahlvorschlag!"

Man rechnet nicht damit, daß ich zu der Konferenz komme. Ich komme und eröffne sie. Ich sehe, daß die Partei keine Kosten und Mühen gescheut hat, ein Flugblatt über mich zusammenzustellen, „der Fall der Ottilie Matysek". Das Ganze ist sehr reißerisch gehalten, beinahe in Form eines Steckbriefs. Und wieder wird das erfolgreich geklagte „Basta"-Interview gegen mich verwendet. Es wird also mit allen Mitteln gearbeitet. Die Frauen sollen von ihrer guten Meinung über mich abgebracht und geheilt werden. Es ist eine schaurige Sitzung. Die Wahl, die keine ist, erfolgte programmgemäß. Es gab keine Diskussion. Ich habe nicht gekämpft. Ich wünschte meiner Nachfolgerin alles Gute. Sie muß diesen Verrat vor sich selber verantworten. Er hat ihr keinen Erfolg gebracht. Und kurioserweise kam sie später sich bei mir darüber beklagen. Eine andere würde „kandidiert". Die Vernichtungsmaschinerie und Regie klappte. Eine Presseaussendung meldet, daß die Frauenvorsitzende Ottilie Matysek auch aus dieser Funktion „abgewählt" wurde. Was absolut nicht den Tatsachen entsprach.

Vier Tage später, am 29. 11., fand die Bezirkskonferenz in Frauenkirchen in Anwesenheit des Landeshauptmanns statt. Auch hier der gleiche Vorgang. Obwohl ich Mandatarin dieses Bezirks bin, scheine ich auf den Wahllisten nicht mehr auf. An sich eine völlig rechtswidrige Vorgangsweise. Das heißt, sämtliche Delegierte, es sind 192, haben keine Möglichkeit, mich zu wählen oder zu streichen. Der Landeshauptmann und Landesparteiobmann findet da gar nichts dabei. Unter dem Titel „Allgemeines" melde ich mich kurz zu Wort und sage nur, daß ich es als sehr enttäuschend empfinde, wenn man jahrelang für eine Idee, für einen Menschen loyal eingetreten ist, einfach verraten zu werden. Viele meiner Freunde verstehen, was ich meine. Der Landeshauptmann ist sichtlich nervös. In seiner Zusammenfassung geht er kurz auf meinen Diskussionsbeitrag ein, er ist sich keines Verrates bewußt.

Wie kann er diese Menschen so kalt belügen? Ich habe meinen Sohn mitgenommen, er ist schlicht und einfach entsetzt.

Der ORF meldet stündlich: „Matysek abgewählt".

Das Samstags-Journal berichtet ausführlich.

Falschmeldung der „Zeit im Bild"

„Burgenländische SPÖ-Landtagsabgeordnete Ottilie Maty-sek hat ihre dritte politische Funktion innerhalb eines halben Jahres verloren.

Auf der SPÖ-Bezirkskonferenz ihrer Heimatgemeinde Neu-siedl am See wurde Matysek gestern abend mit großer Mehrheit aus dem Bezirkspräsidium gewählt. Nur vier von 188 Delegier-ten stimmten für einen Verbleib Matyseks."

Sie alle sind falsch informiert — und geben die Information weiter. Ich habe keine Chance; versuche den Verantwortlichen für die ZIB-Sendung zu erreichen. Die Falschmeldung wird Tage später korrigiert.

Ich verstehe, daß sich eine Gesinnungsgemeinschaft nicht gut entwickeln kann, wenn Geheimnisse strategischer und planeri-scher Natur ihre Mitwisser in den Redaktionsstuben haben. Ich verstehe aber ganz und gar nicht die Angst der Partei vor den Medien. Wenn man offen ist, wie man ja immer offen sein soll-te, und wenn man vor den anständigen Menschen der Bevölke-rung nichts zu verbergen und zu vertuschen hat, müßte man keine derartige Angst vor den legitimierten Vertretern der Öf-fentlichkeit haben. Denn zum Unterschied von den Politikern werden diese Öffentlichkeitsvertreter doch jeden Tag, jede Wo-che, jeden Monat (je nach Erscheinungsweise ihres Mediums) immer wieder gewählt.

Und ich verstehe diese Scheu, die bis zum Interviewboykott des Landeshauptmannes Kery reicht, auch deshalb nicht, weil die Partei sich ja aus Steuergeldern bedient. Die Öffentlichkeit finanziert die Parteien. Die Öffentlichkeit hat daher (über die Medien) ein Recht zu erfahren, was in den Parteien vorgeht, vor allem, was in demokratiepolitischer Hinsicht schiefläuft. Die berechtigte Kritik eines Parteigängers an der Partei, und sei es Journalisten gegenüber, ist daher kein Verrat an der Gesin-nungsgemeinschaft, sondern eine Schuldigkeit dem Steuerzah-ler gegenüber.

Genossen, weist ab morgen jeden Steuerschilling von euren Parteikassen zurück, und ihr braucht keinem Journalisten mehr Rede und Antwort stehen.

„Die geforderte Kritikausübung ausschließlich innerhalb der

Partei ist eine rein österreichische Spezialität und eine Fehlentwicklung des Demokratieverständnisses. Sie ist erfahrungsgemäß zu vergessen!" Diesen Satz schrieb der Leiter des Landesarbeitsamtes Albert Dörnhöfer an den Abgeordneten zum Nationalrat Gossi. Ich gebe ihm recht.

Wenn doch wenigstens die Kritik innerhalb der Partei möglich und sinnvoll wäre! Nach der berühmten „Flagellanten"-Rede Kerys ließ sich Friedensforscher Mader von der Burg Schlaining vernehmen: „Je länger ich weg bin, um so mehr glaube ich, daß es richtig war, zu gehen. Wäre ich noch in der Regierung, müßte ich das alles verteidigen!" Müßte er es tatsächlich? Mader fügte hinzu: „Denn meine Kritik hat nie zu Ergebnissen geführt!"

Es haben hohe und höchste Politiker Strafverfahren anhängig (Kery, Sipötz, Vogl, Horvath etc.). Dieses Faktum wurde aber innerparteilich nie diskutiert, war kein Thema — außer für Harakiri-Kandidaten. Geschweige denn wurde es mit Konsequenzen gelöst — außer für Kopfschüssler, die das doch irgendwo zur Sprache brachten. Dies ist eine Burgenland-Spezialität. Der Mut, die Dinge, die Malversanten beim Namen zu nennen, tut in der Partei allgemein nicht gut. Jolanda Offenbeck gestand freimütig: Es habe ihr sicherlich sehr genützt, daß sie immer nur zu allem freundlich genickt hätte. „Am besten ist es, man ist sehr ruhig!" Ruhe ist des Genossen erste Pflicht. Alles andere ist „unsolidarisch" und parteischädigend, die Ahndung wird über Stationen von der Verulkung (Nenning wurde zum „Wurschtl!") bis zur Liquidation durchgezogen. Alles andere ist ein Verstoß gegen die „verkehrsüblichen Umgangsformen unter Genossen" (NR Kapaun über mich), zur Profilierungssucht, Mediengeilheit und bei Frauen auch gerne „sexueller Frustration".

Übrigens, der Parteivorstand der SPÖ Burgenland, als wichtigstes Parteigremium, erfuhr erst am 16. September 1985, also vier Monate danach, zum ersten Mal parteioffiziell, daß ich nicht mehr Klubobman war.

Mein Nachfolger Josef Posch als Begründung: „Die Zombies und Geld- und Machtgier". Die offiziell angesetzte Parteivorstandssitzung in Jennersdorf, der eine ganztägig anberaumte Arbeitsgemeinschaft folgte, dauerte genau sieben Minuten. Niemand hatte Fragen — alles klar, Genossen? Übrigens, die Arbeitsgemeinschaft lief unter dem Motto: Burgenland 90.

Wie das Vaterunser mit Amen endet, so endet die Sitzung eines burgenländischen SPÖ-Gremiums höherer Bedeutung mit Frage und Dank des Vorsitzenden: „Irgendwelche Fragen, Genossen? Danke, Genossen! Die Sitzung ist beendet!"

ANLIEGEN

Die Rolle der Journalisten

Einige Medien sind nicht schuldlos an der Angst und der Scheu der Parteien ihnen gegenüber. Leider machen gewisse Medienvertreter aus der Tatsache einer Kritik eines Parteigängers an seiner Partei eine derartige Sensation, daß sie bereits wieder kontraproduktiv wirkt. Nicht die Tatsache einer Kritik oder einer Zustandsbeschreibung sollte meines Erachtens die Sensation sein, sondern — nach Maßgabe der Bewertung durch den Journalisten — der Inhalt dieser Kritik oder des beschriebenen Zustandes. Der Journalist und sein Medium haben ja aus einer geschützteren Position heraus die Möglichkeit, der Sache auf den Grund zu gehen. Ja sogar die Pflicht. Doch leider, „die Gschicht in der Gschicht", der die Schlagzeile gewidmet wird, ist manchen Journalisten lediglich der Umstand, daß es jemand wagt, verbindlicher zu sprechen als in den „Unverbindlichkeiten" der Politikersprache.

Besonders beklagenswert wird es dann, wenn die Journalisten glauben, diese Sensation, die keine sein sollte, zusätzlich pfeffern zu müssen, indem sie einem unter zitierenden Anführungszeichen Worte in den Mund legen, die nie gesagt wurden. Ich wurde auf diese Weise indirekt zu einem Opfer der Medien („Basta", Zombies). Sie sind meine vielstrapazierten Hinrichtungsgründe.

Ich möchte mich nicht zum Lehrmeister für Journalisten aufspielen. Aber aus eigener leidvoller Erfahrung wünschte ich mir eine Journalistik, die sich in ihrer Berichterstattung an die Tatsachen hält. Eine Presse, der man blind vertrauen kann, daß das, was unter Anführungszeichen steht, wirklich als Zitat angesehen werden kann. Entgegnungen, Berichtigungsbegehren,

Distanzierungen, Wiedergutmachungsartikel, ja sogar Klagen und Verurteilungen sind höchst zweifelhafte Instrumente. Trotz der Verurteilung der Zeitschrift „Basta" hat mir das herzlich wenig geholfen.

Ich wünsche mir auch eine Journalistik und Journalisten, die in der Bewertung von Aussagen und Situationen sattelfest sind, die nicht dem gerade jeweils letzten Gesprächspartner recht geben. Ich möchte hier, weil es sich um ein positives Beispiel handelt, auch einen Namen nennen: „profil"-Redakteurin Marianne Enigl. Sie befragte nach meiner „Hinrichtung" den sozialistischen Nationalratsabgeordneten Heinz Kapaun nach den Gründen. Kapaun — wohlgemerkt, Doktor beider Rechte und Vorsitzender im parlamentarischen Untersuchungsausschuß im WBO-Skandal — machte der Journalistin äußerst rüde Mitteilungen über meine Person, erging sich in Andeutungen ohne Spur eines Beweises oder einer Konkretisierung. Schlicht und einfach der Stoff, aus dem die Sensationen sind. Frau Enigl machte mir auf Basis dieses Gespräches buchstäblich die Hölle heiß. Sie interviewte mich in einer Schärfe und Hartnäckigkeit, die ich vorher und nachher nicht erlebt habe. Sie versteht ihr Handwerk. Sie bewertete daraufhin Basis-Gespräch Kapaun und damit auch das Replik-Gespräch Matysek als für ihre Namenszeichnung und für ihr Medium journalistisch unhaltbar. Enigl und „profil" hätten sicher ihre Schlagzeile gehabt.

Neben einer Berichterstattung auf Basis der Tatsächlichkeiten wünsche ich mir aber auch eine Kommentierung des politischen Geschehens aus der Sicht des sogenannten „kleinen Mannes" und weniger aus der Sicht der Mächtigen und ihrer jeweiligen Machtkonkurrenten. Manchmal habe ich das Gefühl, politischer Journalismus sei lediglich Beschreibung und Kommentierung einer Schachpartie. Über Bauernopfer, Rochaden, Rösselsprünge, Zugzwänge, Patts und Matts. Nicht was ein BEWAG-Skandal für einen bestimmten Landespolitiker und seinen Gegenspieler bedeutet (leider gar nix), wäre von Wichtigkeit, sondern was er für den Strombezieher bedeutet, wäre von Relevanz. Nicht der Aufsichtsratspräsident müßte fünfspaltig zu Wort kommen, sondern die Mindestrentnerin in Deutschkreutz. Nicht die „Entschuldigungen" des Mächtigen wären einer Kommentierung wert, sondern die fatalen Auswirkungen an den stummen kleinen Mann. In der „Chinesischen Mauer" von Max Frisch fand ich einen Satz, den wir Politiker uns hinter die Ohren schreiben sollten: „Aber das Volk, meine Herrschaften, hat keine Stimme, wenn wir sie ihm nicht leihen, irgendeiner von uns!" Ich wünsche mir aber auch mehr Journalisten, die daran Gefallen finden. Und die chinesische Mauer zwischen den Mächtigen und den Financiers der Mächtigen brüchig machen. Und wenn sie sich nur auf diese Mauer stellen und denen auf der rauhen Seite sagen, was sie im Lustgarten auf der anderen Seite wahrnehmen.

Und ich wünsche mir wagemutige Journalisten, die im Verein mit wagemutigen Politikern nicht nur die Disteln auf der Wiese der Korruption und der Demokratur köpfen und diese wie Trophäen vor sich hertragen, sondern sich an die Wurzeln des Unkrauts heranwagen. Ich habe in meinem Buch versucht, den Wurzelgrund dieses Unkrautackers ein wenig freizulegen.

Zwar hat Bundespräsident Rudolf Kirchschläger die Existenz von Sümpfen und sauren Wiesen ausgesprochen (und wurde dafür von Kery als „Flagellant" verhöhnt, der mit Moralappellen nur um so mehr der Unmoral eine Gasse schlüge), aber er hat es dabei bewenden lassen. Noch kein Politiker und Staatsmann vor ihm (und wahrscheinlich noch lange nach ihm) hat eine derartige Autorität besessen wie gerade er. Ja, er hat in einem späteren Interview sogar einmal — darauf angesprochen — wörtlich gesagt: „Jedes Volk hat die Politiker, die es verdient!" Dieses Volk hat diese Politiker nicht verdient!

Die Medien, so unerläßlich sie in ihrem Aufgabenbereich Aufdeckung und Enthüllung auch sind, begünstigen auf der anderen Seite die Verhüllung und die Kritiklosigkeit. Ich habe mich immer darüber gewundert, ja geärgert, daß es in Österreich durch die Existenz von zwei großen Parteien nur zwei große relevante Meinungen geben darf. Immer ist gleich vom großen Krach, von Streit, von Turbulenzen die Rede, wenn in einer Partei statt einer einzigen gleich zwei und sogar drei oder vier Meinungen vorhanden sind. Das wird in einer Form hochstilisiert, daß bei der nächsten Meinungsumfrage die jeweilige Partei gleich um ein paar Prozentpunkte nach unten sackt. Dementsprechende Lieblingsbeschäftigung von Journalisten ist es daher, etwa dem Herrn Mock jemanden zu präsentieren, der anderer Meinung ist als er (in der ÖVP ist dies relativ einfach), oder dem Herrn SPÖ-Vorsitzenden jemanden, der ihm öffentlich widerspricht, einen Sozialisten natürlich, womöglich einen Gewerkschafter. Dementsprechend peinlich achten die Parteizentralen darauf, daß sich niemand der gemeinsamen Sprachregelung entzieht. (Die ÖVP fand mit „Jein" und „Ja, aber" diesbezüglich das Ei des Kolumbus!) Dementsprechenden Stellenwert gewinnen die Postulate „Geschlossenheit", „Ruhe", „Solidarität", „Loyalität", „Vertrauen".

Würden die Medien nicht derartige Parteigefährdungen aus einer vor den Augen der Öffentlichkeit ablaufenden innerparteilichen Diskussion machen, hätten wir sicherlich offenere, dynamischere, intelligentere, demokratischere Parteien und Parteiführungen. So aber wartet eine beim „Streiten" ertappte Partei nur darauf, daß endlich auch die andere zu streiten beginnt und freut sich darüber, weil man sich ohne öffentliche Anteilnahme auseinandersetzen kann, bis sich die Medien wieder der ersten Partei zuwenden. Ein ewiges Ringelreih ohne Fortschritt. Österreich, ein Land mit pluralistischer Gesellschaftsform, hat sieben Millionen Einwohner. Es sind daher mehr Meinungen zuzulassen als zwei oder drei Parteimeinungen. Eine Parteimeinung ist nicht, zumindest in der sozialistischen Partei, das Substrat einer demokratischen Meinungsfindung. In einer Partei, zumindest in der SPÖ, herrschen Durchgriff und Disziplin. Unter Demokratie stelle ich mir etwas anderes vor.

Ich weiß, daß „öffentliche Meinung" im Leben und Handeln einer Partei eine entscheidende Bedeutung hat. Wenn auch immer über die Medien gelästert wird und Journalisten als „verkrachte Existenzen" (Sinowatz) verulkt werden, die Medienberichte wirken in einem Ausmaß, an das nicht einmal die Journalisten selber glauben. Die öffentliche Meinung als Maß aller (Partei-)Dinge! Es wird daher alles versucht, um sie zu beeinflussen und zu manipulieren. Leider zeigen sich manche Journalisten und manche Medien nicht widerstandsfest genug. Mittel dazu sind „Freundschaften" zwischen Politikern und Journalisten, die natürlich nur so lange halten, als der jeweilige Journalist interessant und wichtig genug ist (wenn das nur mehr Journalisten durchschauten!); der Entzug von Insertionsaufträgen (sogar von öffentlichen Unternehmungen wie etwa der BEWAG); das innerredaktionelle Ausspielen von Journalisten (Gesprächsverweigerung für einen bestimmten kritischen Journalisten, dafür Gesprächsangebot für den willfährigeren Kollegen der gleichen Redaktion, der dann natürlich innerredaktionell reüssiert); bis zur journalistischen Direktive! „Ich werde

dem Heger schon noch genau sagen, was er berichten muß!",
kompromittierte Parteisekretär Stix den Chefredakteur des
ORF-Burgenland in der WBO-Sache.

Wie sehr man vor den Medien Angst hat, und damit vor der
öffentlichen Meinung, zeigt allein die Tatsache, daß „profil"-
Ausgaben mit ungünstigen Artikeln über Auftrag des BE-
WAG-Generaldirektors und des Landesparteisekretariats einfach aufgekauft werden.

Wie sehr sogar hochintelligente Menschen wie Zentralsekretär Heinrich Keller (den ich bis zu diesem Zeitpunkt sehr geschätzt habe) vor der ominösen „öffentlichen Meinung" intel-
lektuell und charakterlich in die Knie gehen, zeigt eine Begegnung am 2. Dezember 1986 in der Parteizentrale Löwelstraße.

Ich treffe mit Heinrich Keller vor dem Lift zusammen, an
seiner Seite — ich traue meinen Augen nicht — der Berater und
Ohrwurm des Ex-Kanzlers, Hans Pusch. In diesem Moment
weiß ich, daß es schade ist um jede Minute. Ich will Keller an
Hand von Unterlagen meinen Fall (Schiedsgericht) darlegen. Er
lehnt ab, möchte das gar nicht sehen, es könnte ihn vorbela-
sten, man könnte ihm später etwas unterstellen. Ich verstehe
ihn nicht ganz, aber akzeptiere. Dann er: „Selbst wenn alle diese Vorhalte, Zombies und so weiter, entkräftet werden könnten
von Dir, spielt das keine Rolle, es ist einfach die öffentliche
Meinung gegen Dich durch den ‚Bundesländer'-Skandal!" Ich
begreife nicht, antworte: „Aber das eine hat mit dem anderen
überhaupt nichts zu tun. Die ‚Bundesländer'-Sache ist ein Jahr
später geplatzt. Außerdem ist da überhaupt nichts dran, das
wird sich herausstellen. Du bist doch Anwalt, gerade Du mußt
doch die Unschuldsvermutung akzeptieren. Und gerade Du
mußt an einer Wahrheitsfindung interessiert sein." Keller:
„Jetzt bin ich Anwalt der Partei! Außerdem habe ich aus dem
Justizministerium erfahren, daß die Unterschriften (auf den
Schadensmeldungen, Anm.) echt sind!"

Ich bin schockiert. Seit mehr als einem Jahr bemühe ich
mich, ein Gutachten zu erlangen. Dafür sind Originalunter-
schriften und die Originalunterlagen notwendig. Das ist mir bis
jetzt, trotz intensivster Bemühungen, nicht gelungen. Und im
Ministerium hat man das? Das ist doch unmöglich. Ohne diese
Unterschriftsproben gibt es kein Gutachten. Keller dazu lässig:
„Na, glaubst, wann ma von Dir a Unterschrift braucht, kann
man sich's nicht verschaffen?" Ich begreife. Die Partei arbeitet

daran, meine Schuld zu beweisen. „Noch einmal, ich hab mit dieser Sache nichts zu tun, ich bin in der Sache Parteischiedsgericht hier!" Keller strapaziert wieder die öffentliche Meinung. „Wie kann man als Sozialist mit dem Generaldirektor der ‚Bundesländer'-Versicherung befreundet sein? A Wahnsinn. Die ‚Bundesländer' ist der erklärte Gegner der SPÖ!" Eingeschüchtert wage ich einzuwerfen: „Aber all die Freundschaften zwischen ÖVPlern und SPÖlern, und jetzt die große Koalition! Und übrigens, die Fröhlich-Sandner!"

Keller klärt mich auf: „Der Fröhlich aus der Kammer, das ist ganz was anderes, denn die Kammer ist nicht so SPÖ-feindlich wie die ‚Bundesländer'!" Und zum dritten Mal kommt er auf die öffentliche Meinung. „Wer in der öffentlichen Meinung unten durch ist, für den kennan ma nix machen. Da ist absolut nix drin!"

So ist das: Man mobilisiert die öffentliche Meinung gegen jemand und gebraucht sie dann als Argument für die Rechtmäßigkeit der Mobilisierung. Ich hacke also jemandem die Finger ab und werfe ihm vor, daß er nicht Klavier spielen kann. Oder ich gieße über jemand einen Eimer Jauche und schicke ihn weg, weil er schlecht riecht.

Mein Trost ist, daß die Zahl der Journalisten, die all das durchschauen, größer wird und mir es auch bekunden. Und daß es die Öffentlichkeit — das weiß ich aus vielen Zuschriften, Reaktionen und spontanem Angeredetwerden — eigentlich schon längst durchschaut hat. Was ist dann, Heinrich Keller, wenn sich die öffentliche Meinung anders artikulieren sollte? Was macht man, wenn der Wind sich dreht?

Vorsorglich jedenfalls wollte man von mir — Heinrich Keller zur Mitteilung — einen politischen „Nicht-Angriffspakt". Die SPÖ hätte gar nichts dagegen, sollte ich für die Landtagswahl kandidieren. Ich sollte mit ihr nur ein heimliches Koalitionsabkommen abschließen. Auf diese Weise könnte man das große Lager der Unzufriedenen de facto bei der SPÖ behalten. Das wäre gar nicht so schlecht.

Zerrüttet den Apparat!

Wer bestimmt im Apparatschik-Lande die Regierenden? Natürlich nicht der Regierungschef (der dient nur dazu, um Wahlen zu gewinnen), sondern der Chef des Apparates, feiner ausgedrückt, der Partei. Nicht einmal der nominelle (das wäre Kery), sondern der oberste Apparatschik.

Burgenland erhielt 1982 eine neue Landesverfassung und damit ein zusätzliches Regierungsmitglied, das der Mehrheitspartei zugeordnet ist. Auf Weisung von Fred Sinowatz — damals Vizekanzler — besetzt der Parteisekretär diese neue Position. Der Landeshauptmann (also der Regierungschef) war nicht sehr begeistert. Er erzählte mir fast entschuldigend, daß es eindeutig der Wunsch von Sinowatz war, den Parteisekretär in die Regierung zu holen. „Stix war nicht zu umgehen!" Mich interessierte das damals nicht besonders. Gut, der erste Parteisekretär saß nun in der Landesregierung.

Nachdem Landesrat Vogl aus dem Nest gefallen war, sehr zum Mißfallen von Sinowatz, griff dieser erneut ein. Vogl rechnete mit seiner Rückkehr in die BEWAG, die ihm durch seinen — laut Rechnungshof „unüblichen" — Vertrag gesichert schien. Außerdem sicher schien, weil ihm dies Sinowatz zugesagt hatte. Völlig überraschend gab es erstmals Proteste seitens der ÖVP, aber auch aus der Bevölkerung (wohl deswegen). Der Plan wurde vereitelt. Über massives Einwirken von Sinowatz erhielt Stix das Finanzressort des Ex-Landesrates Vogl, obwohl Stix kein ausgeprägter Finanzexperte ist: Auch die Gelder des Klubs waren unter Klubobmann Stix äußerst schlecht betreut. Eine Wochenzeitung schreibt seit Jahren über die Untaten des Landesfinanzreferenten Stix zum Schaden des Burgenlandes.

Durch Vogl-Flug und Stix-Rochade war nun der Sessel des Landesrates Stix frei. Wieder hatte Regierungschef Kery nichts zu melden. Sinowatz fuhr fort, die Männer seiner Wahl in der Regierung zu placieren, lupenreine Apparatschiks. Zum erstenmal wurde die Regie in ihrer ganzen Brutalität deutlich. Kery war längst zu schwach, um auch nur einen Finger zu rühren.

Parteipräsidiumssitzung in Eisenstadt: Der Kanzler der Republik ist wieder anwesend.

Der Landeshauptmann eröffnet. „Fredi hat so seine Vorstellungen...". Aber Fredi Burgenlandkanzler fiel ihm gleich ins Wort. Er könne sich vorstellen, den Bezirksparteisekretär von Oberwart zum Regierungsmitglied zu berufen. Immer vorausgesetzt, der wolle überhaupt; und es hätte im Präsidium niemand etwas dagegen. Einige kannten den guten Mann gar nicht, etwa ich. Wie kann ich etwas gegen jemanden haben, den ich nicht kenne. Es war natürlich keiner dagegen.

Der Kanzler ging zum Telefonapparat des Landeshauptmannes, wählte eigenhändig und auswendig die Nummer des Bezirksparteisekretariates Oberwart. Der Sekretär war da. Ob er denn dieses schwere Amt übernehmen würde? Die Spannung wuchs ins Unerträgliche. Der Mann am anderen Ende war offenbar kaum perplex. Er sagte ja. Wie ein Feldherr schritt Sinowatz zu seinem Sessel zurück — er saß übrigens neben mir. „Wir haben ein neues Regierungsmitglied. Genosse Schmidt hat eingewilligt!"

Das Parteipräsidium hat also entschieden. In der darauffolgenden Parteivorstandssitzung wird die Entscheidung des Gremiums (siehe Pyramide) von den staunenden Spitzenfunktionären, die großteils keine Ahnung haben, wer der neue Mann in der Regierung ist, die diese Blume im Verborgenen noch nicht kennen, angenommen. Natürlich. Und einstimmig. Auch das zweite Gremium hat also entschieden.

Schmidt ist ein Traummann von Sinowatz. Farblos, unscheinbar, nie eine eigene Meinung artikulierend, immer still und unauffällig. Ein schweigender Gast in Regierungsfunktion. Ein angenehmer Genosse. Ich habe ihn im Laufe der Jahre keine fünf Sätze hintereinander sagen hören.

Wieder war eine Regierungsfunktion neu zu besetzen: Landesrat Gerald Mader war zurückgetreten. Die Klammer der Parteisekretäre um Kery war offensichtlich noch nicht eng genug. Also war der logische Nachfolger für Mader — erraten! — wieder ein Mann des Apparates, der nächste Parteisekretär, der nächste Sinowatz-Vasall: Hans Sipötz. Sipötz, den Sinowatz überredet hatte, Parteisekretär zu werden, indem er ihm klar machte, daß dies ein Sprungbrett für höhere Weihen wäre. Kurze Zeit vorher hatte Sipötz noch mit der Begründung abgelehnt, er habe keine Lust, Kery „täglich hinten rein und raus zu kriechen". Die Zuneigung war gegenseitig, Kery war sehr unglücklich über die Entscheidung. Er hatte Sipötz nie gemocht und daraus auch nie ein Hehl gemacht. Aber lange hat Sipötz seine unbequeme Fortbewegungsart ja nicht einnehmen müssen. Ganz wie ihm Sinowatz vorausgesagt hatte: Ruckzuck, saß er auf der Regierungsbank. Der Ring der Parteisekretäre Ballhausplatz — Landesregierung Eisenstadt war damit fest geschmiedet.

Der „Prager Frühling des SP-Klubs" (wie meine Zeit genannt wurde) war damit verblüht. Ich ahnte, daß schwere

Zeiten auf mich zukommen würden. Ich konnte allerdings nicht ahnen, daß Kery seine Freunde verleugnete, nur um einem Mächtigeren im eigenen Hause gefällig zu sein. Wieso hat Sinowatz in Kery ein so williges Werkzeug gefunden, er, der doch alle Wahlen gewonnen hat, und Sinowatz keine einzige Volkswahl in seinem ganzen Politikerleben?

Trotzdem dürfte sein „Generalstabsplan" (übrigens ein Lieblingsvokabel des Obersekretärs und seiner Co-Sekretäre im Burgenland) nicht aufgegangen sein. Es war für Weiterdenkende unverkennbar, daß Sinowatz sich, nach dem Intermezzo als Regierungschef der Republik, liebend gerne auf den Landeshauptmannsessel des Burgenlands zurückgezogen hätte. Theo Kery als Platzhalter.

Überhaupt ist Sinowatz im Sichern von Pfründen und Positionen findig und originell (nicht umsonst beklagt er Kreiskys Antiprivilegiendiskussion als den Beginn der Schwierigkeiten für die SPÖ) und bediente sich einer Reihe funktionierender Funktionäre des Apparates.

Typisches Beispiel seine Mandatssicherungsaktion: Ob er geahnt hat, daß das Regierungsmodell SPÖ-FPÖ nur von kurzer Dauer sein kann? Ob die Aktion einfach aus verstärktem Sicherheitsdenken entstand oder eine realistische Betrachtung der eigenen Fähigkeiten war? Fest steht, Sinowatz hat sich apparativ abgesichert.

Wieder einmal Präsidiumssitzung in Eisenstadt. Und wieder einmal der Kanzler der Republik mit dabei (im Unterschied zu Kery, der kaum den Bundesparteivorstand in Wien beehrt). Der Kanzler überraschte uns mit einem „Generalstabsplan" in eigener Sache. Ein ausgeklügeltes Modell. Müsse der Kanzler, rein hypothetisch natürlich, den Ballhausplatz verlassen, gäbe es für ihn keinen Sitz im Nationalrat mehr. Also müsse ein vertrauenswürdiger Platzhalter her. Wer wohl? Elli Zipser, wer sonst? Eine besonders treue Dienerin ihres Herrn. Verzückt erzählte sie jedem, der es hören wollte, und nachdem sie selten einen fand, auch anderen: „Fred Sinowatz hat meine Karriere in der Hand. Ich vertraue ihm blind!"

Nun, Elli Zipser zog auf Wunsch Freds aus dem Landtag in den Nationalrat. Damit war die Rochade aber erst halb geglückt. Jetzt mußte sich einer finden, der bereit wäre, das von Zipser für unbestimmte Zeit freigegebene Landtagsmandat zu halten und wieder Platz zu machen, wenn Zipser Sinowatz

Platz machen mußte. Sinowatz war sich eines Mannes besonders sicher. In seiner Heimatgemeinde Neufeld opferte sich der Bürgermeister. Er wurde Landtagsabgeordneter. Sinowatz drückte ihn durch alle Gremien, die, wieder einmal völlig überrumpelt, nichts dagegen hatten. Alles ging nach Plan. So agiert ein General.

Dann passierte aber doch etwas Unplanmäßiges. Zweieinhalb Jahre später, als das „Unmögliche" eintrat und die Kleine Koalition zerbarst, spießte sich's mit der vorbereiteten Mandatssicherungsaktion. Die hundertprozentige Parteisoldatin hatte an ihrer Leih-Position derart Gefallen gefunden, daß sie den Gehorsam verweigerte. Nicht selbst und nicht im eigenen Namen, natürlich. Wozu hat man denn die Frauen, die braven Parteisoldatinnen. Über die Bundesfrauen, die sich für eine Genossin in die Bresche warfen (immerhin hatte man mittlerweile ja eine Quotenregelung), die allerdings keine Ahnung von der Burgenland-Verschwörung hatten, wurde sie im Nationalrat gehalten: Sinowatz könne sich nicht ausgerechnet über das Mandat einer Frau den Rückzug in den Nationalrat sichern. Nur mit viel Glück kam der Burgenländer Sinowatz als Volksvertreter auf einem niederösterreichischen Mandat unter. Der Apparat funktioniert trotz Pannen. Was kann ihn denn wirklich erschüttern?

Nachdem er um so besser funktioniert, je niedriger das Niveau ist, auf dem die Denkleistungen — systemnotwendig — gehalten werden müssen, wird der Apparat und werden die Apparatschiks durch jede schöpferische Aktivität und durch jedwede Denkleistung in Gefahr gebracht.

Jeder Widerspruch, alles Denken, alles Fragen, jede Innovation zerrüttet und gefährdet den Apparat. Mein Wunsch an die Jugend ist es: Laßt euch den Widerspruch, laßt euch hinterfragendes Denken, laßt euch eure Kreativität nicht abkaufen. Zerrüttet und gefährdet den Apparat. Denn er kann sich nur sichern, wenn er euch zerrüttet und euch gefährdet, euren Willen zu einem Zusammenleben freier und aufrechter Menschen.

Sinowatz sagte in einem Referat: „Es muß auf verschiedenen Ebenen der Öffentlichkeitsarbeit mit genau abgestimmten Methoden vorgegangen werden. Es ist keine Schande, wenn wir sagen, daß wir immer mehr Geld brauchen, um in einer Zeit der geradezu erschreckenden Möglichkeiten der Manipulation bei der politischen Willensbildung des Staatsbürgers als Partei bestehen zu können. Kraß ausgedrückt ist es heute doch so, daß jene Partei, die über mehr Geld verfügt, eine durchschlagendere Propaganda machen kann und somit die größeren Chancen hat, Wahlerfolge zu erzielen. Unsere Partei braucht Prestige, braucht modisches Auftreten und Repräsentation."

Daß sie nur ordentliche, überzeugende Repräsentanten in ihren vordersten Reihen brauchte, darauf kommt Sinowatz nicht. Ein billiges und modisches Aggiornamento, ein Einfangen der Leute, der jungen Leute, mit möglichstem Propagandaaufwand („Mach mit!" — plakatiert man nun österreichweit!) ist hoffentlich bereits zum Scheitern verurteilt.

Eines der interessantesten Phänomene, das unsere Zeit anzubieten hat, ist die Parteienverdrossenheit. Nichts geht mehr in den Parteien, ja in der Politik, wie gestern und vorgestern. Die Lösungsmuster, jahrzehntelang praktiziert, haben ihre Wirkung verloren. Der Typus des Politikers, des Machers von gestern, der Härte zeigt statt Wirkung, ist nicht mehr gefragt. Die Parteien beginnen, meilenweit hinter den Problemen herzulaufen. Bis ein Parteivorstand ein Problem bemerkt (außer ein Machtproblem), haben sich schon längst freie Bürgergruppen dieses Problems angenommen. Die Menschen, die sogenannte Basis, haben das schon lang bemerkt: Die Politiker sind von den Ereignissen, von der Entwicklung überrollt worden. Die allermeisten wollen diese Wirklichkeit noch immer nicht wahrhaben. Eine der ganz wenigen Ausnahmen ist der Wiener Erhard Busek.

Die Zeit der Sensiblen, der Spürenden ist angebrochen. Bis jetzt waren sie aus der Politik verbannt, wurden belächelt, verhöhnt. Als Narren mußten die Grünen einige Zeit dahinvegetieren, ausgestellt wie lustige Exoten im politischen Zoo. Die „Narren" wurden mehr, bis Sinowatz im Parteivorstand referierte, man müsse sich auf grün „draufsetzen".

Die Problemaufzeiger und Problembenenner sind von den Machern belächelt worden, wurden als junge Spinner abgetan, als Wirrköpfe und emotionale Frauen. Sie haben in der Politik immer noch keine glaubwürdige Existenz erhalten, sie haben Spielwiesen bekommen.

Wir werden diese Menschen in Zukunft sehr notwendig brauchen, wir werden sie einbeziehen müssen nicht nur in unsere Problemdiskussionen, sondern auch in unsere Entscheidungsgremien. Als Vertreter unseres Volkes.

Der politische Irrtum begann in der Nachkriegsaufbauphase. Nur brachte diese Zeit Politikerpersönlichkeiten mit sich, die geprägt waren von Not, von Toleranz, von humanitärer Geisteshaltung. Zu spät wurde erkannt, daß nicht nur die Bautenbudgets und Wirtschaftsfonds gut zu dotieren waren, sondern auch die Budgets unter dem großen Sammeltitel „Kultur". Der Jugendaufstand von 1968 war ein schrilles Alarmsignal für die Fehlentwicklung der Gesellschaft. Nichts wurde gelernt daraus. Das Wirtschaftswunder, der „Aufbau" (ich würde eher die „Aufbauten" sagen) haben sich fortgesetzt und eine neue Politikergeneration geprägt, die in den Irrtum verfangen ist, daß eine Eigendynamik an (Welt)wirtschaftsexpansion gleichzusetzen wäre mit Verdiensten ihrer Politik. Genausowenig allerdings kann man Rezessionen allein in Form einer Schuldzuweisung an die Politiker abtun.

Der gravierende Fehler aus dieser Zeit besteht darin, daß die Politiker massiv ins Wirtschaftsgetriebe einzugreifen begannen und sich daraus ihre Ressourcen für ihre fesche „Geschenkeverteilungs"-Politik zogen. Diese Geschenkeverteilung hat die Parteien nach und nach zu Christbäumen pervertiert, die zwar buntest bekugelt und besternt sind, aber — weil abgesägt und getrennt von innerer Kräftezufuhr — nach und nach ihre Nadeln verlieren müssen.

Die Parteien stellen sich heute als riesige, bis zur Unmanövrierbarkeit aufgeblähte Körper dar. Das Zentrum oder die Kommandozentrale ist systematisch abgedämmt von den Menschen, für die sie eigentlich da sein müßten.

Diese Körper sind dicht besiedelt wie alle Wirte von Schmarotzern, die sich damit ein bequemes Dasein sichern. Jene der Zentrale Nächsten sind bemüht, mit möglichst wenigen Ideen und Eigenleistung möglichst viel an persönlichen Vorteilen zu erreichen. Natürlich wird das Eigeninteresse in die Kommandozentrale nur gefilterte und angenehme Mitteilungen durchlassen. Die Zentrale wird mit guten Nachrichten gefüttert.

Ein geradezu typisches Beispiel für solches Nutznießertum lieferte Kulturlandesrat Sipötz; kurz nachdem er Parteisekretär geworden war, flatterte den Angestellten des Klubs eine persönliche Einladung ins Haus: Hans Sipötz und Frau laden zu einer Radtour in seinem Heimatbezirk im Seewinkel ein. Gut, seine Idee, sein Gag, seine persönliche PR-Aktion. Ich dachte noch, der läßt sich das was kosten. Aber warum nicht?

Ich selber hatte keine Zeit, daran teilzunehmen. Aber einige Klubmitglieder waren dabei. Ich hörte später im Bezirk, daß die Herrschaften recht fest konsumiert hätten. Um so erstaunter war ich, als ich einige Wochen später, mit einem handschriftlichen Vermerk des Parteisekretärs, zu zahlen, sämtliche Rechnungen ins Klubbüro bekam. Ich weigerte mich, schickte die Unterlagen zurück und erhielt sie erneut. Schließlich wurde bei Kery interveniert, und er genierte sich nicht, mich zur Bezahlung zu nötigen. Ich weigerte mich trotzdem. Der Klubobmann ist nicht das Vollzugsorgan des Parteisekretärs, Herr Landeshauptmann. Außerdem sind Klubgelder (Steuergelder) nicht dazu da, um persönliche Gastgebereien des Parteisekretärs zu bezahlen.

Es ist für den kritisch denkenden Menschen erstaunlich, wie lange dieses System funktioniert. Wie lange sich der scheinbar betreute und beschenkte Wähler seine eigenen erarbeiteten Gelder (Steuergelder) und Möglichkeiten wegnehmen läßt, um diese Riesenkörper mit ihren Schmarotzern zu füttern; ohne daraufzukommen, daß bewegliche, problembewußte, problemerkennende und problemlösungswillige Vertreter viel mehr für sie machen könnten und viel sorgsamer mit ihrem Geld, ihrem abgenommenen Steuergeld umgehen könnten. „Die Zeit der Ernte ist vorbei" — ja, deswegen, weil die Ähren kassiert wurden und mit dem leeren Stroh unterhaltsame Strohfeuer entfacht wurden.

Die Zeit der Ernte ist vorbei, sagte Sinowatz. Und nachdem das Verteilen großen Stils Geschichte geworden ist, werden die sorgsam und systematisch aufgebauten Zwangslagen ausgenützt. Sogar die Arbeitslosigkeit dient als parteipolitisches Zwangsmittel. Einer der schwerwiegendsten Vorwürfe, mit denen ich innerparteilich konfrontiert wurde, ist der: ich hätte durch meine Halbturn-Initiative arbeitslosen ÖVPlern Arbeitsplätze verschafft. Das ist Zynismus zur Potenz. Der Arbeitslose als Machtsicherungsmittel.

Noch bedarf es wahrlich der Zivilcourage, innerhalb der Parteien, innerhalb eines Gremiums, vor der Zeit warnend die Stimme zu erheben und Mißstände kritisch aufzuzeigen. Ich habe die folgenreiche Beobachtung gemacht, daß man auf völliges Unverständnis stößt, ja sofort als erste Reaktion erfahren muß:
— was will sie werden?

— will sie mehr Geld?

— ist sie frustriert?

Man glaubt, in Form von Schulungen und „Informationen" Funktionäre vom eigenständigen Denken und Artikulieren abhalten zu können. Der Parteiapparat setzt sich vom wirklichen Leben ab, sodaß er immer mehr „Verkaufsprobleme" hat. „Wir müssen uns besser verkaufen", ist eine ewige Leier geworden. Das ist zwecklos. Der Apparat beginnt, ein Eigenleben zu verwirklichen, er wird eine Gesellschaft innerhalb der Gesellschaft. Ein Macht- und Wirtschaftsblock, der sich selber als zentrales Problem, als Ziel und Zweck seiner Aktivitäten versteht und nur scheinbar vorgibt, sich Probleme der Menschen angelegen sein zu lassen.

Man bedient sich einer eigenen Sprache, des Parteichinesisch: Ausflucht, Verhüllung, Vernebeln, bewegte Luft, Wind im Vorhang. Wenn man warnt, hat man das Gefühl, man redet in einer Sprache, die der Apparat nicht mehr versteht. Man stößt beileibe nicht auf taube Ohren, aber auf abgeschaltete Gehirne.

Eine Kaste von Spitzenfunktionären bildet fast eine Familie. Man vermittelt einander alles, was gut und teuer ist, Annehmlichkeiten, Vorteile. Man toleriert gegenseitig Fehler oder Verfehlungen, speichert sie aber sehr wohl für die Stunde der notwendigen Erpressung. Den Schutzschild bildet die „Solidarität" und die „Geschlossenheit", das „Vertrauen". Es wird nicht gefragt, hinterfragt, diskutiert. Es entstehen Abhängigkeiten. Alles hält sich schön in der Waage — wie bei einem Mobile. Ja, man bindet bewußt in Freundschaft und „Bluathaberertum" die „Familienmitglieder" in Abhängigkeiten ein. Die der Vorsitzende der Partei als menschliche Schwächen entschuldigt. „Und Menschen san ma do alle!"

Der Vorteil dieses Machthabersystems ist klar ersichtlich: Jeder ist von jedem abhängig, ja erpreßbar. Kollektivschuld eint letztlich das Kollektiv.

Wer dann versucht, dieses Netzwerk nur aufzuzeigen, ist des Vertrauensverlustes schuldig und gehört unschädlich gemacht. Nur schade für eine so große Partei, daß ein vergleichsweise so winziges Problem überhaupt derartige Dimensionen erreichen mußte, aus Unverständnis, aus Starrsinn, aus Mangel an vernetztem Lösungsdenken.

Wie begegnet man dann erst wirklichen Problemen? Abfangjäger, Hainburg, Weinskandal, Waldheim, Österreichimage, Skandalbereinigung, Vergangenheitsbewältigung, Zukunftsbewältigung?

Man verläßt sich nur darauf, den Problemen einfach aus dem Weg zu gehen, sie vor sich herzuschieben, darauf wartend, daß die Journalisten ihr Interesse verlieren oder das Volk vergeßlich genug ist, um sich neuen Ablenkungsmanövern hingeben zu können. Die fünf Regierungsumbildungen des Kurzzeitkabinetts Sinowatz sagen ja alles.

Müssen wir wirklich die Politik einer Negativauslese überlassen, die Politik, die in immer größerem Ausmaß in unser Leben eingreift, von der Schwangerschaft bis zum Seniorenghetto, die unser Schicksal bestimmt, lange vor unserem ersten Atemzug und bis zum letzten reicht, auf irgendeinem Krankenhauskorridor . . .

Die Herrenideologie, der Herrenzynismus ist nur in dem Maße möglich, als die Untertanen in einer Demokratie es zulassen. Eines bösen Tyrannen kann man sich nur durch Aufstand entledigen. Diejenigen, die die Demokratie falsch steuern, wird man schon los, indem man sich aufrichtet.

Mir fällt ein Lied ein, das die Sängerin Milva nach einer Melodie von Mikis Theodorakis singt:
„Mein Vater ist ein freier Mann,
er lebt in einem freien Lande.
Er ist, wie er sagt, imstande,
zu tun und lassen, was er kann.
Mein Vater ist ein freier Mann.
Nur kann er sich nicht frei bewegen,
seine Verfassung ist dagegen!"

Ich wünsche mir viele tausend Verfassungsänderungen in diesem Land. Um uns eines Tags die ganz große, sonst unausbleibliche Verfassungsänderung zu ersparen. Ich wünsche mir, daß man in den neuen Wörterbüchern zu einigen Vokabeln in Klammer „veraltet" schreibt: zu Vokabeln wie Apparat, Klubzwang, Parteisoldat, Funktionär, Parteidisziplin, straff geführte Organisation, Strategie, Kampfkraft, Vordermann, Schulterschluß.

Das sind doch keine demokratischen Kategorien! Wie kann aus Zwang Demokratie werden? Ist das in modernen demokratischen sozialen Parteien überhaupt unterzubringen: Gehorsam, Drill, Denken verboten („laß dich für die Partei ans Kreuz nageln", „für die Partei tu ich alles", marschieren . . .)

Die Menschen dieses Landes werden diese SPÖ nicht nach ihrer unterwürfigen Geschlossenheit, sondern nach ihrer Verantwortlichkeit beurteilen. Eine Partei ist nicht wählbar durch das Bild einer disziplinierten Heerschar, sondern durch ein Maximum an Einladung zu Mitverantwortung und Mitarbeit selbständiger und mündiger Menschen.

Thomas Chorherr schreibt in einem Leitartikel am 16. November 1985: „Es sieht so aus, als ob nicht die Idee, sondern der Apparat das wichtigste in dieser großen sozialdemokratischen Bewegung ist, daß sie nicht mit dem Gefühl von Parteiführern gelenkt, sondern mit der Faust von Parteisekretären verwaltet wird." Chorherr sieht es richtig.

Unter Alfred Sinowatz ist es vor allem im Burgenland und auch kurzfristig schon spürbar in ganz Österreich zu einer Demokratieerkrankung, zu einer Demokratur gekommen, die eines denkenden, kritischen Bürgers unwürdig ist. Die geistigen Freiräumen immer mehr Luft wegnimmt, die einen Wettbewerb nach unten, ins Negative forciert. Der noch Unfähigere, der noch Dümmere, der noch Gebücktere hat die besseren Chancen.

Ich glaube nicht, daß diese Abwärtsbewegung nun abgeschlossen ist. Aber erst dann, wenn sie abgeschlossen sein wird, sehe ich eine Chance für einen positiven Neubeginn. Ob das innerhalb der sozialistischen Partei, vor allem des Burgenlandes, überhaupt möglich ist, wage ich zu bezweifeln. Solange der Parteivorsitzende zu den demokratischen Instrumentarien unserer Republik, der Mitbestimmung des Volkes, nichts anderes zu vermerken hat als „Das ist eine gefährliche Entwicklung, das ist ein Instrumentarium der Oberschicht" (Plebiszite, Bürgerinitiativen, Persönlichkeitswahl), so lange wird es in diesem Land auch keine wirkliche Freiheit geben.

Kurt Bergmann (ÖVP) sagte in einem ORF-Nachtgespräch: „Der Politiker muß den Bürger herausfordern, mitzuwirken. Die Parteien werden sich nur ändern, wenn der Bürger daran mitwirkt, wenn sie der Bürger dazu zwingt. Wenn man weiß, daß sich der Bürger nicht zur Wehr setzt, ja dann haben die Parteien ja auch gar keinen Grund, sich zu verändern. Dann fühlen sie sich ja ununterbrochen bestätigt. Wenn die Parteien überleben wollen, müssen sie dem Bürger die Angst nehmen, daß er glaubt, seine Erwerbungen, sein Fortkommen etc. an die Parteien binden zu müssen."

Sehr oft habe ich in diesem Buch den Namen Alfred Sinowatz erwähnt, in den wenigsten Fällen in einem rühmlichen Zusammenhang. Dies entspringt nicht einer besonderen Aversion der Person Matysek gegen die Person Sinowatz, wohl aber meiner besonderen Aversion gegen das, was Sinowatz als eine neue „Qualität" in die österreichische Sozialdemokratie und in die österreichische Innen- und Außenpolitik eingebracht hat. Wir reden bereits offen von Staatskrise.

Sinowatz ist nicht nur objektiv der Spielleiter des burgenländischen Schauerspieles, er ist für mich subjektiv auch der Konkursifex der Sozialdemokratie. Er, der sich berufen fühlte, jemandem „sorglosen Umgang mit der Wahrheit" vorzuwerfen, ist für mich unakzeptabel. Zwei Jahre vor Kreisky habe ich im Presseklub Concordia Sinowatz der Unwahrheit beschuldigt, worüber alle Zeitungen geschrieben haben. Bemerkenswerterweise sollte ich nicht deswegen aus der Partei ausgeschlossen werden, sondern wegen des unterstellten Ausdrucks Zombies. Nicht ich gehöre wegen parteischädigenden Verhaltens aus der Partei ausgeschlossen, sondern Alfred Sinowatz. Ich fordere ihn hier zum Rücktritt vom Vorsitz dieser stolzen Sozialdemokratie auf, andernfalls bedaure ich jetzt schon die Sozialdemokratie, an ihrem 100. Geburtstag unter dem Vorsitzenden Fred Sinowatz agieren zu müssen.

Sinowatz macht Show. Aus Mangel „an Kern" inszenierte er sich selbst. Er schwitzt sich vor der bestellten Kamera den Patscherkofel hinauf, zwängt sich in einen Viererbob, schüttet dem Karikaturisten „Ironimus" ein Glas Wein über die schütteren Haare, quält sich langlaufend über einen zugefrorenen finnischen See, zeigt sich überaus appetitlich vor einem indischen Heiligtum, schließt in einer Fernsehshow irrsinnig witzige Wetten ab, geht beim Opernball mit einer Sammelbüchse für die Hungernden der Welt umher, erklärt einem vatikanischen Würdenträger die vorzüglichen Kantinenwürstel als Grund für seine Besuche der Nationalbibliothek und tanzt mit einer Chansonette beinchenküssend mit Zylinder und Stöckchen Cancan.

Und er spricht pausenlos von der Würde und der Selbstachtung, die er gewahrt wissen will. Hat er die Würde der Republik Österreich je geachtet?

Bei weitem schwerer wiegt, was Sinowatz als konsequenter

Machtpolitiker aufgezogen hat. Als Oberparteisekretär, der es bis zum Kanzler eines Kleinstaates gebracht hat. .Der meiner Meinung nach besessen ist von der Ideologie der Gleichmacherei, der Vernichtung der Individualität, des selbständigen Denkens, der kreativen Leistung, der besessen ist von dem Gedanken, alle Menschen einordnen zu können. Die Partei ist alles und ohne Partei bist du nichts. Um ihn eine Gruppe von Nationalräten und Untersekretären, die durch ihn und über ihn persönliche Vorteile erfahren und unter dem Code „für die Partei alles" bereit sind, störende Elemente zu beseitigen.

Repräsentant einer Regierung mit dem geschichtlichen „Verdienst", erstmals seit der Ersten Republik im Namen des Rechtsstaates (ich sage: Rechthaberstaates) empörte Bürger und Exekutive in eine blutige Auseinandersetzung zu treiben, wie dies in Hainburg der Fall war. Dazu die ewigen Tricks, „reden wir nicht von der Vergangenheit", weil er in der Vergangenheit ununterbrochen Chaos gebaut hat durch eine Entscheidungslähmung sondergleichen. Er redet immer vom nächsten Plan, von den nächsten Ministern, von der Zukunft, von morgen. Eine Regierungsumbildung folgt der anderen, bis er sich in einer Stunde der Erleuchtung, nicht ohne vorher die Nation zu belügen, selbst umgebildet hat. Seine reifste politische Leistung. In Wirklichkeit ist das Gestern in keiner Form bereinigt und bewältigt und das Heute ein Chaos.

Er hat es zustandegebracht, der Sozialdemokratie ein neues Feindbild einzureden, mit allen fatalen Folgen, die daraus erwachsen: das Feindbild der Medien, er, der der Partei pausenlos Zeitgeist verordnen und sie zu besserer, modischerer Repräsentation anhalten will.

Sinowatz hat mir den „Lügner" nicht verziehen. Am Mittwoch, dem 4. Juni 1986, fünf Tage vor der Bundespräsidentenwahl, besuchte ich ihn am Ballhausplatz. Ich blätterte in meinem Kalender: „11.30 Sino" steht da, — und „very furchtbar!" Viele wußten, daß die Wahl für die SPÖ verloren war. In meinem Heimatbezirk war die Verärgerung über meine Behandlung durch die Machthaberer, trotz versuchter Kriminalisierung, deutlich zu spüren. Ich entschließe mich, noch einmal mit dem Parteivorsitzenden ein Gespräch zu suchen, rufe ihn an. Es ist Montag, 2. Juni. Nach 20 Minuten erfolgt der Rückruf. Der Kanzler ist am Draht. Wozu ein Gespräch? Ich nenne den Grund.

Mittwoch, 11.30 Uhr, findet die Unterredung statt. Ich betrete das Büro, er kommt auf mich zu, mit vorgeschobenem Unterkiefer und drohendem Blick. „Was willst?"

„Mit Dir reden, Herr Kanzler.

Die Präsidentenwahlen sind verloren, wenn . . ."

Er unterbricht mich. „Was soll jetzt noch passieren, fünf Tage vor der Wahl? Du hast in der Concordia gesagt, ich bin ein Lügner. Du hast den Bundeskanzler einen Lügner genannt, und alle Journalisten haben es geschrieben. Ungeheuerlich."

„Herr Bundeskanzler, was Du über mich in der Öffentlichkeit gesagt hast, war gelogen."

Er wird lauter: „Diese Partei hat schon ganz andere Probleme ausgehalten, die hält auch eine Matysek aus. So viele sind schon ausgetreten und wieder zurückgekommen. Nimm zur Kenntnis, daß Dich der Klub nicht will."

„Aber, Herr Kanzler, Du weißt doch, wie es wirklich war! . . ."

Er springt auf, läuft zur Tür mit den sehr hoch montierten Türschnallen und reißt sie auf. Zum Glück eine Doppeltüre.

Ich ignoriere diese Aufforderung. Er setzt sich wieder.

Ich versuche noch einmal zum Thema zu reden, bis mir klar wird, daß es sinnlos ist. Ich bedanke mich und gehe.

„Du wirst auch die übernächste Wahl verlieren, Herr Bundeskanzler." Es ist ein strahlender Mittag draußen auf dem Ballhausplatz.

Es erhebt sich die Frage, ob der Sinowatzismus nicht den Sozialismus verraten hat? Die Sozialisten müssen laufend ihre Festungen aufgeben. Sie müssen erkennen, daß in vielen Bereichen, vor allem in der Verstaatlichten Industrie, ein Arbeiter ohne Arbeit beinahe billiger kommt als an „geschützten" Arbeitsplätzen in einer veralteten Produktion. Der Traum ist zu Ende geträumt, daß man über Arbeitsplätze, über Werkbänke, über wider bessseren Wissens gewährte „Sozialleistungen" (Kniefall vor Ruhaltinger), über Parteibücher Stimmzettel und damit Wahlen gewinnen kann.

Wirtschaft, Bildungssystem, Arbeitswelt, gesellschaftliches Ansehen sind in kürzester Zeit schwerst geschädigt worden, das soziale Klima gereizt, der nationale Grundkonsens gefährdet. Aber: Es ist ja alles so kompliziert. Ein Bundeskanzler ist dazu da, für komplizierte Situationen brauchbare Lösungen anzubieten.

Anstelle dessen buhlte man pausenlos um die Wähler der Mitte, dort, wo das Energiepotential bekanntlich am schwächsten ist. Und verliert Gesicht und Profil. Um sich am Leben zu erhalten, ist die SPÖ bereit, ihre Grundsätze, ihre Ideologie abzulegen oder ruhigzustellen. Was einem Regierungschef Vranitzky noch durchgehen darf, dürfte einem Parteivorsitzenden der SPÖ nicht billig sein.

Wo ist der Parteivorsitzende? Was hat er zu sagen? Er begrüßt die Entscheidung, daß die Bausparverträge aufgekündigt werden.

Da ist ja ÖVP-Mock beinahe der bessere Sozialist. Nicht von Sinowatz war es zu hören, sondern von Mock, als es um den Politikerpensionsskandal in Graz ging: Man müsse sich in erster Linie um *die* Pensionisten kümmern, die durch die Ruhensbestimmungen nicht einmal kleine Aufbesserungen erhielten. Nur zwei Tage vorher Sinowatz: Die Partei (!) ist mit der Bausparvertragslösung einverstanden. Es trifft wieder einmal die Kleinsten, die sich nicht wehren können. Den Vollsteuerzahler. Freundschaft, Genossen!

Wenn in einer Nacht- und Nebelaktion die Kleinsten zur Kasse gebeten werden: Wer glaubt da noch, daß die eingezahlten Pensionen wirklich wieder zurückerhalten werden. Garantien hin, Garantien her! Der Bürger verliert den Glauben an ordnungsgemäß geführte Staatsgeschäfte. Kein Kaufmann kann sich derartige Fehlkalkulationen leisten. Es würde ihm die Kundschaft davonlaufen. Wann laufen die Wähler diesen Politikern davon?

Doch der Sinowatzismus schützt sich selbst, indem er vernichtet, was ihn in Frage stellt. Er will einordnen und damit in „Überschaubarkeit" unter Kontrolle halten. Er will vernichten, was ihn stört, was „anders ist" (Zipser).

Diese Entwicklung führt zu Apparatschiks, zu den Leerformeln und zu der sattsam bekanntgewordenen politischen Phraseologie. Zu einer Form der Nomenklatura, zu totaler Gleichmacherei, zur Herrschaft der Dummheit (André Glucksman). Zu einer Intellektuellenfeindlichkeit durch den Sinowatzismus, belegt durch die Realität und durch die zitierte Akademikerbeschimpfung durch Sinowatz im Parteivorstand.

Sie reduzieren alles auf ihr Niveau. Sie haben vor allem nicht die geringsten Selbstzweifel. Wenn ich sie so vor mir sehe und daran denke, wieviel Schaden sie schon im Land; im Staat, ja

206

weltweit bis zur Entfremdung zwischen Judentum und Christentum angerichtet haben, drängt sich die Frage auf: Wenn sie nicht bald gehen müssen, wieviel Schaden werden sie noch anrichten? Wie viele Menschen am aufrechten Gang hindern, wie viele Menschen zur Prostitution zwingen? Wie viele in Abhängigkeiten erhalten? Wieviel mühsam Erreichtes zerstören?

Um Sinowatz selbst zu zitieren, in Antwort auf eine Frage des Journalisten Hans Rauscher in einer TV-Pressestunde: „Wenn man Apparatschik sagt, dann meint man einen Menschen, der nur in der Enge der Organisation lebt, und damit ist es ein Schimpfwort. Aber Apparat als technische Struktur einer Partei ist nicht von vornherein etwas Schlechtes, sondern notwendig, um überhaupt organisatorisch auftreten zu können. Aber immer wieder darauf Bedacht zu nehmen, sowie Bürokratie, daß sie nicht zum Selbstzweck wird und Auswüchse beseitigt!"

Machen Sie Platz, Genosse Sinowatz! Sie sind zum Selbstzweck geworden!

Danke, Frau Kandidatin!

Juni 1987. Matura an meiner Schule.

Die Schüler: meist gut vorbereitet, ordentlich gekleidet. Je nach Persönlichkeit und Wissen beantworten die jungen Menschen Fragen der Vorsitzenden. Ich bin Beisitzerin. Plötzlich schrecke ich auf. Eine hübsche 19jährige spricht — von der DDR? Vom Burgenland? Nein. Sie redet von Österreich 1938. Ihr Thema: „Die Entstehung des NS-Regimes und seine Auswirkungen."

Arbeitslosigkeit, Unzufriedenheit, Zusammenbruch alter Werte, Spitzelwesen, Menschen werden in gute und schlechte geteilt, in „unsere" und solche, die „anders" sind. Es gibt die natürliche Auslese. Man suchte, um abzulenken, nun das Volk einzuschwören, einen kollektiven Sündenbock, der verantwortlich für alle Fehler und Krisen zeichnete. An allem war damals der Jude schuld.

Wie sagt sie? Die Ausschaltung jedes wirklichen oder vermeintlichen Gegners wurde durch Kampagnen inszeniert. Durch Verleumdungskampagnen. Und generalstabsmäßig durchgezogen.

Inmitten einer Zeit, in der man von Verrätern, Spitzeln und Agenten bedroht war, wagten mutige Männer, Frauen und Jugendliche den Kampf gegen das System, gegen die Unterdrücker. Passiven Widerstand und Nichtausführung von Anordnungen und Befehlen und aktiven Widerstand mit dem unverrückbaren Ziel einer neuen Regierung. Wie sagte doch Abgeordneter Robak?

„Manche von uns sind aufs Schaffott gegangen für die Freiheit, die Heutigen wollen nur mehr kassieren!"

Am Schluß ihrer Ausführungen sagt die Maturantin: Derzeit verzeichnen wir in Österreich etwas mehr als 50 rechtsextreme Organisationen. Sie reichen von neonazistischen Kleingruppierungen, wie der NDP und ANR, bis hin zu Veteranenorganisationen, wo Hakenkreuzabzeichen getragen werden, und unterwanderten Umweltschutzgruppen ...

Danke, Frau Kandidatin!

Die Dummheit hat viele Tarnkappen

Vielleicht kommt die neue Generation darauf, daß sie nicht nur ein Recht auf Freiheit hat, sondern sie sich auch stets neu erwerben muß. Täglich. Es genügt nicht, sich die Freiheit von einem Balkon eines Prunkpalais' herunter verkünden zu lassen. Meine Generation hat diese Chance fast vertan. Vielleicht durch falsche Erziehung, vielleicht durch die einlullende ökonomische Entwicklung, vielleicht durch ein Übermaß an Naivität, durch Mangel an erlebter echter Demokratie, durch ein steckengebliebenes Demokratieverständnis.

Vielleicht hat sie sich diese Freiheit auch abkaufen lassen für ein Linsengericht und beginnt erst nach und nach zu begreifen, wie groß der Verlust dieser Freiheit bereits ist.

Immanuel Kant hat einmal aufgefordert: Habe Mut, dich deines eigenen Verstandes zu bedienen. Ich frage mich, ob Kant dies angesichts unserer heutigen Demokratie nicht mit mehr Nachdruck gesagt hätte. Es bedarf dazu wahrlich einigen Mutes.

In einer Demokratie besteht immerhin die Chance der Ablöse der Bedrücker unserer Freiheit.

Die Dummheit hat viele Tarnkappen. Sie tarnt sich mit einer Art von Schläue, die selbst von Journalisten nicht gleich erkannt wird. Erst dann, wenn das Chaos offenbar wird. Der Verursacher sieht die Fehler nicht, die er verursacht hat. Anerkennt, trotz aller „Demut", von der er dann immer spricht, diese Fehler nicht.

Kann er denn überhaupt absehen, was er mit seinen Gewaltaktionen anrichtet? Er mag sogar guten Willens gewesen sein. Aber der gute Wille allein reicht nicht aus. Programmiert auf Niederlage, reißt er die Sozialdemokratie, reißt er den Staat mit. In einer Art linkischen Verkrampftheit, Verzweiflung, Unbeweglichkeit, Starrsinn.

Oder hat Sinowatz die Dummheit als kalkulierbaren Faktor in all seine Pläne einbezogen? Als Historiker müßte er doch erkannt haben, daß Nichtdenker und Möglichstwenigdenker Abhängige sind, einordenbar. Überschaubarkeit — der siebente Himmel seiner Politik. Er weiß als Historiker, von wo Unruhe ausgeht und wohin Unruhe führt: Sie gefährdet die Selbsternannten.

Sobald Beschränktheit und Gelähmtheit an der Macht sind, muß das Niveau radikal gedrückt werden, darf sich rundherum nichts bewegen. Das Verhängnisvolle daran ist, daß aus Angst alle mitmachen.

Wenn die Denklähmung sich genug breitgemacht und festgesetzt hat, dann hat die fehlentwickelte Macht ihren Platz, den sie braucht. Wie weit ist es noch zum nächsten Schritt, hin zu Brutalität und Gewalt, zur Befehlsausgabe an Befehlsempfänger in eiserner Disziplin, die dann nur „ihre Pflicht" tun?

Hier offenbart sich die Tragödie des Dritten Reiches, aber auch die Tragödie all derer, die gar nicht erst warten, Befehle artikuliert zu erhalten, sondern ihre Bereitschaft signalisieren, jederzeit Befehle auszuführen. Die Handlanger des Gehorsams, die Stützen jedes brutalen Systems.

Vor dem eingeritzten Zeichen „05", dem Zeichen des österreichischen Widerstandes am Wiener Stephansdom, wurde einige Wochen lang „Mahnwache" gehalten: Man sollte sich des Widerstands in jener schlimmen Zeit erinnern. Aber man sollte dabei auch nicht übersehen, daß eine neue aktuelle Form des Widerstandes notwendig geworden ist: gegen die getarnte Tyrannis fehlentwickelter Parteienherrschaft. Mit dem Ziel, daß die, die uns nicht regieren, uns auch nicht mehr beherrschen können.

Der Staatsbürger muß wegkommen von seinem Trauma des

Erduldens und Erleidens und der Resignation. Es wird zu neuen Gruppierungen kommen müssen. Neue Entwicklungen emanzipierter Lebensformen mit utopischen Elementen. Eben dies ist den großen Universalitätsparteien schon verlorengegangen. Sie haben sich überfressen, können daher nur noch reden, aber sich kaum bewegen.

Je gehässiger die großen Parteien, in unserem Fall die Sozialistische Partei, diese Bürger-Emanzipation verfolgt und zu ersticken versucht, um so größer wird die Bedeutung dieser Gruppierungen, und um so unsicherer werden die Monstren. Sinowatz versucht seit Jahren verzweifelt, neue Kreise anzusprechen. Er glaubt, sie „in der Mitte" zu finden.

Es wird, Genossen — daran werdet ihr nicht herumkommen — auch notwendig sein, mehr Frauen zu Wort kommen zu lassen in euren Gremien, die von sogenannter männlicher Logik und Ratio beherrscht sind. Es wird die Intuition ihren Platz haben müssen als eine neue politische Kategorie. Nicht umsonst hat der alte Minister Goethe gemeint: Intuition ist ein Geschenk Gottes; diese intuitive Weisheit wurde von unserer abendländischen Kultur vernachlässigt. — Die neue unerläßliche politische Kultur wird nur mit dieser so vernachlässigten intuitiven Weisheit erreichbar sein. Trotz allen Hohngelächters der Rationisten.

Wenn Frauen denken, tun sie das angeblich mit beiden Hirnhälften. Man sagt, das sei umfassender, couragierter, zielorientierter, verantwortungsbewußter, humaner, vorausschauender, weil sie um die eigene Brut besorgt sind. Ich glaube zu wissen, warum Frauen vielfach in der Politik noch unerwünscht sind und nur geduldet werden, warum sie besonders auch von schwachen Frauen, die sich Politikermänner halten, gefürchtet werden: Sie gefährden die Existenzberechtigung der Dumpfen, der „Dumpfis", wie ich sie nenne; sie machen den Unterschied augenscheinlich, sie gefährden ein sorgsam aufgebautes System der Parteiparasiten. Wenn das dem Wähler bekannt würde, wäre die Mehrheit weg. Allein die Frauen sind die Mehrheit.

Männlich oder weiblich denken, egal, in einer Allianz dieser Vernunft wird es gehen. Denken heißt: in Frage stellen, heißt zwangsläufig: andere zum Denken zu zwingen. Heißt: provozieren, weiterschreiten. Heißt, sich entfernen von den Veralteten, sich freimachen von ihnen, die erstarrt in ihrer Macht ohne Ziele weiterwursteln im Gestern, die die Zukunft verhindern, weil sie im Gestrigen verstrickt sind; *die Untertanen brauchen, um ihr Bild glaubhaft zu machen.*

Ein Satz mit Sprengkraft

Die Angewohnheit, bei allen mir wichtig erscheinenden Gelegenheiten Gesprächsnotizen zu machen, brachte mich unversehens und unfreiwillig in eine Affäre bundesweiter, ja weltpolitischer Dimension.

Mir bescherte dies ein besonders erschreckendes Beweismittel für die Tatsache von den kleinen Ursachen und den großen Wirkungen. Einen Beleg für die Unverfrorenheit der politischen Werkstatt, wenn es um die Sicherung von Macht und Einfluß geht. Einen Beweis für die besondere Unredlichkeit in der Politik und den Fluch einer bösen Tat, fortlaufend weitere böse Taten zu gebären. Wie die Unredlichkeit eines einzelnen Menschen ganz oben eine ganze Schar von Abhängigen in eben diese Unredlichkeit mit hineinzwingt. Und mir bescherte es den Zorn und die Traurigkeit, mitansehen zu müssen, wie mühsam aufgebaute menschliche, gesellschaftliche Verbesserungen durch das Handwerk einzelner mit einem Schlag zerstört werden. Wenn es neuerdings wieder neu-alte Friktionen zwischen dem Judentum und der katholischen Kirche gibt, so stand diese in Eisenstadt ausgesprochene Bemerkung des Parteivorsitzenden und Bundeskanzlers Fred Sinowatz am unmittelbaren Anfang dieser Entwicklung, die Österreichs und der Österreicher Reputation in der Welt den allerschlimmsten Schaden zugefügt hat. Einer Entwicklung, an Hand der in Österreich Innenpolitik und innere Parteipolitik der SPÖ (wenn ich nur an die aktuellen Führungskämpfe denke) betrieben wird, US-Innenpolitik, Weltpolitik.

Es geschah bei einer routinemäßigen Parteivorstandsitzung der SPÖ-Burgenland in Eisenstadt am 28. Oktober 1985. Die Regierung unter Kanzler Sinowatz und die SPÖ unter Führung von Vorsitzendem Sinowatz war auf Talfahrt. Die bevorstehende Bundespräsidentenwahl gewann wie keine andere vor ihr aus diesem Grund überragende Bedeutung für die beiden großen Parteien. Der ÖVP war mit der Nominierung des Ex-UNO-Generalsekretärs ein Griff gelungen, der die SPÖ überaus stark verunsicherte. So knapp vor der Nationalratswahl, bei der es um alles oder nichts gehen würde, ausgerechnet eine „Erbpacht" der SPÖ zu verlieren, müßte in die Katastrophe führen.

Als beim Bundesparteitag der SPÖ im November 1985 SPÖ-Zentralsekretär Peter Schieder plötzlich in sehr scharfer Form gegen die Person Waldheim vom Leder zog, gab es noch überraschte Kommentare der Medien: Was ist dem Schieder denn da nur eingefallen. Zumal ein paar Tage vorher Sinowatz in einer Fernsehpressestunde den Redakteuren Chorherr und Rauscher in seiner berühmten Formulierung „in aller Deutlichkeit, ja?" noch dezidiert erklärt hatte, die SPÖ plane einen positiven Bundespräsidentenwahlkampf. Einen Diffamierungswahlkampf wie bei der Jonas-Wahl werde es unter keinen Umständen geben. Das Gegenteil sollte sich herausstellen. Der Wahlkampf Waldheim—Steyrer gestaltete sich zum schmutzigsten, gemeinsten und kostspieligsten, den die Zweite Republik bisher vorzuweisen hat.

Doch Sinowatz hat es ja angedeutet, so habe ich es mitgeschrieben: und so wurde es in offizieller Gerichtsverhandlung zitiert. Man muß die Österreicher rechtzeitig an die braune Vergangenheit Waldheims erinnern.

Für mich zum damaligen Zeitpunkt gar kein so aufregender Satz, denn, wie viele Politiker in Österreich und auch in der SPÖ waren in der Jugendzeit an brauner Farbe angestreift! Anderseits doch, weil mir der Jude Manès Sperber, mit dem mich persönliche Freundschaft verband, einiges Grauenhafte aus jener Zeit und seiner persönlichen Verfolgung erzählt hatte.

Nachdem die biographische Erinnerungslücke Waldheims und die Vorwürfe einer Nazi-Vergangenheit in Österreich und weltweit die Wogen hochgehen ließen, war die ÖVP eifrigst bemüht, der SPÖ die Urheberschaft dieser „Kampagne" zu beweisen. Kurt Bergmann ist der Autor einer diesbezüglichen Dokumentation aus jenen Tagen, als die ÖVP noch nicht an der Macht und daher an einer Wahrheitsfindung interessiert war.

Der Journalist Alfred Worm recherchierte selbst und stieß auf jene burgenländische Parteivorstandssitzung, bei der Sinowatz eine solche Kampagne ankündigte.

Sinowatz klagte ihn daraufhin, wohl unter dem Eindruck des Schicksals fast aller anderen Presseprozesse, die mit einem Vergleich und einem Rückzug der Klage ihr stilles Ende finden.

Nicht so Alfred Worm, der wohl meistgeklagte Journalist

Österreichs. Von hunderten Prozessen hat er bisher noch keinen einzigen verloren. Worm wollte den Wahrheitsbeweis antreten und nominierte daher alle bei dieser Parteivorstandssitzung Anwesenden als Zeugen. Darunter mich. Hätte er nur das nicht getan. Dieser Prozeß wird zum Schicksal des Fred Sinowatz. Und damit meines Schicksals.

Ein mir bekannter Richter redete mich in Wien an und sagte: „Niemand in Österreich ist verpflichtet, sich zu erinnern oder gar, sich Notizen aufzuheben. Werfen Sie Ihre Notizen weg und sagen Sie, Sie erinnern sich nicht mehr! Es ist besser für Sie." Die Waldheimsche Krankheit. Mittlerweile ist es dazu zu spät. Und mit der Waldheimschen Krankheit ist nicht nur Sinowatz, sondern der gesamte burgenländische SPÖ-Parteivorstand infiziert.

Die Zeugenladung erschreckte mich. Ich möchte endlich meine Ruhe haben, dachte ich. Sollen Sinowatz und Worm die Vergangenheit Waldheims allein bewältigen! Ich will nichts mehr mit denen zu tun haben, die einmal meine Genossen waren. Außerdem weiß ich inzwischen, wie solche Prozesse ablaufen, und vor allem, wie sie enden. Wer die Macht hat, hat offenbar auch das Recht. Zumindest im Burgenland und darüber hinaus.

11. März 1987, 9.30 Uhr, Landesgericht Wien:

Das graue, kahle, enge Gemäuer macht mir Angst. Blitzlichtgewitter der Journalisten. Laßt mich doch in Ruhe. Mein Gesicht gehört mir. Hört auf!

Kery wird an mir vorbeigerufen. Er wirkt sehr nervös. Drückt ihn vielleicht das schlechte Gewissen? Ich werde vom Richter zum strittigen Thema befragt. Ich frage ihn, ob ich mich nicht der Aussage entschlagen könne. Aus drei Gründen könne ich das, sagt er. Er wirkt sehr überlegt, sehr sachlich, ruhig, fast sympathisch. Aus persönlicher Schande, sagt er, aus beruflichem Nachteil oder finanziellem Schaden.

Mindestens zwei Gründe, sage ich, kann ich geltend machen, also entschlage ich mich. Vor allem wegen beruflicher Nachteile. Er ist bereit, das zu akzeptieren, da greift der Anwalt Worms ein. Er protestiert. Ich sei pragmatisierter Beamter. Ich kläre ihn auf: Zwar habe ich eine Schule nach der anderen gegründet, bin aber persönlich keineswegs abgesichert. „Ich riskiere Kopf und Kragen."

Der Richter findet einen Kompromiß, den ich akzeptiere. Er stellte Fragen, und ich versuche zu antworten.

Seine Fragen:

Waren Sie zur fraglichen Zeit noch im Parteivorstand?

Wurde über die Bundespräsidentenwahl geredet?

Und wurde über die Person Waldheim geredet?

Ich beantworte sie alle mit „ja".

Die Antwort auf die Frage, über Waldheims braune Vergangenheit entschlage ich mich unter dem Hinweis, ja der eindringlichen Bitte, man solle sich doch das Parteivorstandsprotokoll aus dem Oktober 1985 ausheben lassen.

Das geschieht. Als ich hinausgehe, sind zahlreiche Journalisten von mir enttäuscht. Sie sagen's mir auch. Ich bin sehr bedrückt. „Du hast aus Feigheit oder um endlich zur Ruhe zu kommen, den falschen Weg gewählt." Unwillkürlich fallen mir meine Kinder ein, meine Schüler. Die ich immer zu Zivilcourage, zum Mut zur Wahrheit ermuntere, zu Offenheit und Fairneß. Ich fühle mich schlecht. Ich gehe mit einer Journalistin in ein benachbartes Kaffeehaus. Dann fahre ich heim, stürze mich in die Arbeit, versuche, mich abzulenken. In Gesprächen mit zwei Freunden, die ich sehr schätze, merke ich, daß sie von mir sehr enttäuscht sind. Tags darauf höre ich von den Aussagen meiner Parteispitze: Kery, Vogl, Sipötz, usw., es sei nie von Waldheim gesprochen worden. Ich beginne das erst langsam zu begreifen. Damit stünde ja ich als Lügnerin da. Warum sagen sie die Unwahrheit? Sie wissen doch, daß darüber sehr ausführlich gesprochen wurde. Sie wissen es alle. Und gleichzeitig ertappe ich mich, denselben Fehler zu machen: Natürlich wissen sie's. Sie wollen die Wahrheit nicht wahrhaben. Aber auch sie machen dieselben Fehler. Wien ist nicht Eisenstadt. Die Verhandlung wird vertagt. Neue Zeugen werden geladen und, womit ich nicht rechne, ich werde ein zweites Mal geladen, werde aufgefordert, meine schriftlichen Aufzeichnungen über die Sitzung des Landesparteivorstandes vom September/Oktober 1985 zur Vernehmung mitzubringen. Ich schäme mich, es zu sagen, aber ich überlegte allen Ernstes, meine Aufzeichnungen zu vernichten. Man kann mich doch nicht dazu zwingen, daß ich für die sogenannte Wahrheitsfindung riskiere, von diesen Mächtigsten im Parteiapparat der Republik erneut gejagt zu werden.

Die Nacht davor tu ich kein Auge zu. Kurz denke ich darüber nach, mit irgend jemandem darüber zu sprechen. Es fällt mir niemand ein. Niemand, dem ich die Verantwortung aufhalsen will. In der Florianigasse, einige Schritte entfernt, gehen meine Helden, die Klubmitglieder. Irgendwie empfinde ich beinahe so etwas wie Mitleid. Begreift ihr denn noch immer nicht? Laßt ihr euch schon wieder zur Lüge zwingen? Diesmal erscheint auch ihr mächtigster Mann, der Ankläger und Ex-Kanzler, Bundesparteivorsitzender Fred Sinowatz. Er hat euch und uns, er hat Österreich das alles angetan. Warum zieht ihr ihn nicht zur Verantwortung? Merkt ihr denn nicht, daß er euch benützt?

Dennoch gibt es in den Aussagen bereits erhebliche Widersprüche. Einige können sich an Passagen erinnern, die nicht im Parteiprotokoll, sondern in meinen Aufzeichnungen stehen.

Aber jetzt der Reihe nach.

Ich werde als erste Zeugin aufgerufen. Pünktlich. Ob ich heute bereit sei, auszusagen. Es hätte sich doch beruflich für mich etwas verändert.

Es hat sich gar nichts für mich verändert, Herr Rat.

Aber heute ist der Bundesparteivorsitzende hier. Ich bin in ein Parteischiedsgerichtsverfahren verwickelt. Nur weil ich vor zweieinhalb Jahren zu sagen wagte, was mittlerweile Wahrheit geworden ist. Wenn er nichts dagegen hat und ich keine neuerliche Verfolgung zu gewärtigen habe, werde ich alles sagen, was ich noch weiß.

Der Parteivorsitzende bläst verständnislos, entrüstet durch die Nüstern. Sein Anwalt (Schachter) versichert mir, es werde mir nichts passieren. Also rede ich. Ich erzähle, wie's damals war, an jenem 28. Oktober 1985. Berichte über das Referat des Landeshauptmanns und seine Stellungnahme zu Waldheim. Über das Referat des Bundeskanzlers und seine Stellungnahme zu Waldheim. Und daß von Waldheims brauner Vergangenheit geredet worden ist. Ich sah darin nichts Besonderes. Viele Spitzenpolitiker der Sozialistischen Partei haben eine braune Vergangenheit. Wozu also diese Gewichtung. Abgesehen davon: hätte ein Kandidat etwas zu verbergen, wäre es nur korrekt, die Punkte einer unbewältigten Vergangenheit vor einer Wahl aufs Tablett zu bringen. Sinowatz schüttelte belustigt, geringschätzig den mächtigen Schädel. Das stimme doch alles nicht. Ich bitte noch einmal, das Parteiprotokoll holen zu lassen. Es geschieht.

Dann wird der Schriftführer einvernommen. In meiner Anwesenheit. Ein Parteisoldat. „Parteiheiliger" nennen sie ihn. Er kaufte mehrmals den Wagen der gleichen Type und Farbe, nur damit die Wähler nicht merken, daß er sich einen neuen angeschafft hat. Danach lese ich aus meinen Aufzeichnungen. Der Richter sucht ähnliche Passagen im Protokoll. Mir wird heiß. Als sich vom Inhalt her die Aufzeichnungen folgerichtig decken, ja ganze Passagen zum Teil wortident sind, wird mir zum ersten Mal sehr übel. Ich bitte um einen Sessel, mir ist schwindelig. Ich fürchte, nicht bis zum Ende durchzuhalten. Ich habe erst ein gutes Drittel des Protokolls vorgelesen. Ich muß mich zusammenreißen, denke ich. Die schlaflose Nacht beginnt sich zu rächen. Ich lese weiter. Dazwischen immer das „ja" des Richters. Es stellt sich heraus, meine Aufzeichnungen, die ich wortgetreu phonetisch mitzuschreiben pflege, sind ausführlicher als das Parteiprotokoll. Einzelheiten werden von verschiedenen Zeugen hinterher noch bestätigt. Nach zwei Stunden habe ich's hinter mir. Ich gehe. Vorbei an den wartenden Genossen, die murrend am Gang herumstehen, die schmalen Stiegen hinunter, trotzdem irgendwie erleichtert. Macht damit, was ihr wollt. Jetzt ist es draußen. Ich verstehe plötzlich die Bezeichnung „schwere Geburt". Ob mein Verhalten klug war, wird die Zukunft zeigen.

Meine Aufzeichnungen werden vom Sachverständigen untersucht. Ein (subventionsabhängiger) Verlag, der mein Buchmanuskript veröffentlichen wollte, zieht sich zurück. „Ihre Zeugenaussage vom 20. April macht die Sache zu brisant. Aus Gründen der Staatsraison wollen wir der Sache nicht nahetreten." Oh ja, ich verstehe. Besser gesagt, ich verstehe gar nichts mehr. Aus Gründen der Staatsraison müßtet ihr doch aufschreien. Sie haben alle ihre Stimme verloren. Sie sich teuer abkaufen lassen. Vom Zugriff der großen Koalition.

Der nächste Verhandlungstermin ist der erste Juli. Landeshauptmann Kery wird neuerlich vernommen. Nein, er könne sich nich erinnern. Er kann sich auch nicht an den Grund meiner Absetzung von der Stelle des Klubobmannes erinnern. Die „Zombies" sollen es gewesen sein, jene „Zombies", die als falsches Zeitungszitat viel später der Grund für meinen Parteiausschluß waren.

Dieser Verhandlungstag sollte Klärung bringen. Der „Kriminologenpapst" Professor Roland Graßberger hatte sich meine Mitschrift daraufhin genau angesehen, ob sie nicht etwa nachträglich von mir angefertigt worden sei. Ein schwieriges Amt, denn der negative Beweis einer solchen nachträglichen Anfertigung würde den Ex-Kanzler der Republik und Parteichef und den gesamten burgenländischen SP-Vorstand der falschen Zeugenaussage schuldig machen. Und die SPÖ als Zündler der Republik dastehen lassen. Mit allen weitreichenden Folgen für die Partei und die große Koalition.

Der greise Gutachter — der für sein Elaborat 56.000 Schilling verrechnete — referierte fast zwei Stunden über meine Mitschrift und speziell über Blatt 5, auf dem sich der hochbrisante Satz findet. Er sprach von Vergilbung durch Aufbewahrung, von den Perforationslöchern der Blätter, davon, daß die Blätter (zum Zeitpunkt der Beschriftung lose Blätter) nicht in der Reihenfolge, in der sie im Block geordnet waren, beschrieben wurden und daß sich auf Blatt 5 eigenartigerweise 270 Wörter befinden, auf den anderen nur rund 200. Es gäbe keinen Beweis für die nachträgliche Anfertigung. Aber Blatt 5 habe eine herabgesetzte Beweiskraft. Klassisch aus der Affäre gezogen.

Für das Gericht reichte es, es wurde ein neuerliches Gutachten verlangt. Vielleicht steckt in dem Hinweis des greisen Gutachters, man sollte damit das BRD-Bundeskriminalamt Wiesbaden beauftragen, doch mehr Brisanz, als man vermutet: nämlich Österreich-Kenntnis.

So, das habe ich nun davon. Für das Befolgen meiner Staatsbürgerpflicht, als Zeuge auszusagen, muß ich mich von der Parteizeitung „BF" als „Alexis des Burgenlandes" beschimpfen lassen, als „Kronzeugin" für die ÖVP (als ob die ÖVP an einer Aufklärung interessiert wäre). Ich muß mich als Fälscherin und Lügnerin hinstellen lassen. Denn für SPÖ-Klubobmann Heinz Fischer sind die vagen Zweifel des Gutachters bereits ein Beweis für meine Schuld. In Sachen Glaubwürdigkeit Sinowatz gegen Matysek stünde es für ihn 1000:1. Das ist eine glatte Ehrenbeleidigung. Ich sei tausendmal weniger glaubwürdig als jener Mann, der öffentlich die Unwahrheit sagt, der von Kreisky als Lügner bezeichnet worden ist.

Aber Heinz Fischer lieferte möglicherweise auch gleich eine Erklärung mit. Bei einer Pressekonferenz am 6. Juli, als es um die Dallinger-Erklärung ging („Sinowatz ist vom Prototyp her nicht der Richtige"), erklärte Fischer: Er lege für Sinowatz die Hand ins Feuer. Es werde beim Bundesparteitag im Herbst keine Gegenkandidaten von Sinowatz geben, außer es würde Sinowatz etwas passieren. Aber, es werde ihm nichts passieren. Natürlich sei eine Veränderung an der Spitze der Partei grundsätzlich möglich. Aber so etwas habe kameradschaftlich, menschlich und mit Würde vor sich zu gehen.

Ich verstehe, ein regierender Parteivorsitzender darf nicht kritisiert und schon gar nicht in Zweifel gezogen werden. Sinowatz muß in Würde abtreten können.

Die Würde des einzelnen und die Würde Österreichs dürfen dabei ruhig auf der Strecke bleiben!

Als das Gericht entschieden hatte, meine Mitschrift einem Gutachten mit der Frage: Fälschung oder nicht Fälschung zu unterziehen, war ich heilfroh.

Nach und nach aber kam Sorge. Was ist, wenn meine Mitschrift von einem Willfährigen begutachtet wird?

Erschreckt von diesem Gedanken, rief ich einen bekannten Anwalt an. Er versuchte, mich zu beruhigen. Keine Angst, meinte er, der Gutachter ist Mitte 80. Der hat das schon lang nicht mehr notwendig!

Nur ein neuerlicher Schrecken! Wie lange schon nicht mehr notwendig, Herr Doktor? Heißt das, daß in diesem Land alle unter 80 es doch notwendig haben?

Wie hat mein Freund Manès Sperber gesagt: „Ich bin nicht mißtrauisch. Aber ich habe nur gelernt, vieles in Frage zu stellen.“

Ich sehe es mittlerweile anders.

Ich war niemals mißtrauisch.

Ich habe dafür schwer bezahlt.

Auszüge aus meiner Mitschrift

Was geschah an jenem 28. Oktober 1985 im burgenländischen Parteivorstand wirklich? Um einen Einblick zu geben, im folgenden meine Mitschrift von dieser Sitzung:

Das Protokoll des Landesparteivorstandes vom 28. 10. 1985
Sinowatz, grinsend: „Nach 40 Jahren kein Einwand zur Tagesordnung“
Berichte
Landeshauptmann spricht zur Herbstarbeit der Arbeitsgemeinschaft in Jennersdorf.

Er berichtet sehr ausführlich von seiner Nierenkolik. Er spricht zum Bundesparteirat. Für Dr. Steyrer war das eine machtvolle Demonstration.

'Waldheim hat derzeit einen Vorsprung, und zwar derzeit ziemlich groß, aber das ist nichts Neues. Das war bei Gorbach, Jonas ganz besonders arg. Die Funktionäre würden Steyrer schon durchdrücken.

Zum Bundesparteitag:

Er wird der Höhepunkt und gleichzeitiger Wahlauftakt für Steyrer sein. Am 11., 12. und 13. November. Am 11. begehen der Bischof und der Landeshauptmann den großen Feiertag des Landes, also Martini. Selbst als er nicht ganz gut war mit dem Bischof, war er immer dabei. Vielleicht entschuldigt er sich bei der Messe.

Im November wird es in allen Bezirken Bezirkskonferenzen geben. Am 14. Dezember hat die ÖVP Landesparteitag. Es gibt zwei Kandidaten, den Dr. Sauerzopf und den Herrn Ehrenhöfler. Ehrenhöfler wird von Graf massiv gefördert. Die ÖVP rechnet mit 55 zu 45% für Ehrenhöfler. Wenn Sauerzopf Parteiobmann wird, muß man gewärtigen, daß das Land das nicht zur Kenntnis nehmen kann. Man wird etwas unternehmen müssen.

Zum WBO:

Es hat kein Gerichtsurteil gegeben, Sauerzopf hat von Tiefenbrunner 60 Fragen bekommen, die hat er studieren können. Man kann das vergleichen mit Maturanten, die vorher Fragen bekommen haben, sie konnten sich darauf vorbereiten. Die Aussagen sind praktisch wertlos. Tiefenbrunner wurde dafür verurteilt. Sauerzopf lehnt jede Verantwortung ab. Er ist nicht bereit, Verantwortung zu übernehmen.

Zur Medienpolitik:

Die breitet den Negativismus aus. Eine neue Gewalt, die Unruhe aus dem Negativen. Das gelingt vor allem, wenn die Unzufriedenheit zu groß wird.

Zur BEWAG:
Der Rohbericht ist da. Es gibt im Rechnungshof verdammt viele, die frustriert sind. Ob ich einen Jaguar fahre oder einen Fiat 600, ist mir völlig wurst. Heizen und fahren muß er. Die Relationen stimmen nicht. Im Fremdenverkehr ist die Zuwachsrate von 3 % im Burgenland.

Zur Georgihalle und zur Vogl-Entwicklung:
Darüber möchte ich nicht reden, das sind alles menschliche Schwächen. Alles, was unserer Partei schadet, wird von den Medien breitgetreten. Kurier, Profil, Wochenpresse, Presse, Ganze Woche, Basta, auch die Krone, alle sind gegen die SPÖ.

Referat Bundeskanzler:
Im Burgenland beginnt die Überlagerung der Politik durch die Medien. Wer gegen die Partei steht, ist in der Zeitung, profilieren auf Kosten der Partei. Wer das ausnützt, ist zehnmal in der Zeitung. Es gibt nur Skandale. Mehr Selbstbewußtsein wird in Zukunft notwendig sein. Man darf sich nicht von Möchtegern-Politikern, auch wenn sie Rechtsanwälte sind, ins Eck treiben lassen, auch mehr Festigkeit zeigen.
Wer ein ehrlicher Sozialist ist, der verträgt, daß er auch ungerecht behandelt wird. Die Gemeinschaft muß man höher einsetzen als die eigene Profilierungssucht. Ich bin Bundeskanzler geworden, ohne mich profilieren zu wollen. Nach jeder Parteivorstandssitzung in Zukunft soll man eine Pressekonferenz machen. Nicht immer scheuen vor den Medien, die Journalisten sind nicht sehr gebildet und meistens verkrachte Existenzen. Z.B.: Da wird geschrieben, daß bei einem Jagdunfall geballert wird. Das ist eine sehr eigenartige Behandlung der Medien, nur weil einer ein Schrötl im Kopf hat. Ich habe in Rom, Norwegen, New York Interviews gegeben. Kein einziges Mal bin ich zum Fall Reder befragt worden. Das Gerede über Österreich kommt von uns, in erster Linie von der ÖVP, von Botschaftern, von Journalisten. Beim Weingesetz bleibt es dabei, das wird durchgezogen. Mag schon sein, daß eine oder andere Bestimmung sehr hart ist, aber mit Verordnung geht das leicht.
Ich habe Dutzende Interviews im Ausland gegeben.

Zum Weingesetz:

Mauß, dieses Symbol der Unfähigkeit. Gewisse faschistoide Züge haben eure Weinbauern schon im Seewinkel.

Sipötz:

Die Golser sind Faschisten. Immer gewesen.

Sinowatz:

Wir haben alle Augen zugedrückt beim Aussetzen. Das Unangenehmste ist, wenn viele Freunde das Unangenehme den anderen überlassen, das Angenehme für sich beanspruchen.

Zum Budget:

Große Sorgen, Budgetdefizit, Budgetsanierung wäre ein Kurswechsel, Wirtschaft und Sozialsystem auf Kosten der Österreicher. Zum ersten Mal reicht die Konjunktur in Wahrheit nicht aus, um das Budget zu konsolidieren.

Unsere Umverteilungspolitik kann man nicht über Einkommen und Löhne sehen. Unsere sozialdemokratische Politik geht über den Staat, über Schulen, über Spitäler. Es muß uns gelingen, die Politik der Integration aufzuzeigen. Ich warne davor, Bildungspolitik ohne Wirtschaftspolitik zu sehen.

Wirtschaftsdaten in Österreich:

Er zählt sie auf. Es ist ein Vergnügen, als österreichischer Bundeskanzler im Ausland zu sein, vor allem, was die Nachbarschaftspolitik anlangt.

Die Arbeitslosenrate von rund 4.5 % ist sehr gering. Punktuelle Schwierigkeiten gibt es bei der Jugendarbeitslosigkeit. Das Burgenland ist ein schönes Wohnland mit menschlichen Bezügen geworden.

Zur Partei:

Man muß mehr reden, mehr Geschlossenheit und Ruhe, nicht auf Kosten der Partei profilieren. 30.000 Arbeitsplätze sind dazugekommen. Wenn wir uns bemühen, mit der Industrie einen Weg zu finden, entspricht das den Auffassungen unserer Politik. Die Bundeshandelskammer hat protektionistische Tendenzen. Wir brauchen ein gutes Wirtschaftsklima, dieser Staat ist unser Staat geworden. Der Begriff der Solidarität wird anders gefaßt werden müssen. Wenn wer fünf Tage in Krankenstand geht, müssen es die anderen bezahlen. Das geht nicht mehr. Wir müssen uns viel mehr verantwortlich fühlen. Die Androsch-Lösung ist richtig, er hat sich ungeheuerlich verhalten. Ich bin mit Kreisky und Androsch gut Freund. Es muß ein Weg gefunden werden, wo die Partei nicht belastet wird, weg von der Parteidiskussion.

Zu den Bundespräsidentenwahlen:
Die Umfragen haben ergeben: einen großen Vorsprung von Waldheim. Derzeit liegt Waldheim vorne. Die ÖVP wollte den Mock loswerden. Bei der UNO lassen sie kein gutes Haar an Waldheim. Hielten ihn für unfähig. Die Leute wissen noch nicht, daß Wahlen stattfinden. Es ist wie bei Körner und Gleißner seinerzeit. Die Österreicher müßte man rechtzeitig an Waldheims braune Vergangenheit erinnern.

Besuch Waldheims bei Sinowatz:
ÖVP-Probleme mit Mock. Waldheim hätte sollen Kandidat beider Parteien sein. Der Bundesparteirat hat Geschlossenheit und Stimmung gezeigt. Man muß den Steyrer herzeigen, seine Herzlichkeit, er muß Bundespräsident werden. Wir wollten vor der ÖVP dran sein mit der Werbung, die ist zu früh hinausgegangen. Wir wollten eine Inseratenaktion am Nationalfeiertag für Steyrer starten. Die Bundespartei ist zwar pleite, aber irgendwo wird das Geld schon herkommen . . .
Große Schwierigkeiten in Randbereichen bei Professoren und Lehrern. Die haben rücksichtslos gestreikt. Allein die Überstunden, im Durchschnitt 46.000 bei AHS-Lehrern und 96.000 bei Direktoren. Die Hochschulen werden von Zeitungen benützt, die ÖVP ist in Schwierigkeiten, das wird noch ärger werden.
Mock wird in Frage gestellt, auch bei den CA-Betrieben. Die Landeshauptmänner werden befragt. Am Parteitag wird es Diskussionen geben, das Persönlichkeitswahlrecht hört sich

sehr gut an, aber nur wer ein Populist ist oder ein Lobbyist,
d.h. Geld hat, setzt sich da durch, das ist eine gefährliche Ent-
wicklung.
  Volksabstimmung und Volksbegehren sind Instrumente der
Oberschicht. Die Masse der Menschen, die schweigende Mehr-
heit, wird von den Zeitungen manipuliert. Als Unterrichtsmini-
ster habe ich das erlebt in Graz, wie Leute mit Willen Schulbau
verhindert haben, über die Medien.
  Ende der Aufzeichnungen

Nur im Burgenland?

  Ich hatte mir vorgenommen, aufzuzeigen, wie die Mächtigen
in unserer repräsentativen Demokratie, wenn sie der Kontrolle
und den Interessen der Vertretenen entwachsen, zu Machthabern entarten und in einer nächsten Stufe sich noch zu einem
unangreifbaren Klüngel zusammentun, die ich in Anlehnung an
das geflügelte Wort von den burgenländischen „Bluathabe-
rern" als „Machthaberer" bezeichne.
  Aufgrund meiner Absicht, nur das zu schildern und zu be-
schreiben, was ich aus eigener Anschauung und eigener (leidvoller) Erfahrung kenne, kam natürlich ein bißchen viel Burgenland und unter diesem Gesichtspunkt der Zusammenhang
mit der Bundespolitik, ja Weltpolitik heraus.
  ÖVP-Wirtschaftsminister Robert Graf, ein weitgereister
Politiker, nannte das Burgenland nicht besser und nicht
schlechter als alle anderen Bundesländer auch. Ich maße mir
nicht an, über andere Bundesländer zu urteilen, obwohl die Indizien selbst für einen Außenstehenden stark genug sind.
  Etwa das Indiz für die Entrücktheit und maßlose Selbstüber-
schätzung von Politikern in Oberösterreich. Vor der letzten
Landtagswahl gab es eine mächtige Parteiveranstaltung der
ÖVP in der Linzer Sporthalle. Landeshauptmann Josef Ratzenböck ließ sich mit allem, was die moderne Technik dazu auf-
bieten kann — mit einer Multivideoschau und mit huldigenden
Auftritten, sogar ein eigener Pop-Song war kreiert worden —
buchstäblich in den Himmel heben. Er trat mit weit von sich ge-
streckten Armen ans Rednerpult, versuchte, das tobende Publi-
kum zu beruhigen und sagte vier Worte: „Ich bin kein Mes-

sias!" Wer wäre denn auf die Idee gekommen, in Ratzenböck einen Messias zu erblicken!

Oder das Indiz für die Täuschung der Wähler in Niederösterreich: Auf der ÖVP-Liste kandidierte bei der letzten Nationalratswahl im Waldviertel eine Bäuerin. Die ÖVP rühmte sich ihrer Frauenfreundlichkeit. Nach der Wahl wurde sie, die gewählte Volksvertreterin, einfach in den Bundesrat abgeschoben. Man brauchte im Nationalrat Platz für einen Mann. Das gleiche in Wien bei den Sozialisten: Der gewählte Erwin Lanc wurde nach Hause geschickt, weil man für einen Ex-Minister Platz brauchte.

Oder das Indiz für die Unredlichkeit höchster Politiker in der Steiermark. ÖVP-Landtagspräsident Wegart nahm vor aufgebrachten Bürgern im südsteirischen Halbenrain den Mund voll: Die dort geplante Zentraldeponie komme überhaupt nicht in Frage. Auf dem Projektareal sollten eine Menge Bäume fallen. Wegart: „Diese Bäume hier sind nicht immun. Aber ich bin immun. Ich stelle mich her, mich kann keiner fällen!" Eine Woche später lagen alle Bäume. Von Wegart keine Spur.

Oder die Indizien für die Schlagkräftigkeit des Apparates gegen Kritiker in Kärnten. Weil ein SPÖ-Abgeordneter es gewagt hatte, den Kaiser von Villach, Ex-Minister und Landeshauptmannstellvertreter Erwin Frühbauer, zu kritisieren, wurde er auf kürzestem Weg kaltgestellt. Auch Kärnten wird von einem ehemaligen Parteisekretär regiert. Einem Journalisten sagte Leopold Wagner, als Kanzler Sinowatz mehr und mehr ins Debakel schlitterte: „Ich hab den Fredi angerufen und hab ihm gesagt, Fredi, nur Mut, wir drei Parteisekretäre bringen die Sache schon wieder auf Vordermann!" (Wagner hatte Ex-Sekretär Leopold Gratz miteinbezogen.)

Oder ein positives Indiz aus Vorarlberg: Der bäuerliche Nationalratsabgeordnete Türtscher hatte den Mut, ohne dadurch auf eine fette Pfründe zu fallen, sein Mandat ohne Spektakel zurückzulegen. Indem er am Schluß einer Rede im Parlament zum Milchverkauf ab Hof erklärte: „Da ich meinen Bauern aufgrund dieser Regelung, die jetzt beschlossen wird, nicht mehr in die Augen schauen könnte, lege ich mein Mandat zurück!"

Wie viele Politiker können den Bürgern denn wirklich noch in die Augen schauen. Und kleben dennoch fest an ihren Thronen?!

Humbert Fink, ein bei den sozialistischen Machthabern besonders unbeliebter Publizist (für Sinowatz wörtlich sogar „verwerflich"), stellte jüngst in einer Kolumne die Frage: „Wozu?" „Wozu brauchen wir eigentlich Politiker, politische Programme, Parteibücher, Parteistatuten und die Abhängigkeit des Bürgers von der mehr oder minder vorhandenen Geschicklichkeit jener Funktionäre, die es als Privatpersonen in den meisten Fällen schwer hätten, sich im Lebenskampf zu behaupten? Wozu brauchen wir diesen aufgeblähten Parteiapparat und diese ideologischen Auseinandersetzungen, in denen zwar viel über Demokratie theoretisiert, aber herzlich wenig Demokratie praktiziert wird?

Wozu also brauchen wir sie wirklich? Zur Bewahrung der Demokratie? Aber welcher? Der Parteibuch-Demokratie? Der Gefälligkeitsdemokratie? Wer sagt mir endlich, was sie, die soviel kosten, tatsächlich wert sind?" Humbert Finks letzte Frage habe ich, wie ich hoffe, einigermaßen beantwortet.

In England steigt die Zahl der Arbeitslosen, und trotzdem leisten sich die Engländer einen teuren Hofstaat mit Königin und Prunk und Pomp. In Burgenland steigen die Arbeitslosenzahlen, und die Burgenländer leisten sich ebenfalls einen Hofstaat — mit Erbrecht. Der Unterschied: Die Repräsentanten des englischen Königshofes kann man wenigstens herzeigen.

Der Wandel von einer tatsächlichen Hofstaat-Demokratie hin zu einer lebendigen Demokratie kann in erster Linie nur mit dem Stimmzettel vollzogen werden.

In der Demokratie ist dem Bürger das Recht zugesichert, Politiker nach ihrer Vertrauenswürdigkeit nicht nur zu bewerten, sondern sie auch zu berufen und zu verjagen. Der demokratische Bürger hat die Pflicht dazu, diesen Wertmaßstab anzulegen. Wenn die Führungen versagt haben, kann die Neubildung einer Führung nur durch den Wähler vollzogen werden. Es gibt keine andere Möglichkeit. Verdrossenheit ist am Platz, aber aus der Verdrossenheit an unseren Repräsentanten darf doch nie und nimmer eine Verdrossenheit an unserer gemeinsamen Sache werden. Parteiverdrossenheit führt zu einer allgemeinen Politikerverdrossenheit und unversehens in Staatsverdrossenheit. Damit wäre das Schicksal ohnehin besiegelt: nicht einmal den Namen Österreich hat man uns damals gelassen.

Aus der weit fortgeschrittenen Verdrossenheit muß auf schleunigstem Weg eine Entschlossenheit erwachsen, unsere Sache selbst in die Hand zu nehmen: die Metamorphose einer nominellen österreichischen freien Demokratie hin zu einer realen Oligarchie der mächtigen Apparate gehört — und wenn's sein muß: mit quietschenden Bremsen — gestoppt.

Ich weiß aus eigenem Erleben als langjährige Funktionärin der Sozialistischen Partei: Das einzige, wovor die Machthaber und die zu Machthaberern mißratenen Mächtigen wirklich Angst haben, panische Angst, sind Wahlen.

Wahlwerbung wäre so einfach (und vergleichsweise so gut wie geschenkt): eine überzeugende Politik von überzeugenden Personen. Stattdessen setzt man auf blendende Mogelpackungen, die im täglichen Einkaufsleben jede Frau bereits als Schwindel durchschaut hat. In der Politik leider noch nicht.

Wieso ist noch niemand auf die Idee gekommen, die Herrschaften, die uns das alles eingebrockt haben, die unser Geld verstreut haben, die unser Vermögen verpfuscht haben, die uns schwer verschuldet haben, als Personen zur Verantwortung zu ziehen? Mit welcher Blauäugigkeit nehmen wir an, daß Politiker, die in guten Zeiten uns ein wahres Problemgebirge aufgeschüttet haben, in schlechteren Zeiten in der Lage sein werden, dieses Gebirge wieder abzutragen? Wollen wir in unserem blühenden Garten Österreich weiterhin die Böcke als Gärtner beschäftigen?

Ich verlange in Zukunft den „Politiker mit persönlicher Haftung", der dafür gerade stehen muß, wenn er mit unserem Steuergeld, mit unserer Leistungsbereitschaft leichtfertig und fahrlässig umgeht. Sage und schreibe ein Drittel der gesamten Lohn- und Einkommensteuer Österreichs geht als allerallerletzte Milliardenspritze in die Mißwirtschaft der Verstaatlichten Industrie. Eine Budgetbelastung bis weit ins zweite Jahrzehnt des dritten Jahrtausends. Um es einigermaßen im Griff zu halten, muß das Budget „saniert" werden (ein lachhafter Ausdruck). Dafür werden Museen geschlossen, ist die Kunstförderung in Gefahr, wird bei Lehrerdienstposten eingespart und damit bei der Ausbildung unserer Jugend, wird die Bausparförderung zusammengeschlagen usw. Dafür hat ein ganzes Volk in einem wahrhaft gigantischen Aufbauwillen jahrzehntelang geschuftet? Es bedarf hier der Allianz aller Denkenden und Tuenden (Egon Schiele).

Das ist in Wahrheit der Modernisierungsschub, der aber von unten kommen muß, der nicht aufgepfropft und verordnet werden kann als Werbegag von Parteistrategen: der Modernisierungsschub in wirtschaftlicher, gesellschaftlicher und politischer Hinsicht, von dem Sinowatz und Vranitzky ununterbrochen reden.

Das ist in Wahrheit die Wende, von der die ÖVP erfolglos phantasiert.

Das ist in Wahrheit die neue politische Qualität, von der die Grünen in ihren Wiesen träumen.

Und das erst schafft in Wahrheit die Freiheit des Individuums, die sich die Freiheitlichen auf die Fahnen geschrieben haben.

Wenn erst mehrere einzelne sich zusammenschließen, die daraufgekommen sind, daß die Mächtigen nicht allmächtig sind, ja daß sie Angst haben vor Initiative, vor Leistung, vor denkenden und wissenden Menschen, dann wird es sehr rasch möglich sein, sehr vieles zum Positiven zu verändern. Ich rede hier nicht wie die Jungfrau vom Kind. Es ist mir in meinem kleinen Bereich im Bezirk, in der Region gelungen, mit einer kleinen Ermunterung beachtlichen Bevölkerungsinitiativen, selbstbewußt und selbstbestimmt, auf die Sprünge zu helfen. Nicht mehr brauchte der Politiker zu sein: in der Bevölkerung steckt soviel schlummerndes positives Potential, das die „Geschenke" verteilenden Gefälligkeitspolitiker mit einer injizierten Anspruchsmentalität schon gefährlich verschüttet haben. (Natürlich, sonst hielte man sie ja für entbehrlich!) Auch die Jungen, Nachrückenden in den Apparaten sind verdorben, begreifen das nicht und denken in den Kategorien der Alten. Anläßlich einer von unserer Organisationsgemeinschaft initiierten, neuen Form der Weinpräsentation „Wein und Kultur im Seewinkel" mit 14 Weinbaugemeinden der Region auf Schloß Halbturn ließ mich der frischgebackene Agrarlandesrat via Boten wissen: „Ich werde die Eröffnungsrede halten."

Ich — auf demselben Weg: Das sei nicht nötig.

Er — dann fahre er wieder fort. (Mit Regierungswagen und Chauffeur, versteht sich.)

Ich — er soll fahren.

Er — Wenn er nicht eröffnet, erhielte die Organisationsgemeinschaft kein Geld.

Ich — Auch gut!

Er blieb. Geld erhielten wir keines — bis jetzt.

Mich hat der Vorfall sehr traurig gemacht. Sie begreifen einfach noch immer nichts.

Der Wähler muß begreifen, daß er nicht von seinem Repräsentanten abhängig ist, sondern ganz im Gegenteil, daß die Repräsentanten das tun müssen, wofür sie gewählt worden sind.

Ich bin überzeugt, daß unsere Zeit eine neue Politikergeneration dringend notwendig macht und dringend braucht. Es ist einfach nicht mehr möglich, das Mandat als persönliche Versorgung und Absicherung zu sehen, als Besserstellung, als ein Sich-Besser-Fühlen oder als Mittel zur Bereicherung. Das Mandat hat Auftrag zu sein, auch mit Risiko (und dieses Risiko müßte man unbedingt institutionalisieren), aber es bietet die Chance, zu verändern, zu verbessern. Nicht die eigene Lage, sondern die Lage der Bürger, der jetzigen ohne Hypothek für die kommenden. Ein Stehsatz des Hochmuts im Burgenland lautet: „20 Mandate sind mehr als 16!" Als ich zu sagen wagte, daß Mehrheiten sich auch verschieben oder verspielt werden können, war das beinahe ein Sakrileg. Für mich ein Beweis, wie der Umgang mit Macht sehr leicht in eine Einbahnstraße des Hochmuts, der Empfindungslosigkeit führen kann. Und wie weit man sich innerhalb relativ kurzer Zeit an den Hebeln der Macht von den Menschen entfernen kann.

Die Zeit der Einheitsbrühe in den Parteien ist vorbei. Die Zeit ist reif für mehr Individualisten und pointierte Persönlichkeiten in den Parteien, die ausscheren aus dem Einheitsschritt, dem Trott, dem Zug der Lemminge. Es bedarf handlungsfähiger, nicht sterilisierter Mandatare. Die auch Erfolg haben dürfen. Denn ihr Erfolg ist letztlich auch ein Erfolg der Partei, der sie angehören. Die Wirklichkeit läßt sich nicht mit Parteidisziplin — und sei sie noch so eisern — korrigieren. Durchhalteparolen sind lächerlich. Wacher Wählerverstand läßt sich nicht durch Versprechungen, durch Programme und Parteiparolen dauerhaft hinhalten. Es ist sinnlos, Probleme zuzudecken. Wie lange haben doch die Insider schon von dem Verstaatlichtendebakel gewußt! Das dicke Ende kommt doch zum Vorschein. Ein verkümmertes Problembewußtsein hat ein Problem noch niemals gelöst.

Wenn so viele Männer in der Politik agieren (und so wenige Frauen) und das Ergebnis dieser Politik so großes Unbehagen bereitet, ist der Rückschluß schwer von der Hand zu weisen, daß der Mangel an Politikerinnen eine Erklärung dafür sein könnte. Nach meiner Überzeugung ist er eine Erklärung. Denn es wurde bewußt und gewaltsam das ungeheure Potential der geistig-seelischen, ordnenden, weitblickenden Fähigkeiten der Frau ausgeklammert.

Dieses Prinzip unter dem Motto „Faust schlägt Geist" hat versagt. Ich wage zu behaupten, die Parteien stellten sich heute in einem humaneren, offeneren, beweglicheren Rahmen dar, wären in allen Gremien (nicht sich ergebende) Frauen in glaubwürdiger Anzahl verankert. Weil die Zukunft nicht von den Analytikern und Deduzierenden, sondern von den Synthetikern und den Induzierenden zu bewältigen und zu lösen sein wird. Weil der Wettlauf zwischen technischen, materiellen und wissenschaftlichen Möglichkeiten einfach beendet ist. Wir stehen vor der Tatsache, daß in diesem Wettlauf die humane gesellschaftliche Entwicklung nachhinkt, daß damit gleichzeitig politische Entwicklungen in einer Sackgasse gelandet sind. Kurz: Der Mensch bleibt auf der Strecke.

Mit Parolen, mit Parteitagsvergatterungen, Plakaten und Wahlreden sind diese Sachverhalte nicht wegzureden. Zu verlogen, zu durchsichtig, zu fadenscheinig klingen sie für die Sensiblen. Sie locken nicht mehr. Die Zeit ist viel zu ernst, um sich darüber mit Gerede hinwegzuschwindeln. Die Lebensgrundlagen der Menschen sind ernsthaft in Gefahr. Die Menschheit ist zu ihrer höchsten Freiheitsstufe vorgedrungen: Sie hat die Freiheit zu entscheiden, ob sie weiterexistieren will oder nicht.

Die Parole „immer mehr, immer besser, immer glücklicher" ist nicht aufgegangen. Sie hat sich überlebt. Immer mehr Menschen, vor allem die Jugend, zweifelt an Macht und Möglichkeiten der Politiker. Das ist gut so. Ein großes Geschenk unserer Zeit. Es ist auch gut für den Politiker selber, weil er sich, was sein Lebensbild anlangt, korrigieren muß. Abrücken von der Fiktion, daß er alles wissen, alles erledigen, alles lösen, alles machen könne. Er erwirbt sich das Recht, die zu korrigieren, die noch immer gerade dies von einem Politiker verlangen.

Als optimistischer Realist, der ich bin, muß man Utopien zielorientiert betrachten. Realistisch gibt es derzeit kaum eine Chance, kurzfristig innerhalb der Etablierten eine wesentliche Veränderung herbeizuführen. Gewaltfrei herbeizuführen. Aber nur eine rasche, einschneidende Erneuerung wäre die Rettung der Parteien dieses Zuschnitts.

Ich sehe dennoch keinen Grund zur Verzweiflung. Man muß die Dinge nur beim Namen nennen (und wenn im Laufe dieses Buches manches hart erschien, so mußte es deshalb so sein), die Problematik auflisten und den Mut haben, hinzusehen und zu erkennen. Eine Art Zwischenbilanz, Kassensturz auch im moralischen Bereich. Die Bereitschaft, die „roten Zahlen", die Nullen und die Doppelnullen hinzuschreiben. Mitmachen, mitreden, sich nicht mehr einfach blind betreuen zu lassen.

Wir haben uns das Mitdenken, Mitreden, Mitverantworten, Mitwirtschaften um unser eigenes Geld (!) abkaufen lassen.

Es darf in Zukunft einfach nicht mehr möglich sein, daß eine kleine politische „Elite" von Auserwählten und Erleuchteten schwerwiegende Entscheidungen trifft und vorbeitrifft. Ich konnte immer wieder erfahren, daß der „einfache Bürger", die sogenannte „Basis", sehr gesunde Anschauungen und sehr viel logischen oder intuitiven Hausverstand in den Vorschlägen mitbringt, mehr und besser als oft geschulte Parteifunktionäre. Weil dort einfach nicht mehr offen und wahrheitssuchend diskutiert wird.

Ich bin als Kennerin und Mitwisserin der seit längerer Zeit stärksten politischen Partei in Österreich nicht zu einem „Feind" des Faktums Partei geworden. Sehr wohl aber bezweifle ich die Notwendigkeit dieser Form und Ausformung der politischen Landschaft. Was Humbert Fink als Außenstehender erkannt hat, habe ich vom inneren Kreis her erfahren und miterlebt. Auch für mich stellt sich die Frage: Braucht es *diese* Parteien?

Für die Demokratie und für den demokratischen Fortschritt sind *diese* Parteien nicht nötig. Sie sind sogar hinderlich.

Sie sollen sich ruhig mit sich selber beschäftigen. Die politische Vertretung der Menschen wird künftig immer mehr auf couragierte Einzelpersönlichkeiten, auf Gruppen sich emanzipierender Bürger, auf Wählerinitiativen mit einem jeweils ganz speziellen politischen Anliegen übergehen. Es darf in Zukunft verzichtet werden auf den politischen Universalitätsanspruch der großen Parteien. Der politische Meinungsbildungs- und Meinungsfindungsprozeß darf in Zukunft getrost um die Allerwelts- und Einerleiparteien einen Bogen machen. Der beauftragten politischen Kleingruppe, nach gewisser Zeit überflüssig oder auch unbrauchbar geworden, echt motiviert und echt kontrollierbar, wird die Zukunft gehören. Auch in der Politik mag gelten, was in der Wirtschaft schon lange gesicherte Erkenntnis ist: der Klein- und Mittelbetrieb arbeitet besser, effizienter und näher am Kundenwunsch als der riesige, womöglich noch verstaatlichte Konzern. Der Kunde ist dort König.

Der Bürger, der Wähler, ist Souverän. So soll's in einer Demokratie sein.

Wenn es gelungen ist, mit diesem Buch den Leser zum Nachdenken über Politik zu veranlassen, wenn es gelungen ist, den Abstand zwischen 1 einerseits und 7, 8 und 9 in der Pyramide zu verringern, die Angst, die völlig unbegründete Angst vor den Macht-Haberern zu verringern;

wenn es gelungen ist, den künstlich errichteten kostspieligen Nebel zwischen 1 hier und 7, 8 und 9 dort zu lüften,

dann hat sich das alles gelohnt, dann war es nicht umsonst.

Ich habe versucht, die Balken wegzuschieben, die den Bürger von den Machthaberern trennen. Damit sie herabpurzeln zu euch und ihr sie erlebt, hautnah, „Politik live", „Burgenland live", „Österreich live".

Vielleicht war manches nicht attraktiv oder elegant formuliert. Vieles hätte man brillanter sagen können, aber es waren weder der Ort der Handlung noch die handelnden Personen und ihre Redensart erfunden. Es ist davon nichts korrigiert oder geschönt.

So sind sie eben.

Das ist nicht mehr meine Sozialdemokratie, Genossen! Aber auch nicht die vieler ehrlicher Sozialdemokraten. Ihr seid auf dem besten Weg, die Partei zur Ghettopartei zu machen. In solchen Systemen stehen persönliche Integrität und Zivilcourage auf dem Prüfstand. Es gilt, dem Netz der Abhängigkeit ein Netz der Couragierten gegenzuspannen. Von Vorarlberg bis ins Burgenland eine Allianz der Positiven, eine „Aktion positiv". Überregional und überparteilich, in Kultur, in Wirtschaft, Umwelt, Wissenschaft. Im Mittelpunkt der Mensch und nicht der Apparat! Im Mittelpunkt das offene Gespräch und nicht die Intrige, die Verleumdung. Im Mittelpunkt das Verstehen, das Helfen und nicht das Vernichten. Im Mittelpunkt der ehrliche Wille, Konflikte und politische Gegensätze in Fairneß austragen zu lernen. „Ich glaube, die Zeit ist reif, einander in Augenhöhe zu begegnen."